1 RECHTSGESCHÄFTE (MEHRSEITIGE, EINSEITIGE)

Abgabe einer (mehrerer) Willenserklärung(en)
mit rechtlicher Wirkung

=

Rechtsgeschäfte

1. Mehrseitiges Rechtsgeschäft

Antrag

=

Willenserklärung I

inhaltliche Übereinstimmung

Vertrag

Annahme

=

Willenserklärung II

einseitig verpflichtend

Pflichten →

Beispiele:
- Schenkung
- Bürgschaft

mehrseitig verpflichtend

Pflichten ↔

Beispiele:
- Kaufvertrag
- Ausbildungsvertrag

Abgabe einer (mehrerer) ....
mit .... Wirkung
=
↓

Rechtsgeschäfte

1. .... Rechtsgeschäft

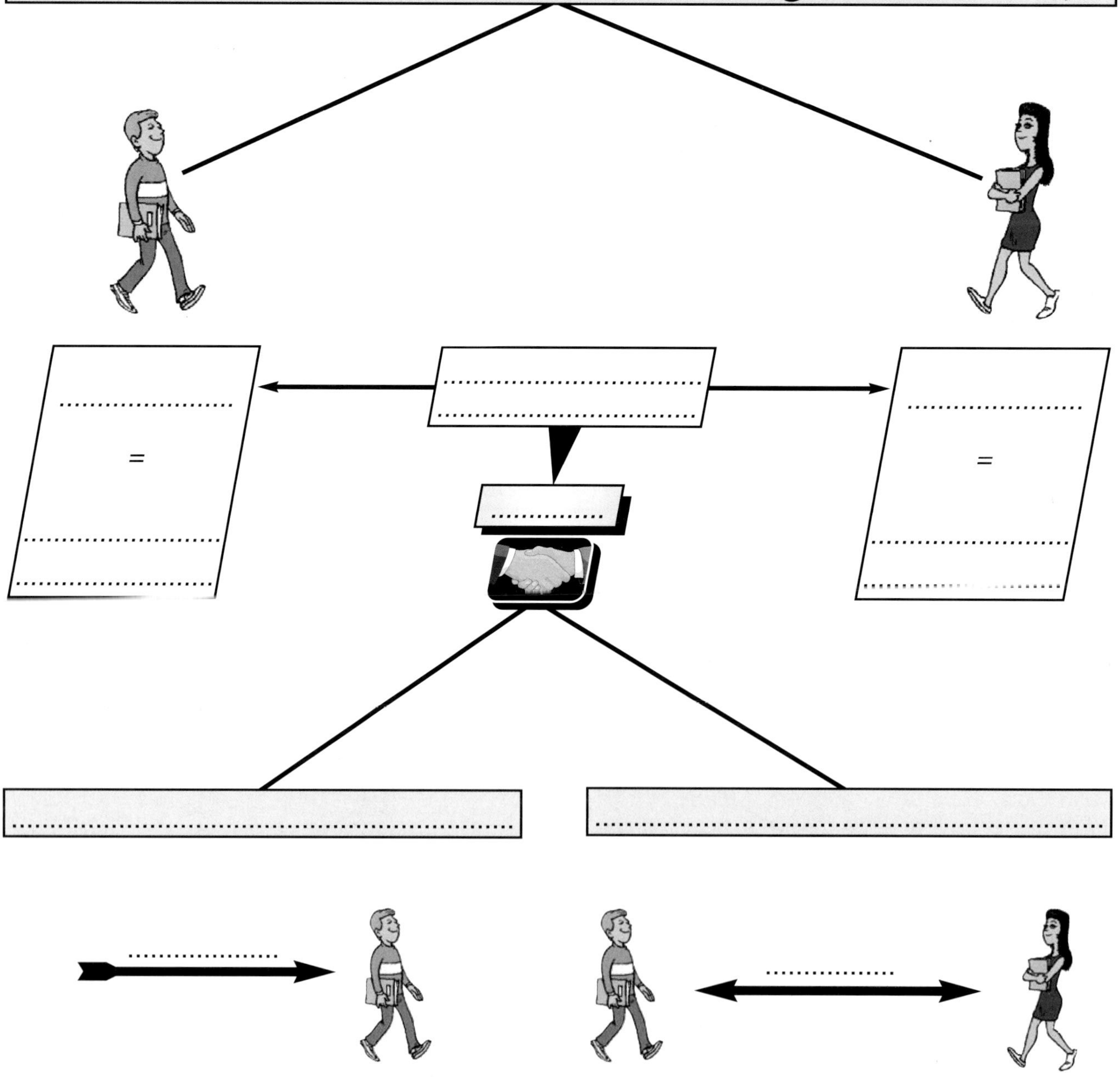

Beispiele: • ....
• ....

Beispiele: • ....
• ....

2. Einseitiges Rechtsgeschäft

Willenserklärung nur einer Partei

empfangsbedürftig

rechtswirksam erst, wenn **Empfänger** die Willenserklärung **erhalten** hat

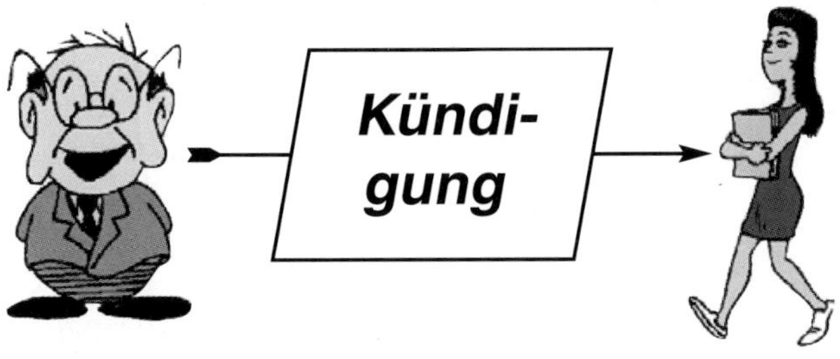

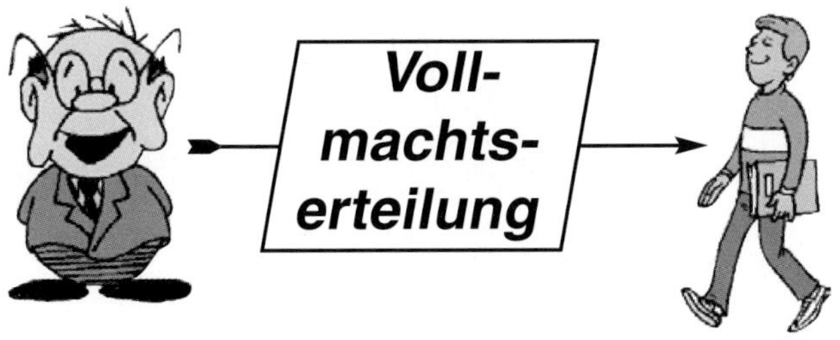

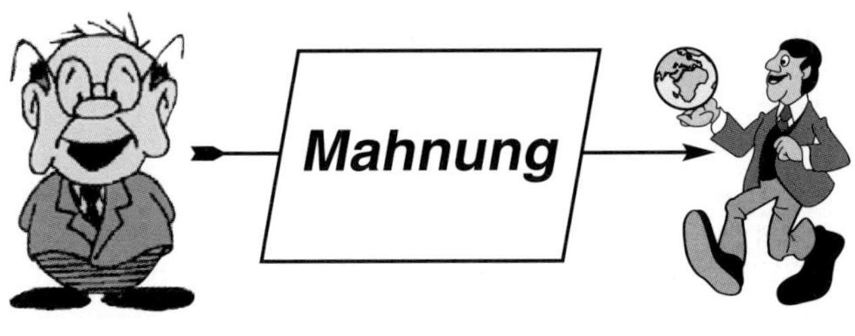

nicht empfangsbedürftig

Willenserklärung bereits **bei Abgabe** rechtswirksam

Beispiel:
„Wer meine entlaufene Katze zurückbringt, erhält 100,00 €.“

§ 657 BGB: *„Wer durch **öffentliche** Bekanntmachung eine **Belohnung** für die Vornahme einer Handlung, insbesondere für die Herbeiführung eines Erfolges, aussetzt, ist verpflichtet, die Belohnung ... zu entrichten.“*

2. .... Rechtsgeschäft

Willenserklärung

....

.... | ....

....

....

....

....

....

....

....

....

....

....

....

....

....

....

Beispiel:

....

....

....

*§ 657 BGB: „Wer durch **öffentliche** Bekanntmachung eine **Belohnung** für die Vornahme einer Handlung, insbesondere für die Herbeiführung eines Erfolges, aussetzt, ist verpflichtet, die Belohnung ... zu entrichten."*

Kreuzworträtsel (Thema: Rechtsgeschäfte)

Das Lösungswort (von oben nach unten gelesen): Themenbezogen

1. Typisches Rechtsgeschäft
2. Ein Kaufvertrag ist ... verpflichtend.
3. Beispiel für ein einseitig verpflichtendes, mehrseitiges Rechtsgeschäft: ...vertrag
4. Ein ... Rechtsgeschäft liegt vor, wenn mindestens zwei Personen beteiligt sind.
5. Beispiel für ein nicht empfangsbedürftiges, einseitiges Rechtsgeschäft.
6. Ein ... Rechtsgeschäft liegt vor, wenn nur eine Partei eine Willenserklärung abgibt.
7. Beispiel für ein empfangsbedürftiges, einseitiges Rechtsgeschäft
8. Beispiel für ein mehrseitig verpflichtendes, mehrseitiges Rechtsgeschäft
9. Die Bürgschaft ist ein ... verpflichtendes, mehrseitiges Rechtsgeschäft.
10. Einseitige Rechtsgeschäfte, die bereits mit Abgabe Rechtswirksamkeit bewirken, sind ... empfangsbedürftig.
11. Willenserklärung beim Rechtsgeschäft
12. Damit ein Rechtsgeschäft zustande kommt, ist mindestens eine ... notwendig.
13. Einseitige Rechtsgeschäfte, die erst rechtswirksam werden, wenn der Empfänger die Willenserkärung erhalten hat, sind ...
14. Willenserklärung beim Rechtsgeschäft

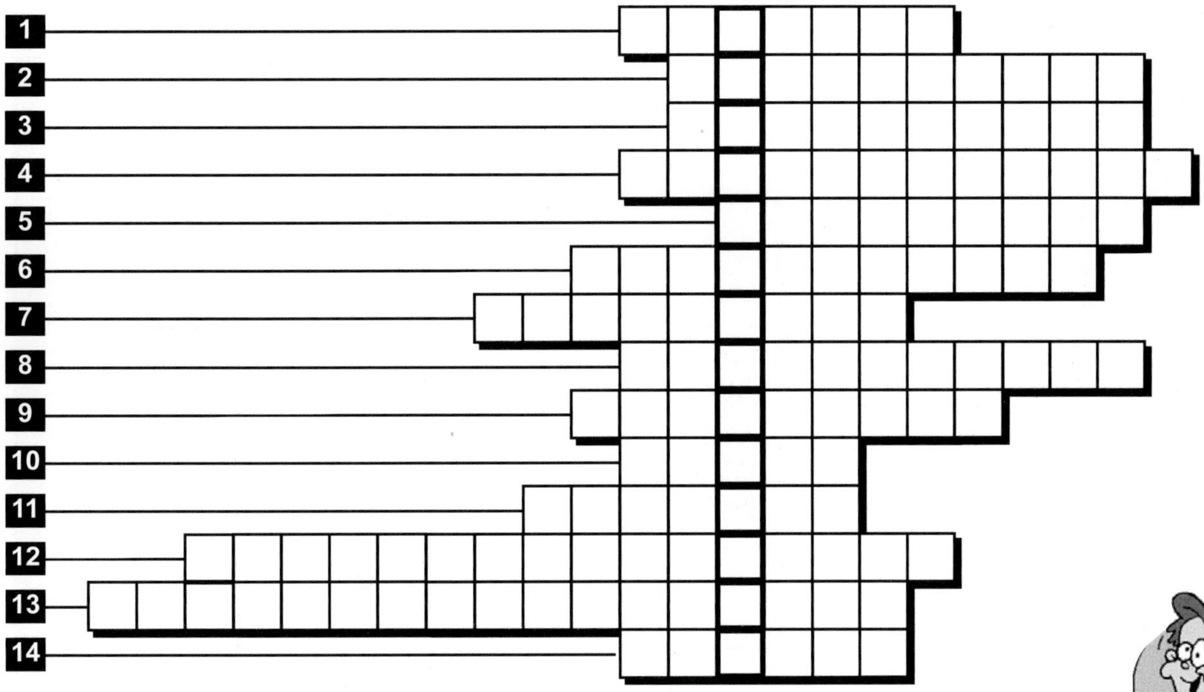

Lösungen: **(Lösungswort: RECHTSGESCHÄFT)**

1. Vertrag
2. Mehrseitig
3. Schenkungs...
4. Mehrseitiges
5. Testament
6. Einseitiges
7. Kündigung
8. Mietvertrag
9. Einseitig
10. Nicht
11. Annahme
12. Willenserklärung
13. Empfangsbedürftig
14. Antrag

2 RECHTS- UND GESCHÄFTSFÄHIGKEIT

Testament: Zwei Hunde als Erben eingesetzt

Der Fall: Ein Landwirt in Neuseeland hat seinen beiden „aristokratisch aufgezogenen" Hunden 500.000,00 € vermacht. Den Rest in Höhe von 2,3 Millionen € erbten seine Frau und ein Freund. Letztere fochten das Testament an.

Urteil: Die Kläger erhielten Recht.

Begründung: Die Höhe der Erbschaft sei auch für „aristokratisch aufgezogene Hunde" nicht gerechtfertigt.

(Hinweis: Von **„fehlender Rechtsfähigkeit"** war offenbar hier keine Rede!)

Glückliche Hunde in Connecticut!

Eine alte Dame in Connecticut (USA) hatte sechs Hunde (Schnauzer, Terrier, Rottweiler), die die gesamte Nachbarschaft durch lautes Gebell störten.

Nach ihrem Tod **vererbte** sie den Großteil ihres Vermögens den **Hunden.** Ihr Haus sollte mit ihren Ersparnissen in eine große Luxushundehütte umgebaut werden, wogegen die Nachbarn protestierten. Ihrem Einspruch wurde stattgegeben. Die sechs Hunde sind beim Nachlassverwalter untergekommen.

In der Bundesrepublik Deutschland gilt: **Tiere sind nicht rechtsfähig, können somit nicht erben!**

Zeichnung von Martin Linders

Hinweis (abdecken): Betr.: **Geschäftsfähigkeit** (Kaufvertrag nichtig, da Käufer offensichtlich unter 7 Jahre alt und somit geschäftsunfähig ist)

Zeichnungen von Martin Linders

Hinweis (abdecken):
Ein Minderjähriger kauft einen Fernseher für 1.000,00 €. Es liegt beschränkte Geschäftsfähigkeit vor. Solange keine Genehmigung seitens der Eltern: schwebende Unwirksamkeit.

Hinweis (abdecken): Der Vater des Minderjährigen entdeckt, dass sein Sohn - ohne zu fragen - einen Fernseher für 1.000,00 € gekauft hat. Wie wird er reagieren?

Hinweis (abdecken): Der Vater des Minderjährigen verlangt das Geld zurück, das sein Sohn für den Fernseher - ohne ihn zu fragen - ausgegeben hat. Mangels Genehmigung ist das Geschäft unwirksam, der Vater kann die 1.000,00 € zurückfordern.

Beschränkte Geschäftsfähigkeit

Handlungsorientiertes Unterrichtsbeispiel von Ulrike Rüger, Griesheim

Verlaufsskizze

Unterrichtsphasen	Aktivitäten	Arbeits- und Sozialformen / *Medien*
Einstieg	• Schüler/innen leiten aus dem Schriftstück ab, dass ein Kaufvertrag mit einer minderjährigen Mitschülerin abgeschlossen wurde. • Verweis auf EDV-Unterricht zur Klärung fachlicher Fragen über die bestellte Computeranlage	Unterrichtsgespräch/ *Angebot/Bestellung,*
Problemstellung	• *Vorgabe:* Einwilligung des gesetzlichen Vertreters lag nicht vor. • Klassifizierung des Rechtsgeschäfts als *schwebend unwirksam* • Erörterung der Konfliktsituation: Interessen der Tochter, Bedenken der Mutter, finanzielle Überlegungen, Situation des Verkäufers u. Ä. • *Vorgabe*: Genehmigung wird nicht erteilt. • Aufzeigen von Lösungsmöglichkeiten unter Berücksichtigung der Rechtslage	Unterrichtsgespräch/ *Angebot/Bestellung,* Auszüge aus dem BGB, *Tafel*
Erarbeitung	• Schritte zur Klärung/Lösung der Situation aus der Perspektive der gesetzlichen Vertreterin, des Computergeschäfts als Verkäufer und der minderjährigen Kundin	Gruppenarbeit/ *Arbeitsaufträge, Vordrucke: Briefe bzw. Checkliste (vergrößert: A2)*
Präsentation	• Gruppen stellen ihre Arbeitsergebnisse vor. • je nach Zeitreserve: ausführlichere Begründungen, Kommentare und Anregungen, sonst: in späteren Unterrichtsstunden bei anderen Schriftstücken Besprechung von Problemen und Verbesserungsvorschlägen	Unterrichtsgespräch/ *Wand des Klassenraums, Metaplankarten für Gruppenzuordnung, Vordrucke: Briefe bzw. Checkliste (vergrößert: A2)*
Ergebnissicherung/ Zusammenfassung	• Entwurf eines „Ratgebers" mit Informationen und Hinweisen zur Rechtslage bei Rechtsgeschäften von Jugendlichen sowie zur vernünftigen Vorbereitung eines größeren Kaufs im Hinblick auf Informationsbeschaffung, finanzielle Möglichkeiten und die Einbeziehung der erwachsenen Bezugspersonen.	Einzelarbeit/ *Arbeitsauftrag für schriftliche Hausarbeit*

Auszüge aus dem BGB

§ 106. (Beschränkte Geschäftsfähigkeit Minderjähriger) Ein Minderjähriger, der das siebente Lebensjahr vollendet hat, ist ... in der Geschäftsfähigkeit beschränkt.

§ 107. (Einwilligung des gesetzlichen Vertreters) Der Minderjährige bedarf zu einer Willenserklärung, durch die er nicht lediglich einen rechtlichen Vorteil erlangt, der Einwilligung des gesetzlichen Vertreters.

§ 108. (Vertragsschluss ohne Einwilligung) (1) Schließt der Minderjährige einen Vertrag ohne die erforderliche Einwilligung des gesetzlichen Vertreters, so hängt die Wirksamkeit des Vertrages von der Genehmigung des Vertreters ab.
(2) Fordert der *andere Teil* [hier: der Verkäufer] den Vertreter zur Erklärung über die Genehmigung auf, so kann die Erklärung nur ihm gegenüber erfolgen; eine vor der Aufforderung dem Minderjährigen gegenüber erklärte Genehmigung oder Verweigerung der Genehmigung wird unwirksam. Die Genehmigung kann nur bis zum Ablauf von zwei Wochen nach dem Empfang der Aufforderung erklärt werden; wird sie nicht erklärt, gilt sie als verweigert.
(3) Ist der Minderjährige unbeschränkt geschäftsfähig geworden, so tritt seine Genehmigung an die Stelle der Genehmigung des Vertreters.

§ 110. („Taschengeldparagraf") Ein von dem Minderjährigen ohne Zustimmung des gesetzlichen Vertreters geschlossener Vertrag gilt als von Anfang an wirksam, wenn der Minderjährige die vertragsmäßige Leistung mit Mitteln bewirkt, die ihm zu diesem Zweck oder zur freien Verfügung von dem Vertreter oder mit dessen Zustimmung von einem Dritten überlassen worden sind.

AMA COMPUTER
Andreas Armayer
Feldstraße 5
64625 Bensheim
Tel.: 06251 880490
Fax: 06251 880498

Angebot/ Bestellung

Bitte führen Sie die folgende Nummer in Ihrer Korrespondenz sowie bei allen Rückfragen an:

AUFTRAGSNUMMER: *971056*

Käufer:

Nadine Jung
Wolfsgartenstraße 52a
64625 Bensheim-Zell

BESTELLDATUM	BESTELLER	VERSANDART	LIEFERBEDINGUNGEN	ZAHLUNGSBED.
14.09.2002	s. o.	Abholung	20 Tage ab Bestelldatum	zahlbar nach Erhalt ohne Abzüge

MENGE	BESCHREIBUNG	PREIS/EINH.	BETRAG €
1	***mekumo*** *Mini-Tower* (einschl. Maus und Tastatur): Intel Pentium Prozessor (150 MHz), 32 MB-RAM, 1,2 Gigabyte-Festplatte, 8fach CD-ROM, 2 MB PCI-VGA-Grafikkarte, 16 Bit Stereo Soundkarte, 3,5" 1,44 MB Diskettenlaufwerk, *Software:* Windows 95, MS-Word 7.0		1.899,00
1	15" SVGA Farbmonitor		488,00
1	Tintenstrahl-Farbdrucker: DP Deskink 480		580,00
		NETTO	2.967,00
		16 % MwSt.	474,72
		VERSANDKOSTEN	–
		SONSTIGES	–
		GESAMTBETRAG	3.441,72

1. Die oben angeführten Preise, Zahlungs- und Lieferbedingungen und sonstigen Angaben sind verbindlich.
2. Die Ware bleibt bis zur vollständigen Zahlung Eigentum des Verkäufers.

Verkäufer:

A. Armayer 14.09.2002
Unterschrift Datum

Käufer:

Nadine Jung 14.09.98
Unterschrift Datum

Bitte ankreuzen:

Alter: Jünger als 18 Jahre: ⊗
18 Jahre oder älter: O

Arbeitsgruppe 1 (Gesetzliche Vertreterin)

Die Mutter ist mit dem Vertragsabschluss von Nadine zum gegenwärtigen Zeitpunkt nicht einverstanden.

Arbeitsauftrag:

Schreiben Sie den Text für einen Brief, in dem die Mutter als gesetzliche Vertreterin gegenüber dem Computergeschäft erklärt, dass sie die Genehmigung für den Kaufvertragsabschluss nicht erteilt.

Überlegen Sie sich vor dem Schreiben zunächst einen sinnvollen Aufbau für Ihren Text. Bedenken Sie dann bei Ihren Formulierungen, dass der Brief den Geschäftsinhaber überzeugen und nicht verärgern sollte.

Stellen Sie anschließend Ihren Briefentwurf der Klasse vor.

Arbeitsgruppe 2 (Verkäufer)

Der Inhaber des Computer-Fachgeschäfts, Herr Armayer, möchte sichergehen, dass der Kaufvertrag tatsächlich rechtsgültig ist, bevor er die einzelnen Teile der Computeranlage bestellt und zusammenbaut.

Arbeitsauftrag:

Schreiben Sie den Text für einen Brief, in dem Herr Armayer als Verkäufer die Mutter um eine Erklärung bittet, ob sie die Genehmigung für den Kaufvertragsabschluss erteilen will.

Überlegen Sie sich vor dem Schreiben zunächst einen sinnvollen Aufbau für Ihren Text. Bedenken Sie dann bei Ihren Formulierungen, dass der Brief die Mutter nicht unter Druck setzen oder verärgern sollte. Schließlich möchte der Geschäftsinhaber ja seine Kundschaft behalten!

Stellen Sie anschließend Ihren Briefentwurf der Klasse vor.

Arbeitsgruppe 3 (Minderjährige Kundin)

Nadine ist immer noch davon überzeugt, dass die Anschaffung eines Computers für sie sinnvoll und möglich ist. Sie überlegt jetzt, wie sie ihren Wunsch noch in diesem Jahr verwirklichen könnte.

Arbeitsauftrag:

Erstellen Sie für die minderjährige Tochter eine Checkliste, in der Sie wichtige Schritte bis zum Computerkauf - diesmal <u>mit</u> der Einwilligung der Mutter - aufführen.

Überlegen Sie sich vor dem Schreiben zunächst, welche Probleme die Tochter bis zur Realisierung ihres Wunsches lösen muss. Denken Sie z. B. daran, dass Nadine sich über das Angebot am Computermarkt gründlich informieren muss und dass sie die Mutter mit stichhaltigen Argumenten von der Notwendigkeit der Anschaffung überzeugen sollte, damit sie ihre Einwilligung gibt. Vergessen Sie auch die finanzielle Seite des Kaufs nicht.

Stellen Sie anschließend Ihre Checkliste der Klasse vor.

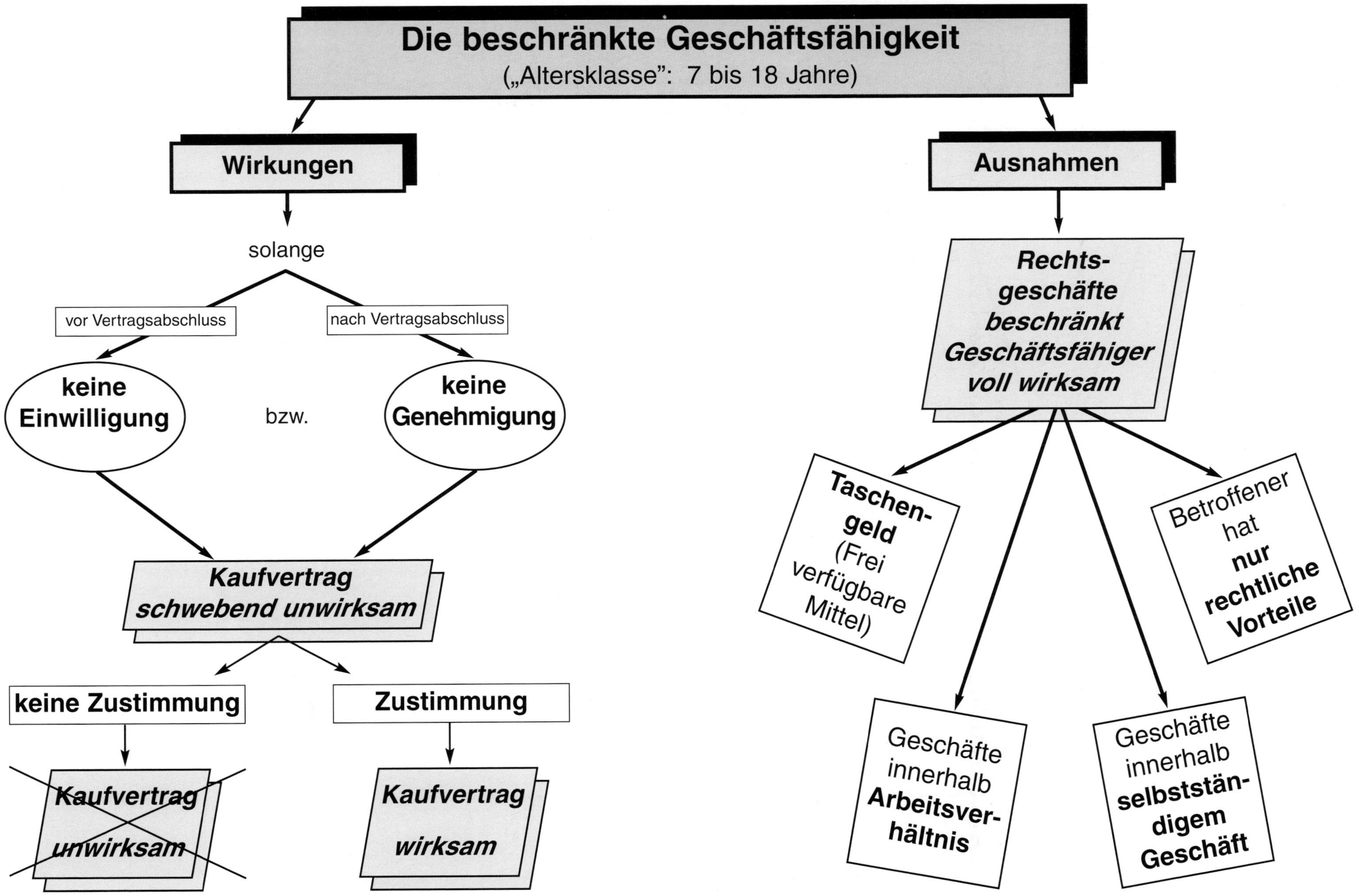
Die beschränkte Geschäftsfähigkeit
(„Altersklasse": 7 bis 18 Jahre)
Wirkungen
solange
vor Vertragsabschluss
nach Vertragsabschluss
keine Einwilligung
bzw.
keine Genehmigung
Kaufvertrag schwebend unwirksam
keine Zustimmung
Zustimmung
Kaufvertrag unwirksam
Kaufvertrag wirksam
Ausnahmen
Rechtsgeschäfte beschränkt Geschäftsfähiger voll wirksam
Taschengeld (Frei verfügbare Mittel)
Betroffener hat nur rechtliche Vorteile
Geschäfte innerhalb Arbeitsverhältnis
Geschäfte innerhalb selbstständigem Geschäft

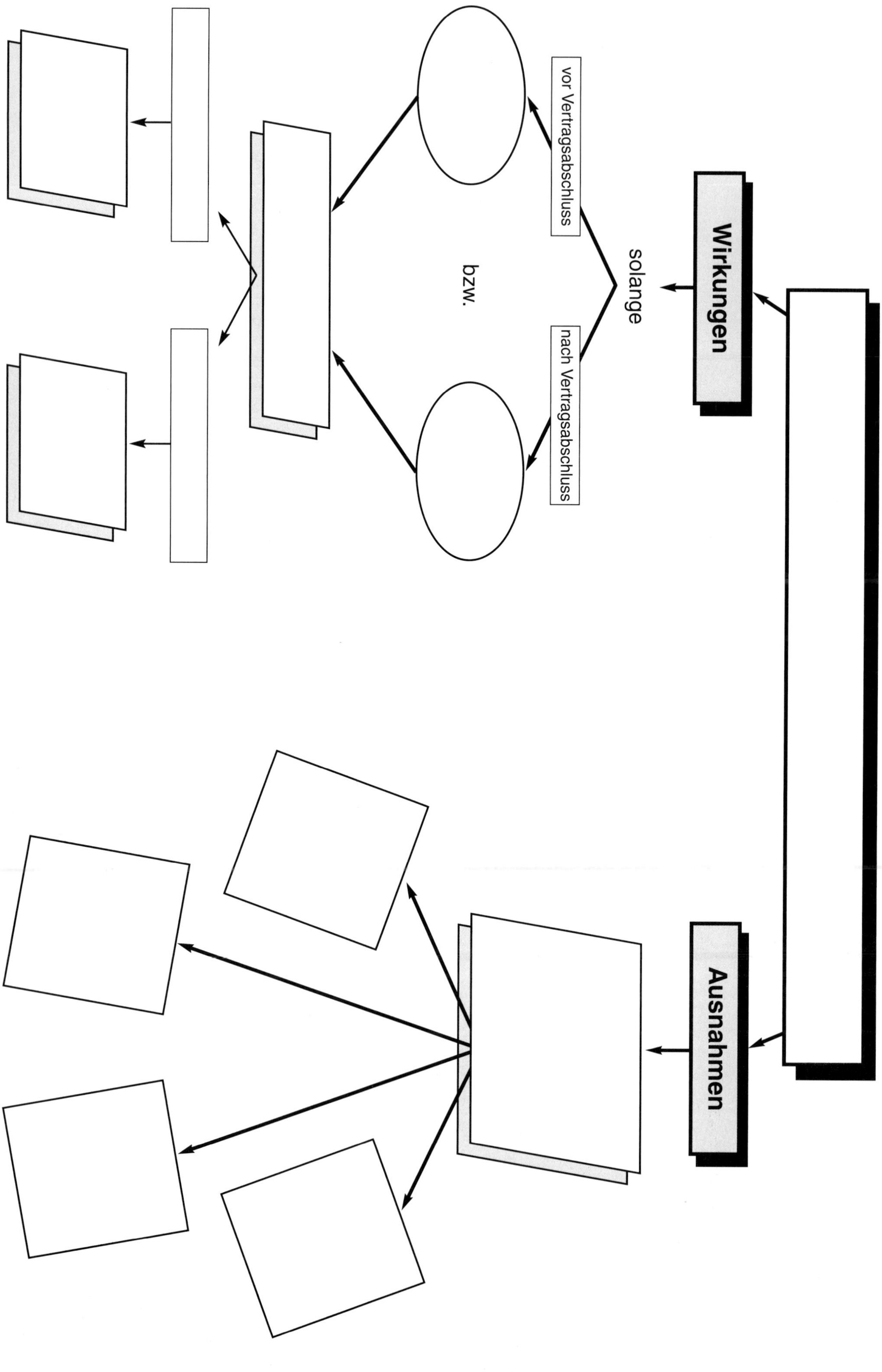
Wirkungen
solange
vor Vertragsabschluss
nach Vertragsabschluss
bzw.
Ausnahmen

Ich plane eine größere Anschaffung!

Ein Ratgeber für Jugendliche

Schriftliche Hausarbeit

Abgabe:

Sie haben sich in den vergangenen Wochen mit den Möglichkeiten und Problemen beschäftigt, die für Jugendliche bei der Verwirklichung größerer Anschaffungen eine Rolle spielen können.

Fassen Sie Ihr Wissen und Ihre praktischen Überlegungen in einem „Ratgeber" zusammen, den Sie zum Beispiel an jüngere Geschwister, Freunde oder Freundinnen weitergeben könnten.

Arbeitsauftrag:

Erarbeiten Sie einen Vorschlag für die inhaltliche und optische Gestaltung eines Faltblatts zu diesem Thema!

In dem „Ratgeber" könnten Sie folgende Gesichtspunkte aufgreifen:

- Informationen über die rechtlichen Voraussetzungen
- Überlegungen und Ideen zu einer realistischen Finanzierung
- Tipps, welche Sachinformationen auf jeden Fall vor dem Kauf beschafft werden sollten
- Hinweise, welche Gespräche rechtzeitig mit den Eltern geführt werden sollten

<u>**Umfang der Arbeit:**</u> etwa 3 Seiten

Anschließend kann die Klasse gemeinsam die besten Vorschläge für den „Ratgeber" auswählen und über die Endgestaltung entscheiden.

Kreuzworträtsel (Thema: Rechts- und Geschäftsfähigkeit)

Das Lösungswort (von oben nach unten gelesen): Dessen Höhe ist oft Streitpunkt.

1. Auch ... „Personen" sind rechtsfähig.
2. Rechtsgeschäfte innerhalb eines genehmigten ...verhältnisses sind auch bei beschränkt Geschäftsfähigen voll wirksam.
3. Fähigkeit von Personen, Träger von Rechten und Pflichten zu sein
4. Alle ... Personen sind rechtsfähig.
5. Peter ist 18 Jahre alt geworden. Damit ist er ... geschäftsfähig.
6. Sandra ist 16 Jahre alt. Ein durch sie getätigtes Rechtsgeschäft ist voll wirksam, wenn sie hierdurch nur rechtliche ... erlangt.
7. Ansonsten ist Sandra (vgl. 6) ... geschäftsfähig.
8. Der 12-jährige Timo hat ein Fahrrad gekauft, ohne vorher seine Eltern zu fragen. Das Rechtsgeschäft wird gültig, wenn die Eltern ihre ... erteilen.
9. Der 6-jährige Tim ist ...
10. Ein Rechtsgeschäft des 9-jährigen Sebastian wirft keine Probleme auf, wenn seine Eltern vor Vertragsabschluss ihre ... erteilen.
11. Der 14-jährige Ingo kauft ein Videogerät. Mangels Zustimmung durch die Eltern liegt ... Unwirksamkeit vor.

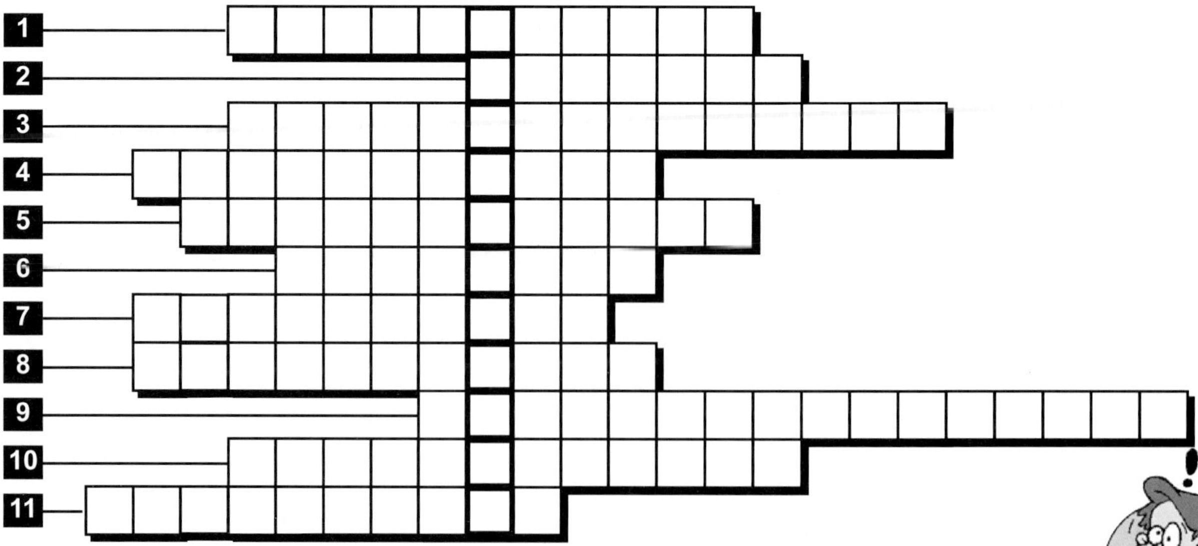

Lösungen: **(Lösungswort: TASCHENGELD)**

1. JURISTISCHE
2. ARBEITS...
3. RECHTSFÄHIGKEIT
4. NATÜRLICHEN
5. UNBESCHRÄNKT
6. VORTEILE
7. BESCHRÄNKT
8. GENEHMIGUNG
9. GESCHÄFTSUNFÄHIG
10. EINWILLIGUNG
11. SCHWEBENDE

3 NICHTIGE / ANFECHTBARE RECHTSGESCHÄFTE

Zeichnung von Martin Linders

Hinweis (abdecken): Nichtiges Rechtsgeschäft (Scherzgeschäft)

Nichtige und anfechtbare Rechtsgeschäfte

Beispiel zum handlungsorientierten Unterricht von Wolfgang Bauknecht

- Unterrichtseinheit für 90 Minuten -

Methodische Vorgehensweise und Unterrichtsorganisation

Motivationsphase

Lehrer: Haben Sie schon einmal die Fernsehsendung „Das Fernsehgericht tagt - Wie würden Sie entscheiden?" gesehen?

Schülerresonanz: Verschiedene Schüler melden sich voraussichtlich.

Lehrer: Das Court TV (Gerichtsfernsehen) gelangte von Amerika zu uns (Hinweis evtl.: Lewinsky-Affäre). Zwischenzeitlich sind Rechtsfälle auf Showniveau ein Quotenrenner, wie z. B. „Streit um drei" (ZDF), „Klarer Fall" (VOX), „Richterin Barbara Salesch" (SAT 1). Evtl. Hinweis auf die berühmte Fernsehgerichtsverhandlung „Maschendrahtzaun" (vgl. Song von Stefan Raab).

Lässt Schüler, die die Fernsehsendung schon gesehen haben, darüber erzählen.

Lehrer: Sie dürfen nun für verschiedene Fallsituationen eine **richterliche Entscheidung** nach dem Gesetz treffen.

Alternativmotivation: Vgl. **Farbfolie (Karikatur):** Die Schüler sollen den Sachverhalt erklären und die Problematik erkennen (nicht jede Unterschrift führt zu einem rechtsgültigen Vertrag; es muss somit Grenzen der Vertragsfreiheit geben.).

Erarbeitungsphase

- Je nach Klassenstärke werden 6 Gruppen mit z. B. je 4 Schülern gebildet. Bei größeren Klassen erhöht sich die Anzahl der Gruppenmitglieder (Gruppenstärke).

- Auf einem Arbeitsblatt sind alle 15 Fallsituationen enthalten. Jedem Gruppenmitglied werden alle 15 Fälle ausgeteilt. Jedem Schüler liegen somit alle Fälle zur Nachbereitung vor.

- Die Gruppen 1, 2 und 3 bilden die **Präsentationsgruppen.**

Arbeitsteilung, z. B.	mögliche Paragrafenvorgabe (BGB)
Gruppe 1 bearbeitet die Fälle 1 bis 5	§§ 104, 105, 117, 118, 138
Gruppe 2 bearbeitet die Fälle 6 bis 10	§§ 106, 108, 119, 121, 125, 134
Gruppe 3 bearbeitet die Fälle 11 bis 15	§§ 119 bis 124, 142

Die **Präsentationsgruppen** bearbeiten in der Gruppe die ihnen zugeteilten Fälle und notieren ihre Ergebnisse auf **Metaplan-Karten.**

- Die Gruppen 4, 5 und 6 bilden die **Kontrollgruppen.**

Arbeitsteilung	mögliche Paragrafenvorgabe (BGB)
Gruppe 4 bearbeitet ebenfalls die Fälle 1 bis 5	§§ 104, 105, 117, 118, 138
Gruppe 5 bearbeitet ebenfalls die Fälle 6 bis 10	§§ 106, 108, 119, 121, 125, 134
Gruppe 6 bearbeitet ebenfalls die Fälle 11 bis 15	§§ 119 bis 124, 142

Die Kontrollgruppen lösen die ihnen zugeteilten Fälle auf einem **Lösungsblatt (vgl.** Blatt **„Fall-Lösungen":** lediglich die Kopfspalte sollte an der Tafel skizziert und von den Schülern auf ein leeres Blatt übernommen werden).

- Je nach Schulart können die entsprechenden Paragrafen vorgegeben werden oder nicht.

- Hinweis: Es empfiehlt sich, die leistungsstarken Schüler eher auf die Präsentationsgruppen zu verteilen, da diese zusätzlich in der vorgegebenen Zeit ihre Lösungen auf Metaplan-Karten notieren müssen.

Präsentationsphase

- Nach einer Bearbeitungszeit von ungefähr 30 Minuten erfolgt die Präsentation (Richterspruch) der Lösungen. Es werden zwei Metaplan-Wände und zwei Plakate benötigt.

- Die **Präsentationsgruppen** präsentieren die Lösung ihrer Fälle. Die **Kontrollgruppen** ergänzen oder korrigieren die Ergebnisse. Der Lehrer übernimmt im Bedarfsfall die Steuerungsfunktion.

  Die Ergebnisse der Metaplan-Wand sollten anschließend abfotografiert und den Schülern ausgeteilt werden.

Metaplan-Wand:

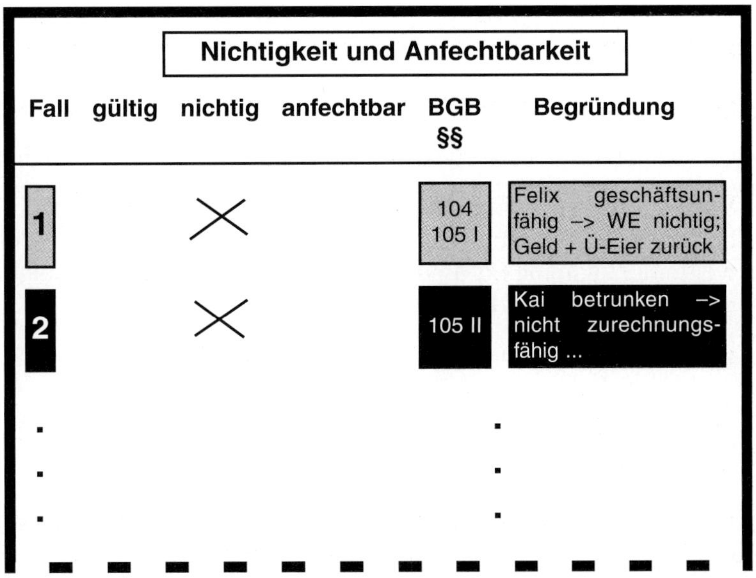

Erfolgssicherungsphase

Alternative 1: Erfolgssicherung mittels **Mind-Map oder Strukturübersicht:**

Die Schüler werden aufgefordert, mit gut lesbaren Druckbuchstaben die Leitgedanken (Schlüsselworte) auf Äste zu schreiben. So entstehen individuelle „Gedankenbilder“. Mit dieser Arbeitsmethode wird das sprachliche und bildhafte Denken gefördert.

Bei erstmaliger Anwendung der Mind-Map-Methode sollte der Lehrer zunächst an einem einfachen Beispiel die Vorgehensweise erläutern.

Alternative 2: Erfolgssicherung mittels Kreuzworträtsel.

Fallbeispiele: Lösen Sie die Fälle mit Hilfe des Gesetzes

Fall 1: Überraschungseier-Probleme

Felix, 6 Jahre, bekam von seiner Tante 5,00 € und kaufte sich davon fünf Ü-Eier. Seine Mutter ist verärgert, weil sie das enthaltene Spielzeug für nicht ungefährlich hält. Kleinteile könnten verschluckt werden usw.

Obwohl Felix schon zwei Eier geöffnet und die Schokolade verzehrt hat, bringt seine Mutter die drei anderen Ü-Eier ins Geschäft zurück. Sie verlangt von der Kassiererin die Rücknahme und die Zurückgabe der von Felix bezahlten 5,00 €.

Die Kassiererin weigert sich mit den Worten: **„Gekauft ist gekauft"!**

Fall 2: Freibier für alle!

Der schmächtige Kai hatte vor kurzem die Prüfung zum Industriekaufmann bestanden. In seiner Stammkneipe feierte er dieses Ereignis. Nachdem er bereits fünf Pils und acht Jägermeister getrunken hatte, gab er zwei Bierrunden für alle Gäste aus. Da Kai nicht alles bar zahlen konnte, notierte der Wirt 128,00 € in sein Schuldnerbuch.

Zwei Tage später verlangt der Wirt die Bezahlung der noch offenen Bierrunden. Kai will nichts davon wissen. Er verweigert die Zahlung mit der Begründung, er sei völlig betrunken gewesen.

Der Wirt aber ist der Ansicht: **„Bestellt ist bestellt"!** Wenn er nicht zahle, liege Zechprellerei vor.

Fall 3: „Geleimter" Gerichtsvollzieher

Klaus zahlte einige seiner Schulden nicht zurück. Weil ihm seine Gläubiger damit drohen, das Geld vom Gerichtsvollzieher eintreiben zu lassen, rechnet er in den nächsten Tagen mit dessen Besuch.

Um dem Gerichtsvollzieher ein Schnippchen zu schlagen, verschenkt er zum Schein mehrere wertvolle Gemälde und eine wertvolle Münzsammlung an seine Schwester Gisela. Er vereinbart mit ihr die spätere Rückgabe, sobald er keine Pfändung mehr befürchten muss.

Der Gerichtsvollzieher stellte tatsächlich bei seinem Besuch eine Unpfändbarkeitserklärung aus.

Einige Wochen danach verlangt Klaus von Gisela, mit der er sich zwischenzeitlich verstritten hat, die Rückgabe der ausgehändigten Gegenstände. Gisela weigert sich und meint: **„Geschenkt ist geschenkt"!**

Fall 4: April, April!

Am 1. April meldet sich Bernd telefonisch bei seinem Freund Walter, um ihn in den April zu schicken. Er behauptet, dass es heute beim Bäcker alle Backwaren zu Preisen wie vor 100 Jahren zu kaufen gibt.

Kuchen-Fan Walter ist begeistert, geht sofort zur Bäckerei und möchte eine Schwarzwälder-Kirsch-Torte zu Preisen wie vor 100 Jahren haben. Die Verkäuferin bricht in schallendes Gelächter aus. Sie macht den Scherz mit und sagt, er könne die Torte heute nachmittag holen, nur solle er wegen des Preises noch einmal auf den Kalender schauen.

Dies tut er zu Hause auch, ohne dass bei ihm der Groschen fällt. Als er am Nachmittag die Torte holen möchte, verlangt die Verkäuferin 20,00 €. Walter fällt aus allen Wolken und meint, er zahle nur den Preis wie vor 100 Jahren, der bei ca. 1,00 € liege. Nur zu diesem Preis habe er einen Kaufvertrag geschlossen.

Die Verkäuferin gibt ihm schließlich deutlich zu erkennen, dass er auf einen April-Scherz hereingefallen ist. Dies interessiert Walter jedoch nicht. Er meint: „**Vertrag ist Vertrag!**"

Fall 5: Der Seelenkäufer

Der überzeugte Mohammedaner Hakan vereinbart mit seinem deutschen Arbeitskollegen Bernd schriftlich, dass dieser zur Konfession des Islam gegen eine Bezahlung von 5.000,00 € übertreten soll. Als Bernd nach Hause kommt und dies seiner Frau erzählt, ist diese entsetzt. Bernd bereut seine Entscheidung und möchte sie rückgängig machen.

Hakan lässt nicht mit sich reden und besteht auf Vertragserfüllung. **„Übergetreten ist übergetreten."**

Fall 6: Der ausgetrickste Dieb

Die Weise KG sieht sich der Konkurrenz des Existenzgründers Udo Risiko e. K. ausgesetzt. Um an diverse Unterlagen (Konstruktionszeichnungen, Kalkulationen usw.) möglichst rasch zu kommen, beauftragen die Gesellschafter der Weise KG den stadtbekannten Ganoven Heiner Gomm, bei der Konkurrenzfirma einzubrechen und die gewünschten Unterlagen zu besorgen. Dafür soll Gomm ein Honorar von 20.000,00 € erhalten.

Der Ganove führt den Auftrag aus und übergibt den Gesellschaftern die gewünschten Unterlagen. Letztere sind jedoch mittlerweile nur noch bereit, 10.000,00 € zu bezahlen.

Gomm ist sauer. Was kann er tun?

Fall 7: Standorttäuschung

Frank Schulz möchte nach Australien auswandern und vorher sein Mietshaus verkaufen.

Auf mehrere Zeitungsanzeigen hin meldet sich der Interessent Achim Wagner. Im schriftlichen Kaufvertrag wurde eine Kaufsumme von 500.000,00 € vereinbart sowie jährliche Mieteinnahmen von 48.000,00 € zugesichert.

Der anberaumte Notariatstermin lässt noch zwei Wochen auf sich warten. In der Zwischenzeit erfährt Achim Wagner, dass die meisten Wohnungen unvermietbar sind und leerstehen, weil sich in unmittelbarer Nähe eine Müllverbrennungsanlage befindet.

Er hat kein Interesse mehr und überlegt sich, ob er den Kaufvertrag überhaupt erfüllen muss.

Fall 8: Charakterlos

Die Schülerin Nadine Weiß, 14 Jahre, bessert ihr Taschengeld durch Babysitten auf. Sie verlangt 8,00 € in der Stunde.

Familie Scholl verpflichtet Nadine für vier Stunden zum Beaufsichtigen ihrer drei Kinder.

Als Nadine nach getaner Arbeit 32,00 € fordert, verweigert Herr Scholl die Bezahlung, weil er dies mit ihren Eltern nicht abgesprochen hätte und der Preis zudem überhöht sei. Nadine ist verärgert.

Fall 9: Die vorbestrafte Kassiererin

Der Marktleiter eines Edekamarktes stellt die Kassiererin Ulrike Hübsch ein. Erst nach einigen Wochen erfährt er von einem Kunden, dass Frau Hübsch bereits mehrfach wegen Unterschlagung mit dem Gesetz in Konflikt kam.

Der Marktleiter möchte deshalb kein Risiko eingehen - obwohl die Kasse bisher gestimmt hatte - und sucht nach einer Möglichkeit, die Kassiererin so schnell wie möglich wieder zu entlassen.

Fall 10: Blendendes Zeugnis

Herr Link, Marktleiter eines Getränkemarktes, stellte Herrn Fink für das Lager ein. Die Arbeitszeugnisse von Fink, die letztlich den Ausschlag für seine Einstellung gaben, sind hervorragend.

Zwischenzeitlich zeigt sich aber, dass Fink nicht so fleißig ist, wie Link dies aufgrund der Arbeitszeugnisse annahm.

Kann Link, der sich offenbar von den Zeugnissen blenden ließ, Fink wieder entlassen?

Fall 11: Die falsche Bestell-Nr.

Für seinen Gartenteich bestellt Karl Ernle beim Gartencenter eine Teichfolie mit der Stärke 0,7 Millimeter. Nach Lieferung stellt er fest, dass die Folie doppelt so dick und 200,00 € teurer ist.

Nach Rücksprache mit dem Gartencenter stellt sich heraus, dass Karl Ernle versehentlich die falsche Bestellnummer angegeben hatte.

Karl Ernle kann mit der stärkeren Folie nichts anfangen und will diese nicht behalten.

Fall 12: Der vergessliche Sohn

Bruno Rauh schickt seinen achtjährigen Sohn Wolfgang zum Bahnhofskiosk, um eine Flasche Cola light zu kaufen.

Auf dem Weg dorthin vergisst Wolfgang jedoch das „light" und kauft eine Flasche Cola. Sein Vater ist verärgert, weil er nur „light" trinkt.

Fall 13: „Logieren" oder „soupieren"?

Helmut Protzig benutzt in seiner Ausdrucksweise sehr oft Fremdwörter, deren Sinn ihm nicht immer bekannt ist. Da er mit seiner Frau den Hochzeitstag feiern möchte, ruft er im Hotel Adler an, um dort einen Tisch reservieren zu lassen.

Am Telefon sagt er: „Ich komme morgen mit meiner Frau um 18.00 Uhr zu Ihnen, um bei Ihnen zu logieren." Ihm wird zugesagt, dass alles vorbereitet werde.

Als er mit seiner Frau kommt, sind beide ganz baff, dass für sie kein Tisch, sondern ein Zimmer reserviert wurde. Von der Hotel-Leitung müssen sie nur hören: **„Gebucht ist gebucht** - da könnte ja jeder kommen".

Beide wollen allerdings nur ein Abendessen zu sich nehmen, eine Übernachtung war nie beabsichtigt.

Fall 14: Der falsche Freund

Wirtschaftsprüfer Ralf Greulich besitzt eine alte Standuhr aus dem 18. Jahrhundert im Wert von 15.000,00 €, für die sich sein Freund Helmut Maier interessiert.

Als Greulich heiratet, verlangt sein „Freund" Helmut, ihm die Standuhr für 5.000,00 € zu verkaufen, andernfalls werde er seine Frau über sein Verhältnis mit der Bardame Lolita unterrichten.

Aus Angst verkauft Ralf ihm tatsächlich die Standuhr für 5.000,00 €. Nach einigen Monaten bedauert er diesen unsinnigen Verkauf und überlegt rechtliche Konsequenzen.

Fall 15: Die böse Verwandtschaft

Hubert Winzig möchte einen Teppich verkaufen, für den sich seine Nichte Maike interessiert. Maike verlangt jedoch ein Gutachten über Herkunft, Echtheit und Qualität des Teppichs.

Hubert geht zu einem ihm gut bekannten Teppichhändler, der ihm das gewünschte Gutachten erstellt, obwohl es sich bei dem Teppich um ein relativ wertloses Stück handelt.

Als Maikes Freund den Teppich sieht, schlägt er die Hände über dem Kopf zusammen und kann es nicht fassen, dass sie dafür 2.000,00 € ausgegeben hat.

Maike merkt, dass sie von der eigenen Verwandtschaft über das Ohr gehauen wurde.

Fall-Lösungen

Fall	gültig	nichtig	anfechtbar	BGB §§	stichwortartige Begründung
1		X		104 105 (1)	• Felix ist geschäftsunfähig, seine Willenserklärung ist daher nichtig • Geld und Ü-Eier gehen zurück
2		X		105 (2)	• Kai ist zum Zeitpunkt der Bestellung betrunken –> nicht zurechnungsfähig • Wirt hat Pech, wenn Kai nicht zahlt
3		X		117 (1)	• Scheingeschäft; Vermögensverschiebung auf Zeit; Beteiligte wollen übereinstimmend nicht den erklärten Rechtserfolg (Schenkung) • G. muss Gegenstände zurückgeben
4		X		118	• Scherzgeschäft • –> keine Verpflichtung, die Torte für 1,00 € zu verkaufen
5		X		138	• Verstoß gegen die guten Sitten (sittenwidrig) • verletzt Anstandsgefühl (Rechts- und Sozialmoral)
6		X		134	• Verstoß gegen ein gesetzliches Verbot (Diebstahl)
7		X		125, 313	• gesetzliche Formvorschrift (notarielle Beurkundung) noch nicht erfüllt, Rechtsgeschäft daher noch nicht gültig
8	bei erteilter Genehmigung			106, 108 (1)	• Nadine ist beschränkt geschäftsfähig –> Vertrag schwebend unwirksam • erteilen Eltern Genehmigung, wird der Vertrag gültig • Scholl muss dann 32,00 € zahlen.
9			X	119 (2) 121 142	• Irrtum über wesentliche **Eigenschaften** in der Person • Arbeitsvertrag ist anfechtbar • Anfechtung unverzüglich nach Entdeckung des Irrtums • Kaufvertrag dann von Anfang an nichtig
10	X			611	• Irrtum im **Motiv**; Dienstvertrag bleibt gültig • Grundsatz: Arbeitgeber trägt das Leistungsrisiko • ein Irrtum über eine wesentliche Eigenschaft der Person liegt nicht vor
11			X	119 (1) 121 142	• **Erklärungsirrtum** (Verschreiben) • unverzügliche Anfechtung • Kaufvertrag dann von Anfang an nichtig
12			X	120 121 142	• **falsche Übermittlung** einer Willenserklärung • unverzügliche Anfechtung • Kaufvertrag dann von Anfang an nichtig
13			X	119 (1) 121 142	• **Inhaltsirrtum** • Protzig weiß, was er sagt, aber er weiß nicht, was das Gesagte bedeutet; er meint statt logieren „soupieren“ • unverzügliche Anfechtung • Kaufvertrag dann von Anfang an nichtig
14			X	123 (1) 124 142	• **widerrechtliche Drohung** • Anfechtung innerhalb eines Jahres nach Entdeckung der Täuschung • Kaufvertrag dann von Anfang an nichtig
15			X	123 (1) 124 142	• **arglistige Täuschung** • Anfechtung innerhalb eines Jahres nach Wegfall der Zwangslage • Kaufvertrag dann von Anfang an nichtig

GRENZEN DER VERTRAGSFREIHEIT

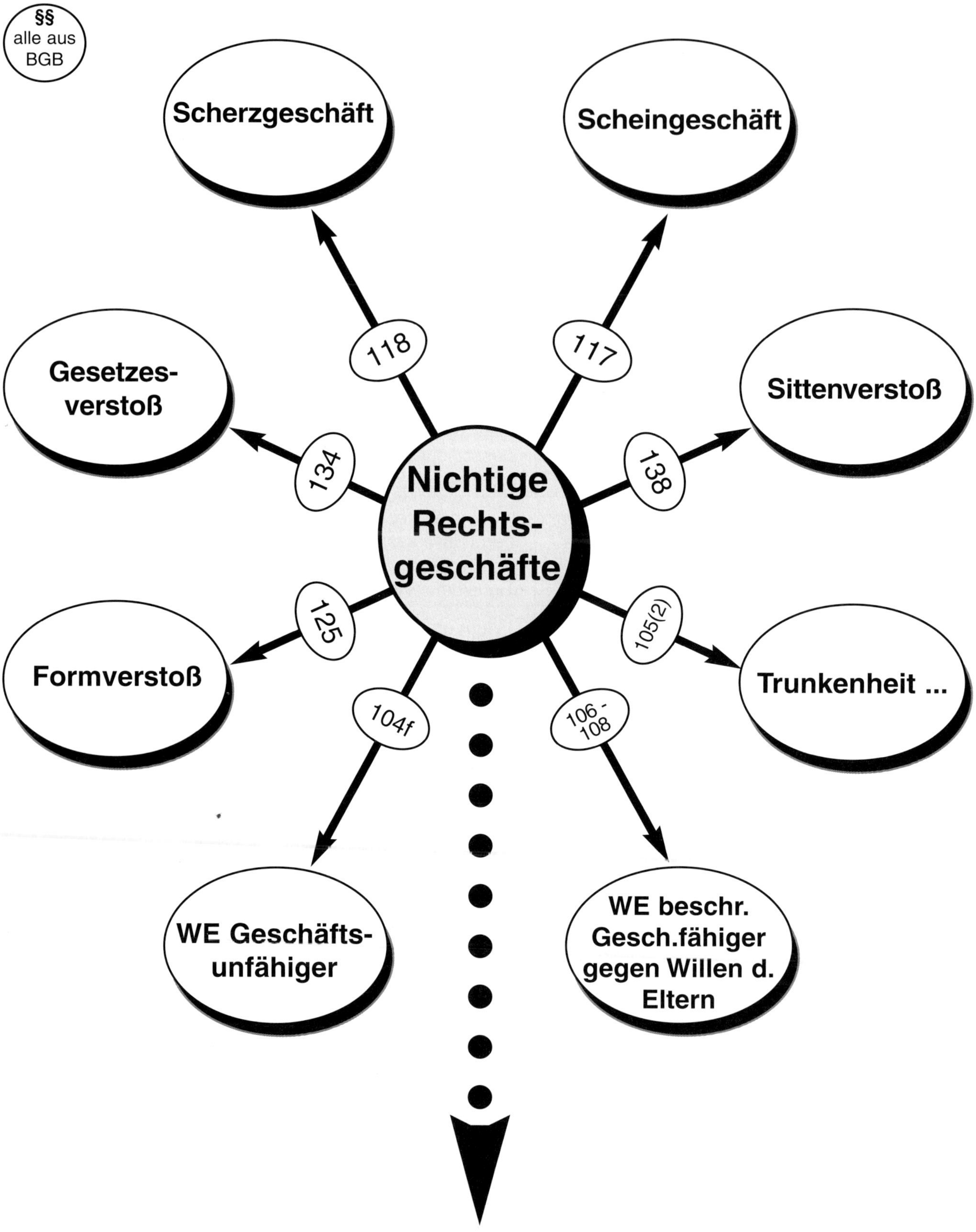

Rechtsgeschäft ist von Anfang an ungültig!

GRENZEN DER VERTRAGSFREIHEIT

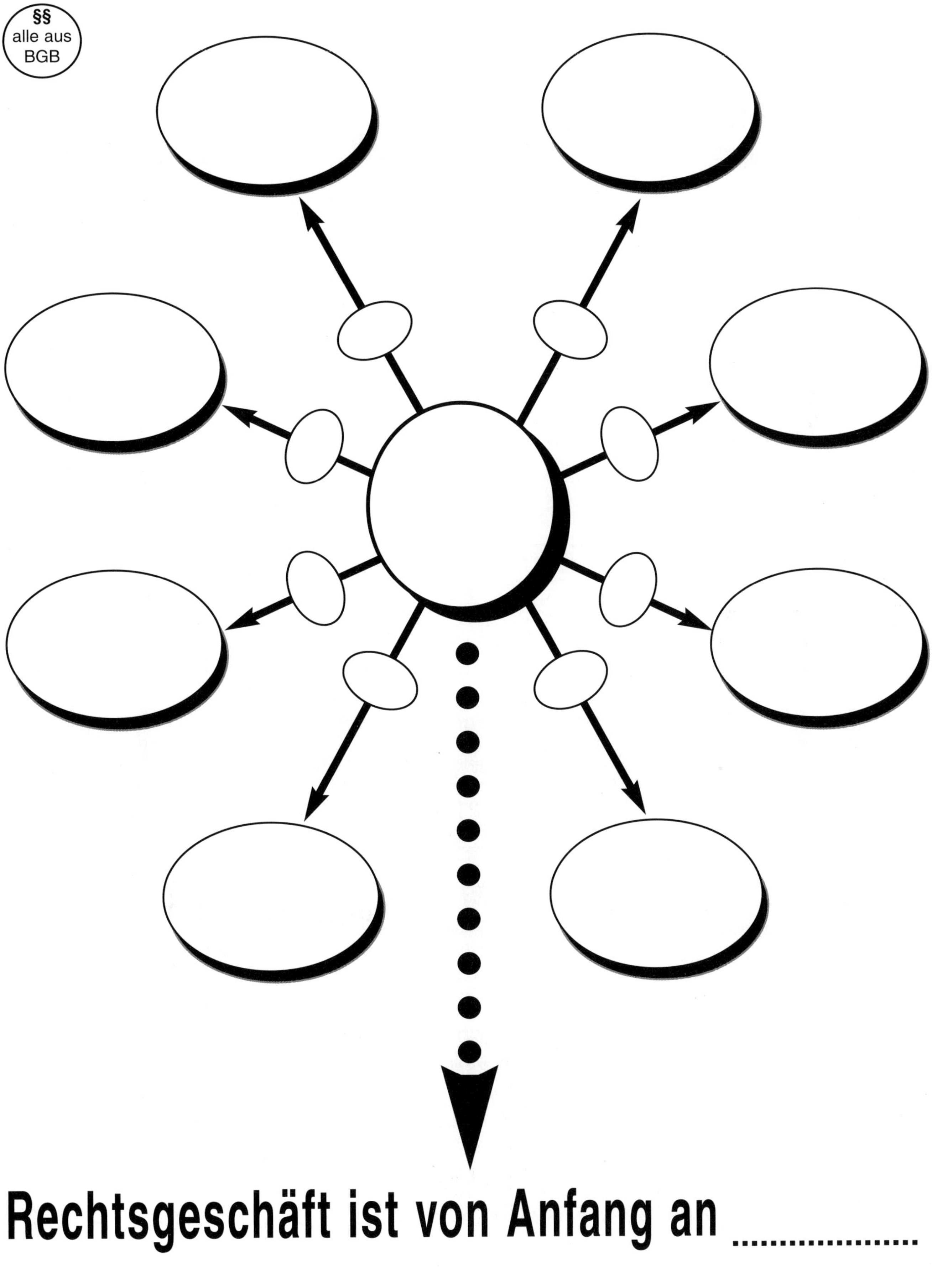

Rechtsgeschäft ist von Anfang an ....

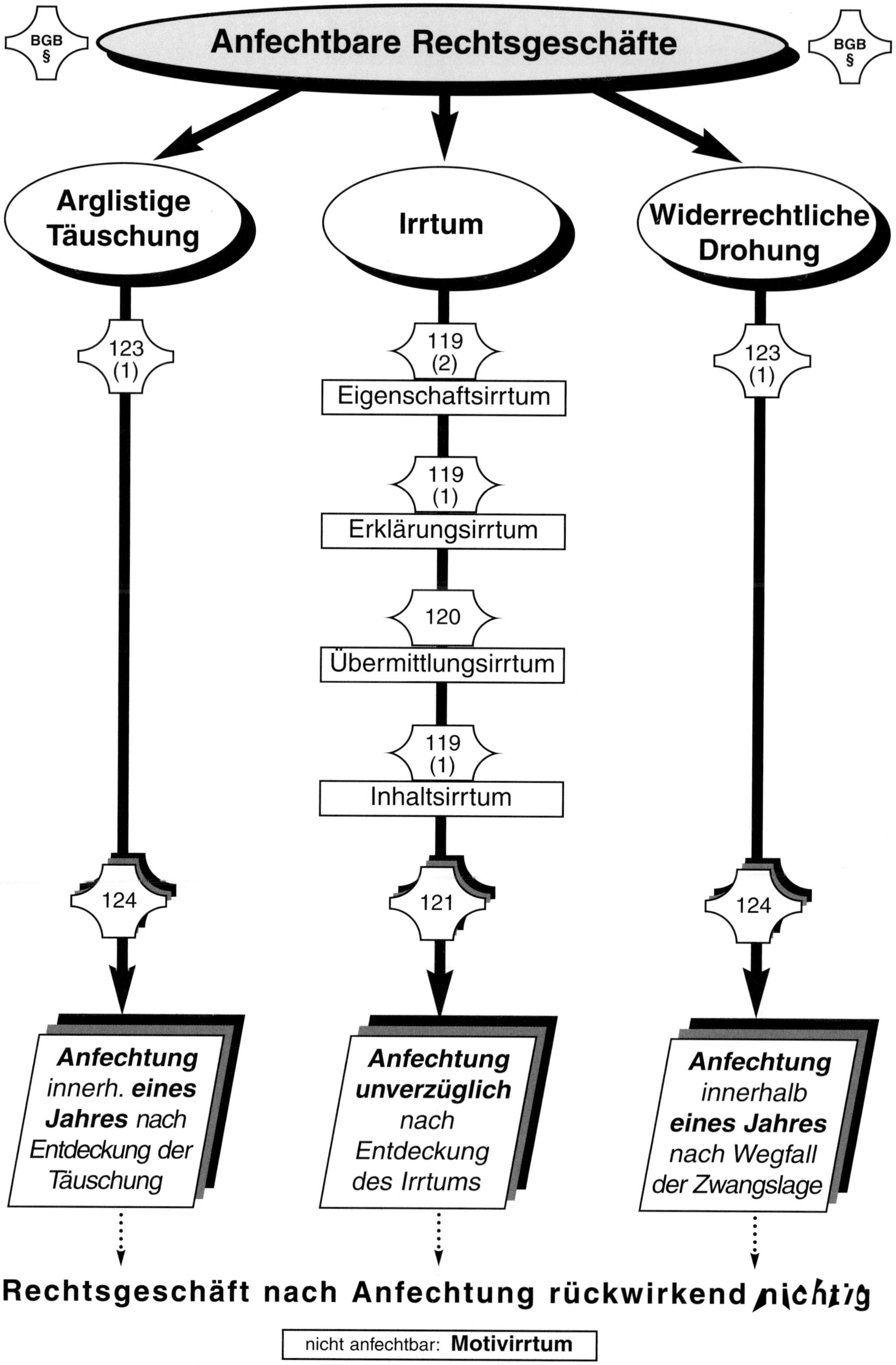
BGB §
Anfechtbare Rechtsgeschäfte
BGB §
Arglistige Täuschung
Irrtum
Widerrechtliche Drohung
123 (1)
119 (2)
Eigenschaftsirrtum
119 (1)
Erklärungsirrtum
120
Übermittlungsirrtum
119 (1)
Inhaltsirrtum
123 (1)
124
121
124
Anfechtung innerh. eines Jahres nach Entdeckung der Täuschung
Anfechtung unverzüglich nach Entdeckung des Irrtums
Anfechtung innerhalb eines Jahres nach Wegfall der Zwangslage
Rechtsgeschäft nach Anfechtung rückwirkend nichtig
nicht anfechtbar: Motivirrtum

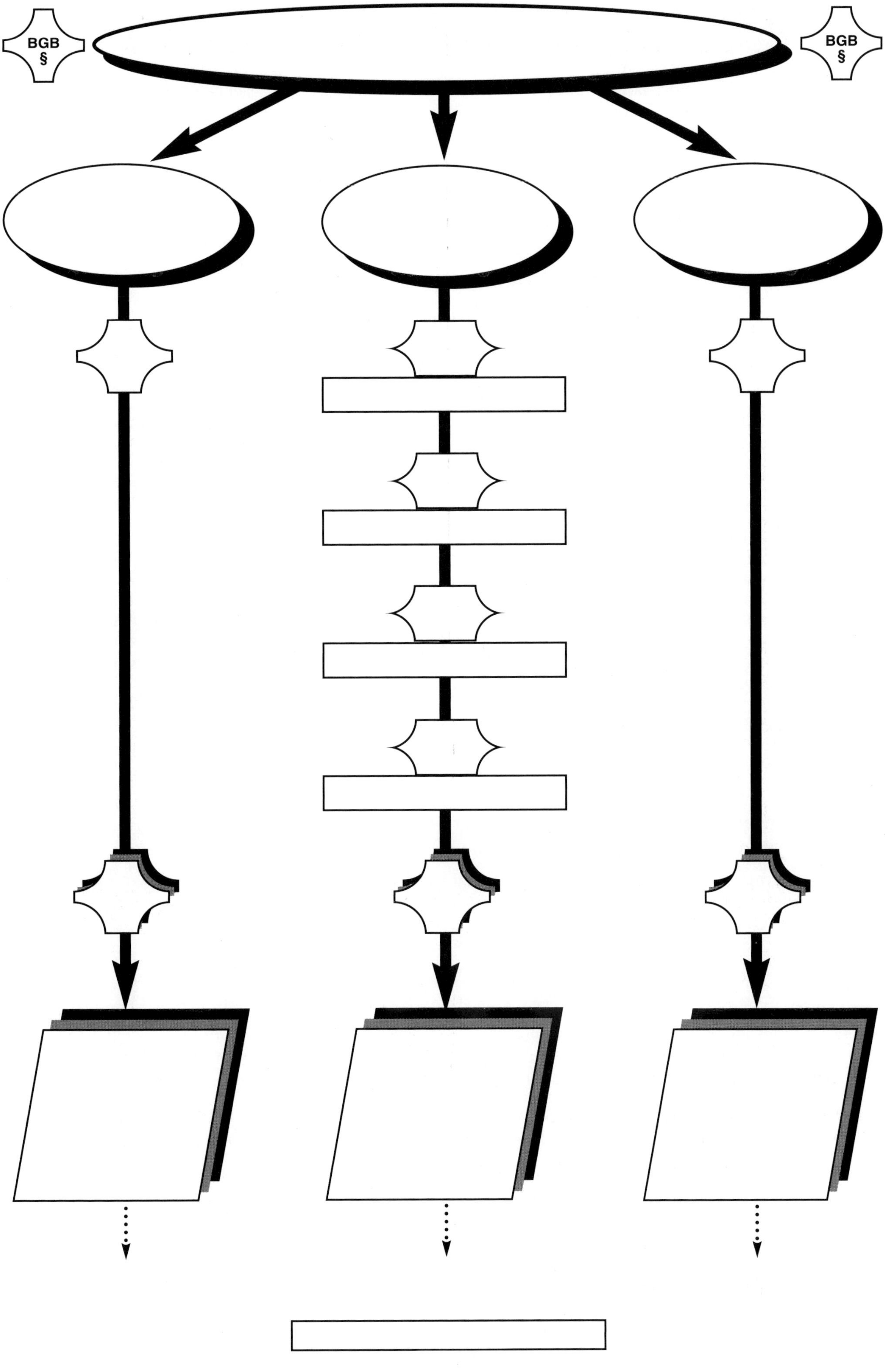
BGB
§
BGB
§

„Spezialfälle“ zur Nichtigkeit und Anfechtbarkeit (Spaß- und motivationsorientierter Unterricht)

Das Thema **„nichtige und anfechtbare Rechtsgeschäfte“** bietet die Möglichkeit, mit originellen Fällen **„Stimmung“** bzw. **„Spaß“** in die Klasse und damit auch für den Lehrer zu bringen. Diese Chance sollte natürlich unbedingt genutzt werden.

Beispiele (auch evtl. zur Einstiegsmotivation) - Die Schüler sollen Stellung nehmen:

1. Lehrer: Wer kann einen Handstand machen? (Mehrere Schüler melden sich.)
   Wer hier im Klassenzimmer einen Handstand macht, kriegt einen Hunderter!

   Schüler: Macht evtl. Handstand und verlangt den Hunderter.

   Lehrer: Den Hunderter zahle ich nicht. (Buh-Rufe der Schüler)

   Es gibt eine gesetzliche Regelung, die für mich spricht. Stellen Sie sich vor, Sie wären mein Rechtsanwalt. Suchen Sie die gesetzliche Regelung. (Scherzgeschäft, § 118 BGB, nichtig)

2. Auf dem Schulausflug sagt Florian zu Sebastian: „Ich zahle dir einen Tausender, wenn du mir eine kühle Cola besorgst.“ Sebastian bringt nach zwei Minuten die Cola. (Scherzgeschäft ...)

3. Charly Klappe sagt vor Zeugen zu seinem Bekannten Günter Gaudi: „Für einen Tausender fresse ich einen Besen!“ Gaudi legt den Tausender sowie einen Besen auf den Tisch und verlangt Vertragserfüllung. (Scherzgeschäft ...) - (Vgl. Karikatur S. 15)

4. Für 1.000,00 € laufe ich rückwärts im Handstand 100 m auf dem Kurfürstendamm, bekleidet lediglich mit einem Nachthemd. (Scherzgeschäft ...)

5. A und B klettern einen Felsen hoch. A ist schon oben angelangt, B rutscht ab und hängt an einer Hand über dem Abgrund. Der „Gerettete“ A spricht (und lässt dabei seinen Fuß gefährlich über der Hand von B auf- und abwippen): „Entweder du unterschreibst jetzt endlich den Vertrag oder du bist eine Leiche!“ B unterschreibt! - Vgl. hierzu die Farbfolie 3. (Gesetzesverstoß, § 134 BGB, nichtig)

6. Der vierjährige Sohn eines Fabrikanten schließt einen Kaufvertrag über einen LKW ab. Der Verkäufer freut sich über das tolle Geschäft. (Vgl. auch Karikaturen S. 1f.)
   (Geschäftsunfähigkeit, § 104 f BGB, nichtig)

7. Landwirt Schindlhuber verschenkt am Stammtisch nach vier Gläsern Apfelsaft in bester Stimmung seinen Acker an den Stammtischbruder Ewald, der den originellsten Witz erzählte. (Formverstoß; bei Schenkung ist notarielle Beurkundung notwendig, § 518 BGB)

8. Sie sind Auszubildende(r) und finanziell gut bestückt. Sie schicken eine Anfrage an drei Porsche-Händler. Einige Tage später liegen Ihnen folgende Angebote mit folgenden Kaufpreisen vor:

   Händler A: 52.000,00 €; Händler B: 49.300,00 €; Händler C: 5.100,00 €.

   Sie sind glücklich und bestellen bei Händler C. Wie wird der Fall weitergehen?
   –> Händler C wird anfechten wegen Irrtum in der Erklärung (Tippfehler - eine Null vergessen); Vertrag dann rückwirkend nichtig.

9. Sonja Schwarz bucht anlässlich der bevorstehenden Hochzeit mit ihrem Verlobten Ed Held eine Weltreise für 19.000,00 €. Kurz vor der Hochzeit löst Ed die Verbindung und verlobt sich mit Angelique Blondinett. Sonja ist sauer und geht zum Rechtsanwalt. (Motivirrtum, Reisevertrag gültig, § 611 BGB)

10. Markus Meuchel beauftragt seinen Bekannten Gustav Strolch, den ständig kläffenden Hund Pit seines Nachbarn zu vergiften. (Nichtiges Rechtsgeschäft, da Verstoß gegen ein gesetzliches Verbot, § 134 BGB)

11. Nuschel wird vom Kunden Öhrle angerufen und um eine Preisangabe gebeten. Nuschel sagt: „150 €“; Öhrle versteht: „115 €“ und bestellt. (Anfechtbar - Irrtum in der Übermittlung, § 120 BGB)

12. Der Chef von Franz Knoll ist 1,55 m groß, Knoll 1,92 m. Eines Tages geht Knoll zu ihm und sagt:

    „Entweder Sie unterschreiben mir hier auf der Stelle, dass ich ab sofort 1.000 € monatlich mehr bekomme, oder ich prügele Sie so windelweich, dass Sie nach Hause kriechen können.“

    Der Chef unterschreibt ohne Diskussion. (Anfechtbar wegen widerrechtlicher Drohung, § 123 Abs. 1 BGB)

Nichtige und anfechtbare Rechtsgeschäfte

Unterrichtsbeispiel - Autorin: Andrea Kreuz

Hinweise zum Unterrichtsverlauf:

Die Arbeitsblätter (Folgeseiten) bestehen aus kleinen Abbildungen, die jeweils eine nichtige bzw. anfechtbare Situation darstellen. Die SchülerInnen sollen selbstständig mit Hilfe des BGB herausfinden, ob es sich um ein anfechtbares oder nichtiges Rechtsgeschäft handelt.

Durch die grafische Darstellung der Situationen (evtl. unterstützt mit den Farbfolien) wirken diese realistischer, sodass die SchülerInnen den Bezug zum eigenen Leben einfacher herstellen können. Zudem wirken sie auf die SchülerInnen sehr motivierend.

Lösungen

Abbildung 1: § 105 BGB. Es handelt sich um ein nichtiges Rechtsgeschäft, da es mit Geschäftsunfähigen geschlossen wurde.

Abbildung 2: § 123 BGB. Es handelt sich um ein anfechtbares Rechtsgeschäft, da eine widerrechtliche Drohung vorliegt.

Abbildung 3: § 119 Abs. 2 BGB. Es handelt sich um ein anfechtbares Rechtsgeschäft, da ein Eigenschaftsirrtum vorliegt.

Abbildung 4: § 117 BGB. Es handelt sich um ein nichtiges Rechtsgeschäft, da es nur zum Schein abgeschlossen wurde.

Abbildung 5: § 108 BGB. Es handelt sich um ein nichtiges Rechtsgeschäft, da es von einem beschränkt Geschäftsfähigen ohne Zustimmung des gesetzlichen Vertreters abgeschlossen wurde.

Abbildung 6: § 119 BGB. Es handelt sich um ein anfechtbares Rechtsgeschäft, da ein Erklärungsirrtum vorliegt (100,00 € gedacht, 10,00 € geschrieben).

Abbildung 7: § 134 BGB. Es handelt sich um ein nichtiges Rechtsgeschäft, da ein Verstoß gegen ein gesetzliches Verbot vorliegt.

Abbildung 8: § 125 BGB. Es handelt sich um ein nichtiges Rechtsgeschäft, da ein Formverstoß vorliegt.

Abbildung 9: § 118 BGB. Es handelt sich um ein nichtiges Rechtsgeschäft, da das Geschäft nur zum Scherz geschlossen wurde.

Abbildung 10: § 138 BGB. Es handelt sich um ein nichtiges Rechtsgeschäft, da ein Verstoß gegen die guten Sitten vorliegt.

Abbildung 11: § 120 BGB. Es handelt sich um ein anfechtbares Rechtsgeschäft, da ein Übermittlungsirrtum vorliegt.

Abbildung 12: § 119 Abs. 1 BGB. Es handelt sich um ein anfechtbares Rechtsgeschäft, da ein Inhaltsirrtum vorliegt.

Vgl. Folien 4 und 5

Nichtige und anfechtbare Rechtsgeschäfte

Rechtsgeschäfte können nichtig oder anfechtbar sein. **Nichtige** Rechtsgeschäfte sind ohne rechtliche Folgen, da sie von Anfang an ungültig sind. Sie haben keine Rechtswirkung. **Anfechtbare** Rechtsgeschäfte sind zunächst voll gültig. Durch die Anfechtung werden diese Rechtsgeschäfte jedoch rückwirkend nichtig.

Arbeitsauftrag: Entscheiden Sie für jeden grafisch dargestellten Sachverhalt mit Hilfe der §§ 105 ff. BGB, ob es sich um ein nichtiges oder anfechtbares Rechtsgeschäft handelt. Begründungen.

1

Hier trifft § .... BGB zu. Es handelt sich um ein .... Rechtsgeschäft.

Begründung: ....

....

....

2

Hier trifft § .... BGB zu. Es handelt sich um ein .... Rechtsgeschäft.

Begründung: ....

....

....

3

Hier trifft § .... BGB zu.

Es handelt sich um ein

....

Rechtsgeschäft.

Begründung: ....

....

....

....

Vgl. Folien 4 und 5

4

Hier trifft § .... BGB zu. Es handelt sich um ein .... Rechtsgeschäft.

Begründung: ....

....

....

5

Hier trifft § .... BGB zu. Es handelt sich um ein .... Rechtsgeschäft.

Begründung: ....

....

....

6

Hier trifft § .... BGB zu. Es handelt sich um ein .... Rechtsgeschäft.

Begründung: ....

....

....

7

Hier trifft § .... BGB zu. Es handelt sich um ein .... Rechtsgeschäft.

Begründung: ....

....

....

Vgl. Folien 4 und 5

8

Hier trifft § .... BGB zu. Es handelt sich um ein .... Rechtsgeschäft. Begründung:

....

....

....

9

Hier trifft § .... BGB zu. Es handelt sich um ein .... Rechtsgeschäft.

Begründung: ....

....

10

Hier trifft § ...... BGB zu. Es handelt sich um ein .... Rechtsgeschäft.

Begründung: ....

....

11

Hier trifft § ...... BGB zu. Es handelt sich um ein .... Rechtsgeschäft.

Begründung: ....

....

12

Hier trifft § .... BGB zu. Es handelt sich um ein .... Rechtsgeschäft.

Begründung: ....

....

....

Kreuzworträtsel (Thema: Nichtige und anfechtbare Rechtsgeschäfte)

Das Lösungswort (von oben nach unten gelesen) hat etwas mit Schmunzeln zu tun.

(ß = ss; Doppelwörter ohne Leerstelle)

1. Nichtige „Pfui-Handlung“
2. Anfechtbare Rechtsgeschäfte werden durch Anfechtung rückwirkend ...
3. Anfechtungsgrund: Widerrechtliche ...
4. Im Zustand der ... abgeschlossene Verträge sind nichtig.
5. Anfechtungsgrund
6. Ein Vertrag, der gegen ein ... verstößt, ist stets nichtig.
7. Nichtige Rechtsgeschäfte sind von Anfang an ...
8. Marktwirtschaftliches Grundprinzip hinsichtlich der Vertragsgestaltung
9. Bei arglistiger Täuschung muss die Anfechtung innerhalb ... nach Entdeckung der Täuschung erfolgen (zwei Wörter).
10. Folgendes Geschäft ist ...: A kauft von B nach Abschluss der mündlichen Verhandlungen ohne schriftlichen Kaufvertrag einen gebrauchten PKW für 80.000,00 €.
11. Ihre Willenserklärungen sind nichtig.
12. Nichtiges Rechtsgeschäft mit integrierten Lügenmärchen.
13. Ein Mangel in der ... führt zur Nichtigkeit des Rechtsgeschäfts.
14. Es wäre lächerlich, wenn er als Anfechtungsgrund gelten würde.

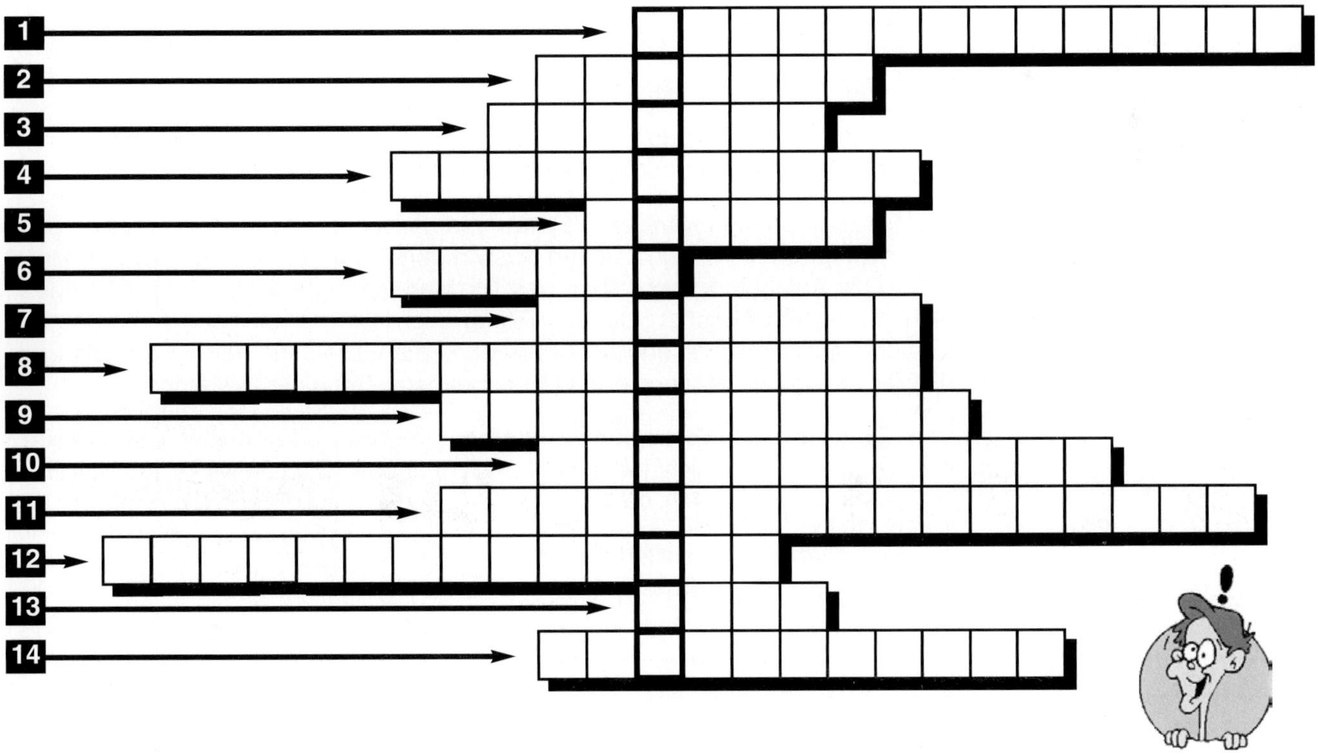

Lösungen: **(Lösungswort: Scherzgeschäft)**

1. Sittenverstoss
2. Nichtig
3. Drohung
4. Trunkenheit
5. Irrtum
6. Gesetz
7. Ungültig
8. Vertragsfreiheit
9. Eines Jahres
10. Rechtsgültig
11. Geschäftsunfähige
12. Scheingeschäft
13. Form
14. Motivirrtum

HOT 1/02

Kalkulationsirrtum im Reisebüro?

Der Fall

Einer Familie wurden von einem Reisebüro für einen zweiwöchigen Urlaub statt 1.438,00 € fälschlicherweise (falsches Ablesen im Reisekatalog) nur 1.084,00 € pro Erwachsenem in Rechnung gestellt. Eine Woche später wurde der Irrtum bemerkt und eine zweite, korrigierte Rechnung geschickt. Die Familie bestand jedoch auf dem ursprünglich berechneten Preis und argumentierte später mit (nicht anfechtbarem) „Kalkulationsirrtum“.

Das Reisebüro klagte.

§

Urteil

Die Familie muss den vollen Preis laut zweiter Rechnung bezahlen.

Begründung: Es liegt kein Kalkulationsirrtum vor, weil das Reisebüro nur die falsche Spalte für die Preisangabe herangezogen hat.

Amtsgericht Bad Homburg, Az.: 2 C 677/01-21

Falsch kalkuliert: knallhartes Bauamt lehnt Anfechtung ab

Der Fall: Ein Tischlereibetrieb reichte bei einer öffentlichen Ausschreibung für Bauleistungen des Landes Nordrhein-Westfalen ein Angebot ein. Nach Ablauf der Angebotsfrist stellte er fest, dass er sich **verkalkuliert** hat: Er vergaß versehentlich, die Transport- und Montagekosten einzurechnen; der Preis war somit viel zu niedrig. Er teilte dies dem Bauamt mit und bat, das Angebot aus der Wertung zu nehmen **(Anfechtung).** Da das Angebot sehr günstig war, vergab das Bauamt das Angebot an den Tischler und verlangte Erfüllung. Nachdem sich der Tischlereibetrieb weigerte, wurden andere Firmen beauftragt, den Auftrag durchzuführen. Dem Bauamt entstanden hierbei Kosten, die um 125.000,00 € über dem falsch kalkulierten Angebotspreis lagen. Das Bauamt klagte auf Schadensersatz.

Urteil: **Entscheidung zugunsten des Bauamts.**

Begründung:

- Ein derartiger Kalkulationsirrtum berechtigt den Anbieter nicht zu einer Anfechtung, die das Angebot rechtsunwirksam machen würde.
- Anders zu beurteilen wäre der Fall, wenn der Kalkulationsfehler wesentlich und mit unzumutbaren wirtschaftlichen Auswirkungen für den Anbieter verbunden wäre. Das Anfechtungsschreiben des Tischlers genügte diesen Anforderungen nicht: Es fehlten Angaben, die den Fehler und daraus die für den Auftragnehmer unzumutbaren Folgen nachprüfbar belegten. Die allgemeine Formulierung „Fehler bezüglich Transport- und Montagekosten” ist nicht ausreichend.
- Vom Grundsatz der **Vertragstreue** darf nur in ganz außergewöhnlichen Fällen abgewichen werden, nicht jedoch bei bloßem unbeachtlichem Kalkulationsirrtum.
- Wichtig daher für die Praxis: Bei Kalkulationsfehlern in Angeboten, die noch nicht angenommen wurden, sollten dem Auftraggeber sofort umfassende Informationen über Art und wirtschaftliche Auswirkung der Fehler übermittelt werden.

BGH Az.: X ZR 17/97 v. 17.9.98

Wuchermiete mit Straffolge

Der Fall: Der Eigentümer eines Mehrfamilienhauses hat über mehrere Jahre für eine 29 qm große Zweizimmerwohnung von den beiden Mietern (jeder hatte einen eigenen Mietvertrag) Mieten verlangt, die 170 % bzw. 250 % über der ortsüblichen Vergleichsmiete lagen. Die Mieter klagten.

Urteil: Es liegt Wucher vor. Der Eigentümer wurde zu einer Geldbuße in Höhe von 3.750,00 € verurteilt. Außerdem musste er die beiden Mieter rückwirkend entschädigen und die Verfahrenskosten tragen.

Lt. Handelsblatt v. 28.4.99 Mitteilung der Stadt Köln

HOT 2/01

Der Fall

Immobilienkauf: Charakterloser Verkäufer

Ein ehemaliger Immobilienhändler hatte mit einem Hausmeister einen Vertrag über den Kauf zweier Eigentumswohnungen geschlossen.

Eigentumswohnung I:	86 Quadratmeter; Preis 75.000,00 €
Eigentumswohnung II:	66 Quadratmeter; Preis 65.000,00 €

Der Vertrag wurde in völlig korrekter Form vor einem Notar geschlossen. Später zog der Käufer dennoch vor Gericht, weil er aufgrund fachmännischer Beratung zu der Einsicht gekommen war, dass er bei dem Geschäft hereingelegt worden sei. Preis und Gegenleistung hätten einander in keiner Weise entsprochen, das Vertragswerk sei daher sittenwidrig.

Der Verkäufer argumentierte demgegenüber, der Erwerber habe vorher genau gewusst, worauf er sich einlasse. Selbst ein etwas überhöhter Preis rechtfertige es nicht automatisch, derartige Verträge im Nachhinein platzen zu lassen. Der Käufer klagte.

§

Urteil

Der Vertrag ist sittenwidrig und daher nichtig.

Begründung:

- Verkaufspreis und wahrer Wert der Immobilie dürfen nicht allzu stark voneinander abweichen. Das Gericht stützte sich auf ein Wertgutachten, demzufolge Wohnung I einen Verkehrswert von 43.000,00 €, Wohnung II von 36.000,00 € hatte. Es wurden ca. 80 % zu viel verlangt. Wegen dem krassen Missverhältniss zwischen Leistung und Gegenleistung könne auf eine verwerfliche Gesinnung des Verkäufers geschlossen werden.
- Der ehemalige Immobilienmakler habe das mangelnde fachliche Urteilsvermögen des Hausmeisters für seine Zwecke ausgenutzt. Letzterer sei mit der Marktlage für Eigentumswohnungen nicht vertraut gewesen und habe daher die Preise nicht richtig einschätzen können.

OLG Hamm, Az.: 22 U 5/97

Nichtiges Rechtsgeschäft: Steuerschummler

Der Fall: Architekt und Bauherr vereinbarten, dass **keine Rechnung** über die ausgeführten Architektenleistungen ausgestellt werden soll. Zweck: **Umsatzsteuer sparen!** Aufgrund von Planungsfehlern des Architekten wollte Bauherr **Schadensersatzansprüche** geltend machen und klagte.

Urteil: Dem Bauherrren stehen **keine Schadensersatzansprüche** zu.

Begründung: Eine „Ohne-Rechnungs-Abrede" führt nach § 134 BGB i. d. R. zur **Nichtigkeit** des gesamten Architektenvertrages. Aufgrund der Unwirksamkeit des gesamten Vertrages können daher auch keine Schadensersatzansprüche geltend gemacht werden.

OLG Hamm v. 18.11.96; 5 U 109/96

HOT 2/01

Der Fall

Gebrauchtwagenkauf: verschwiegener Schaden?

Der Verkäufer eines Gebrauchtwagens verdeckte kleinere Schäden mit Lack. Der Käufer erfuhr später hiervon und war der Meinung, es liege eine arglistige Täuschung vor, der Vertrag sei daher nichtig. Er klagte.

§

Urteil

Es liegt keine arglistige Täuschung vor.

Begründung:

- Eine so genannte Verkaufslackierung zum Verdecken kleinerer Schäden ist keine arglistige Täuschung.
- Schönheitsreparaturen bei Kratzern, Parkdellen und Steinschlagschäden sind erlaubt, ohne dass dem Verkäufer eine Verletzung der Aufklärungspflicht vorzuwerfen ist.
- Die Grenze ist überschritten, wenn echte Schäden (z. B. Durchrostung oder Unfallfolgen) getarnt würden.

OLG Frankfurt/Main, Az.: 3 U 86/2000

4 DIE FORM DER RECHTSGESCHÄFTE

Grundsatz → 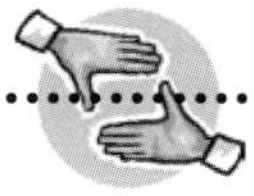 → **Formfreiheit**

Ausnahme → 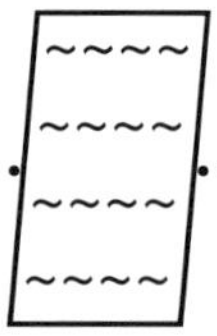 → **Formzwang**

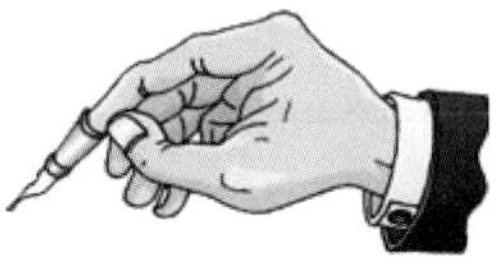

Formzwang →

Schriftform	**Notarielle Beglaubigung**	**Notarielle Beurkundung**

Schriftform	Notarielle Beglaubigung	Notarielle Beurkundung
Eigenhändige Unterschrift notwendig	Bestätigung nur der Echtheit der **Unterschrift** durch **Notar**	Bestätigung von **Unterschrift + Inhalt** durch **Notar**

Beispiele (Schriftform)

- Kündigung
- Testament
- Bürgschaft Privater
- Schuldversprechen
- Schuldanerkenntnis
- Grundstücks- und Wohnungsmietverträge > ein Jahr

Beispiele (Notarielle Beglaubigung)

- Schriftliche Anmeldung zum Handelsregister
- Grundbucheintrag

Beispiele (Notarielle Beurkundung)

- Grundstückskaufvertrag
- Schenkungsversprechen
- Erbverzicht
- Hauptversammlungsbeschluss einer AG

Grundsatz

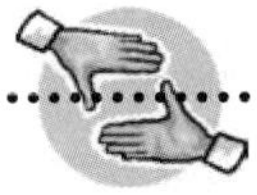

Ausnahme

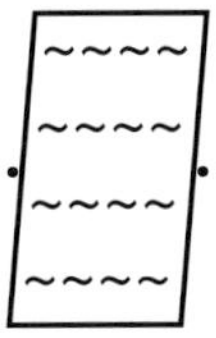

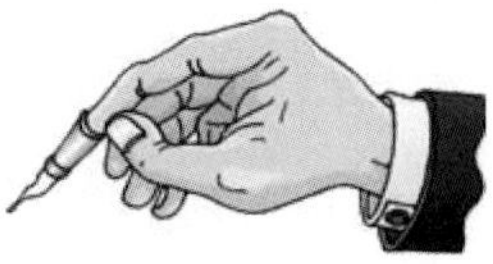

Beispiele

Beispiele

Beispiele

5 VERTRAGSARTEN

Zur eigenständigen Erarbeitung oder kurzweiligen Erfolgskontrolle (vgl. Kopiervorlage nächste Seite):

ARTEN DES KAUFVERTRAGES

Autor: Hans Gunst

a) Unterscheidung nach der Art, der Beschaffenheit und der Qualität

Nr.:	DEFINITION	Art des Kaufvertrages
❶	Kauf von Waren, die nur der Gattung nach bestimmt werden (vertretbare Sachen). Fehlt vertragliche Regelung: mittlere Qualität gilt als vereinbart.	***Gattungskauf***
❷	Eine größere Warenmenge wird zu einem Pauschalpreis veräußert, wobei der Käufer keine Qualitätssicherung vornimmt.	***Kauf „en bloc“*** **= Ramschkauf**
❸	Der Käufer testet die Ware durch den Kauf einer kleineren Menge. Bei Gefallen wird später eine größere Menge bestellt.	***Kauf zur Probe***
❹	Qualität u. Eigenschaften des Musters bestimmen den Kaufvertrag. Die später gelieferte größere Kaufmenge muss dem Muster entsprechen.	***Kauf nach Probe = Kauf nach Muster***
❺	Die Ware muss dem Käufer zusagen, erst dann gilt der Kaufvertrag als geschlossen. Rückgaberecht. Stillschweigen = Einwilligung zum Kauf, wenn sich Käufer innerh. der vereinb. Frist nicht beim Verkäufer meldet.	***Kauf auf Probe***
❻	Nur Warenart und Menge werden bei Vertragsabschluss festgelegt. Innerhalb einer vereinbarten Frist muss der Käufer die Ware näher bestimmen. Tut er das nicht, kann der Verkäufer die Bestimmung vornehmen.	***Bestimmungskauf = Spezifikationskauf***
❼	Kauf einer nicht vertretbaren Sache. Sie kann bei ihrem Untergang nicht durch eine andere Ware ersetzt werden.	***Stückkauf = Spezieskauf***

Nr.:	BEISPIELE	Art des Kaufvertrages
❶	Der Handlungsreisende Hemmer entspricht dem Wunsch eines Kunden, ihm einen Industriesauger für drei Wochen zum Test zu überlassen. Nach 14 Tagen entschließt sich der Kunde zum Kauf.	***Kauf nach Probe***
❷	Bei einer Auktion ersteht der Bücherfreund Abt eine alte Büchersammlung als Ganzes.	***Kauf „en bloc“ = Ramschkauf***
❸	Bücherfreund Abt ist glücklich. Ihm ist es gelungen, eine handsignierte Erstausgabe von Thomas Manns „Die Buddenbrooks“ zu erstehen.	***Stückkauf = Spezieskauf***
❹	Eine Spedition ersteht einen neuen Gabelstapler, um festzustellen, ob er den Anforderungen der Unternehmung standhält. Wenn sie nicht innerhalb der vereinbarten Frist erklärt, dass sie den Stapler zurückgeben will, ist der Vertrag zustande gekommen.	***Kauf auf Probe***
❺	Eine Boutique für junge Mode behält sich im Vertrag vor, die Farbe der bestellten T-Shirts später zu bestimmen. Sie möchte abwarten, welche Farbe sich im nächsten Sommer als Modefarbe durchsetzen wird.	***Bestimmungskauf = Spezifikationskauf***
❻	Ein Leser bestellt sich das neueste Werk seines Lieblingsautors, das in einer Auflage von 300 000 Stück erschienen ist. Ihm ist es gleichgültig, ob er das 10. oder 298 000ste Exemplar erhält.	***Gattungskauf***
❼	Die Weingroßhändlerin Schemel bestellt eine kleinere Menge des Rieslings „Deidesheimer Hofstück“, um zu testen, ob der Lebensmitteleinzelhandel Interesse an diesem Artikel hat. Der Kaufvertrag bietet ihm die Möglichkeit, eine größere Menge nachzubestellen.	***Kauf zur Probe***

ARTEN DES KAUFVERTRAGES

a) Unterscheidung nach der Art, der Beschaffenheit und der Qualität

Nr.:	DEFINITION	Art des Kaufvertrages
❶	Kauf von Waren, die nur der Gattung nach bestimmt werden (vertretbare Sachen). Fehlt vertragliche Regelung: mittlere Qualität gilt als vereinbart.	
❷	Eine größere Warenmenge wird zu einem Pauschalpreis veräußert, wobei der Käufer keine Qualitätssicherung vornimmt.	
❸	Der Käufer testet die Ware durch den Kauf einer kleineren Menge. Bei Gefallen wird später eine größere Menge bestellt.	
❹	Qualität u. Eigenschaften des Musters bestimmen den Kaufvertrag. Die später gelieferte größere Kaufmenge muss dem Muster entsprechen.	
❺	Die Ware muss dem Käufer zusagen, erst dann gilt der Kaufvertrag als geschlossen. Rückgaberecht. Stillschweigen = Einwilligung zum Kauf, wenn sich Käufer innerh. der vereinb. Frist nicht beim Verkäufer meldet.	
❻	Nur Warenart und Menge werden bei Vertragsabschluss festgelegt. Innerhalb einer vereinbarten Frist muss der Käufer die Ware näher bestimmen. Tut er das nicht, kann der Verkäufer die Bestimmung vornehmen.	
❼	Kauf einer nicht vertretbaren Sache. Sie kann bei ihrem Untergang nicht durch eine andere Ware ersetzt werden.	

Nr.:	BEISPIELE	Art des Kaufvertrages
❶	Der Handlungsreisende Hemmer entspricht dem Wunsch eines Kunden, ihm einen Industriesauger für drei Wochen zum Test zu überlassen. Nach 14 Tagen entschließt sich der Kunde zum Kauf.	
❷	Bei einer Auktion ersteht der Bücherfreund Abt eine alte Büchersammlung als Ganzes.	
❸	Bücherfreund Abt ist glücklich. Ihm ist es gelungen, eine handsignierte Erstausgabe von Thomas Manns „Die Buddenbrooks" zu erstehen.	
❹	Eine Spedition ersteht einen neuen Gabelstapler, um festzustellen, ob er den Anforderungen der Unternehmung standhält. Wenn sie nicht innerhalb der vereinbarten Frist erklärt, dass sie den Stapler zurückgeben will, ist der Vertrag zustande gekommen.	
❺	Eine Boutique für junge Mode behält sich im Vertrag vor, die Farbe der bestellten T-Shirts später zu bestimmen. Sie möchte abwarten, welche Farbe sich im nächsten Sommer als Modefarbe durchsetzen wird.	
❻	Ein Leser bestellt sich das neueste Werk seines Lieblingsautors, das in einer Auflage von 300 000 Stück erschienen ist. Ihm ist es gleichgültig, ob er das 10. oder 298 000ste Exemplar erhält.	
❼	Die Weingroßhändlerin Schemel bestellt eine kleinere Menge des Rieslings „Deidesheimer Hofstück", um zu testen, ob der Lebensmitteleinzelhandel Interesse an diesem Artikel hat. Der Kaufvertrag bietet ihm die Möglichkeit, eine größere Menge nachzubestellen.	

Zur eigenständigen Erarbeitung oder kurzweiligen Erfolgskontrolle (vgl. Kopiervorlage nächste Seite):

b) Unterscheidung nach der Lieferzeit, den Zahlungsbedingungen und dem Erfüllungsort

Nr.:	DEFINITION	Art des Kaufvertrages
❶	Geschäftssitz von Verkäufer und Käufer am gleichen Ort. Die Gefahr für den Untergang der Ware geht bei der Übergabe an den Käufer am vertraglichen oder gesetzlichen Erfüllungsort über (Warenschulden = Holschulden).	***Platzkauf***
❷	Lieferung der bestellten Ware innerhalb einer bestimmten und festgelegten Frist.	***Terminkauf***
❸	Zahlung des Kaufpreises bei Übergabe der Ware.	***Barkauf***
❹	Lieferung zu einem genau festgelegten Zeitpunkt.	***Fixkauf***
❺	Verkäufer versendet die Ware auf Verlangen des Käufers an einen anderen Ort als den Erfüllungsort. Mit Übergabe der Ware an den Spediteur geht das Risiko für den Untergang der Ware auf den Käufer über. Er trägt außerdem die Beförderungskosten.	***Versendungskauf***
❻	Stundung des Kaufpreises. Durch die Gewährung von Skonto soll eine frühere Zahlung erreicht werden.	***Zielkauf***
❼	Der Verkäufer versendet die Ware nicht an den Käufer, sondern an einen Kunden des Käufers.	***Kauf im Streckengeschäft***
❽	Der Kaufpreis der Ware wird i. d. R. in gleich bleibenden Teilbeträgen in regelmäßigen Zeitabständen bezahlt.	***Ratenkauf (Abzahlungskauf)***
❾	Die Lieferung erfolgt unmittelbar nach Abschluss des Kaufvertrages.	***Sofortkauf (Tageskauf)***
❿	Lieferung der Ware gegen vorzeitige Zahlung des gesamten Kaufpreises oder eines Teils des Kaufpreises.	***Kauf gegen Vorauskasse***
⓫	Die Ware wird erst geliefert, wenn der Käufer sie abruft. Durch den Kauf einer größeren Menge nimmt er Preisnachlässe in Anspruch und spart gleichzeitig Lagerkosten.	***Kauf auf Abruf***
⓬	Waren werden in eigenem Namen auf Rechnung eines anderen ge- oder verkauft.	***Kommissionskauf***
⓭	Verpflichtungsgeschäft und Erfüllungsgeschäft des Kaufvertrages fallen zeitlich zusammen. Der Vertrag wird im Ladengeschäft des Großhändlers abgeschlossen.	***Handkauf***

b) Unterscheidung nach der Lieferzeit, den Zahlungsbedingungen und dem Erfüllungsort

Nr.:	DEFINITION	Art des Kaufvertrages
1	Geschäftssitz von Verkäufer und Käufer am gleichen Ort. Die Gefahr für den Untergang der Ware geht bei der Übergabe an den Käufer am vertraglichen oder gesetzlichen Erfüllungsort über (Warenschulden = Holschulden).	
2	Lieferung der bestellten Ware innerhalb einer bestimmten und festgelegten Frist.	
3	Zahlung des Kaufpreises bei Übergabe der Ware.	
4	Lieferung zu einem genau festgelegten Zeitpunkt.	
5	Verkäufer versendet die Ware auf Verlangen des Käufers an einen anderen Ort als den Erfüllungsort. Mit Übergabe der Ware an den Spediteur geht das Risiko für den Untergang der Ware auf den Käufer über. Er trägt außerdem die Beförderungskosten.	
6	Stundung des Kaufpreises. Durch die Gewährung von Skonto soll eine frühere Zahlung erreicht werden.	
7	Der Verkäufer versendet die Ware nicht an den Käufer, sondern an einen Kunden des Käufers.	
8	Der Kaufpreis der Ware wird i. d. R. in gleich bleibenden Teilbeträgen in regelmäßigen Zeitabständen bezahlt.	
9	Die Lieferung erfolgt unmittelbar nach Abschluss des Kaufvertrages.	
10	Lieferung der Ware gegen vorzeitige Zahlung des gesamten Kaufpreises oder eines Teils des Kaufpreises.	
11	Die Ware wird erst geliefert, wenn der Käufer sie abruft. Durch den Kauf einer größeren Menge nimmt er Preisnachlässe in Anspruch und spart gleichzeitig Lagerkosten.	
12	Waren werden in eigenem Namen auf Rechnung eines anderen ge- oder verkauft.	
13	Verpflichtungsgeschäft und Erfüllungsgeschäft des Kaufvertrages fallen zeitlich zusammen. Der Vertrag wird im Ladengeschäft des Großhändlers abgeschlossen.	

Zur eigenständigen Erarbeitung oder kurzweiligen Erfolgskontrolle (vgl. Kopiervorlage nächste Seite):

Nr.:	BEISPIELE	Art des Kaufvertrages
❶	Ein großer Industriekonzern ordert 10 Millionen Blatt Kopierpapier, die er monatlich zu 830 000 Blatt abruft. Er erhält einen Mengenrabatt und muss jeweils nur 830 000 Blatt lagern.	***Kauf auf Abruf***
❷	Der Industriekonzern aus Beispiel 1 holt im Rahmen des Werkverkehrs (= eigene Fahrzeuge) eine Lieferung Sicherheitsschuhe bei einem Lieferanten ab.	***Platzkauf***
❸	Die Schubert GmbH hat Jubiläum und will dieses mit der Belegschaft feiern. Deswegen bestellt sie beim Metzger Fleischmann 500 kg Schweinefilet. Vereinbarung: „Lieferung am 10. Februar 2003, 9:00 Uhr fix."	***Fixkauf***
❹	Elke Schemel kauft privat ein Klavier. Sie übergibt den Geldbetrag „Zug um Zug" mit der Entgegennahme der Ware.	***Barkauf***
❺	In der Investitionsgüterindustrie sind meistens folgende Zahlungsvereinbarungen üblich: „Ein Drittel des Kaufpreises nach der Auftragserteilung, ein Drittel nach der Lieferung und Restzahlung innerhalb von x Tagen."	***Kauf gegen Vorauskasse***
❻	„Lieferung sofort"	***Sofortkauf (Tageskauf)***
❼	Auf Verlangen der Happy GmbH versendet die Tschüss AG Toilettenpapier nach Speyer. Sie übergibt die Ware an ein Transportunternehmen. Unterwegs wird das Toilettenpapier aus Gründen, die das Transportunternehmen nicht zu vertreten hat, feucht. Die Happy GmbH muss das Toilettenpapier dennoch bezahlen.	***Versendungskauf***
❽	Der Kaufvertrag verpflichtet das Unternehmen X zur Begleichung einer offen stehenden Rechnung innerhalb von 30 Tagen.	***Zielkauf***
❾	Die Prinz GmbH schließt mit dem Großhändler Walter Ackermann einen Vertrag. Ackermann erhält danach von der Prinz GmbH Waren, die er selbst erst bezahlen muss, wenn er sie verkauft hat. Gelingt der Verkauf nicht, so kann er sie ohne eine Kostenentstehung an die Prinz GmbH zurücksenden.	***Kommissionskauf***
❿	Der Großhändler Pernat lässt den Reifenhersteller Goodday 400 Winterreifen einer bestimmten Größe direkt an den Facheinzelhändler Heinzel ausliefern.	***Kauf im Streckengeschäft***
⓫	Werkstatteigentümer Müller kauft beim Autoteilehandel Gramma mehrere Kleinteile wie Zündkerzen, Ölfilter usw. und nimmt die Waren gleich mit.	***Handkauf***
⓬	„Lieferung Anfang Mai", „Lieferung vom 1. Juni bis 10. Juni 2003".	***Terminkauf***
⓭	Herr Karsch entschließt sich, einen neuen Wäschetrockner zu kaufen. Der Kaufpreis wird in gleich bleibenden Monatsbeträgen innerhalb eines Jahres bezahlt.	***Abzahlungskauf (Ratenkauf)***

Nr.:	BEISPIELE	Art des Kaufvertrages
1	Ein großer Industriekonzern ordert 10 Millionen Blatt Kopierpapier, die er monatlich zu 830 000 Blatt abruft. Er erhält einen Mengenrabatt und muss jeweils nur 830 000 Blatt lagern.	
2	Der Industriekonzern aus Beispiel 1 holt im Rahmen des Werkverkehrs (= eigene Fahrzeuge) eine Lieferung Sicherheitsschuhe bei einem Lieferanten ab.	
3	Die Schubert GmbH hat Jubiläum und will dieses mit der Belegschaft feiern. Deswegen bestellt sie beim Metzger Fleischmann 500 kg Schweinefilet. Vereinbarung: „Lieferung am 10. Februar 2003, 9:00 Uhr fix.“	
4	Elke Schemel kauft privat ein Klavier. Sie übergibt den Geldbetrag „Zug um Zug“ mit der Entgegennahme der Ware.	
5	In der Investitionsgüterindustrie sind meistens folgende Zahlungsvereinbarungen üblich: „Ein Drittel des Kaufpreises nach der Auftragserteilung, ein Drittel nach der Lieferung und Restzahlung innerhalb von x Tagen.“	
6	„Lieferung sofort“	
7	Auf Verlangen der Happy GmbH versendet die Tschüss AG Toilettenpapier nach Speyer. Sie übergibt die Ware an ein Transportunternehmen. Unterwegs wird das Toilettenpapier aus Gründen, die das Transportunternehmen nicht zu vertreten hat, feucht. Die Happy GmbH muss das Toilettenpapier dennoch bezahlen.	
8	Der Kaufvertrag verpflichtet das Unternehmen X zur Begleichung einer offen stehenden Rechnung innerhalb von 30 Tagen.	
9	Die Prinz GmbH schließt mit dem Großhändler Walter Ackermann einen Vertrag. Ackermann erhält danach von der Prinz GmbH Waren, die er selbst erst bezahlen muss, wenn er sie verkauft hat. Gelingt der Verkauf nicht, so kann er sie ohne eine Kostenentstehung an die Prinz GmbH zurücksenden.	
10	Der Großhändler Pernat lässt den Reifenhersteller Goodday 400 Winterreifen einer bestimmten Größe direkt an den Facheinzelhändler Heinzel ausliefern.	
11	Werkstatteigentümer Müller kauft beim Autoteilehandel Gramma mehrere Kleinteile wie Zündkerzen, Ölfilter usw. und nimmt die Waren gleich mit.	
12	„Lieferung Anfang Mai“, „Lieferung vom 1. Juni bis 10. Juni 2003“.	
13	Herr Karsch entschließt sich, einen neuen Wäschetrockner zu kaufen. Der Kaufpreis wird in gleich bleibenden Monatsbeträgen innerhalb eines Jahres bezahlt.	

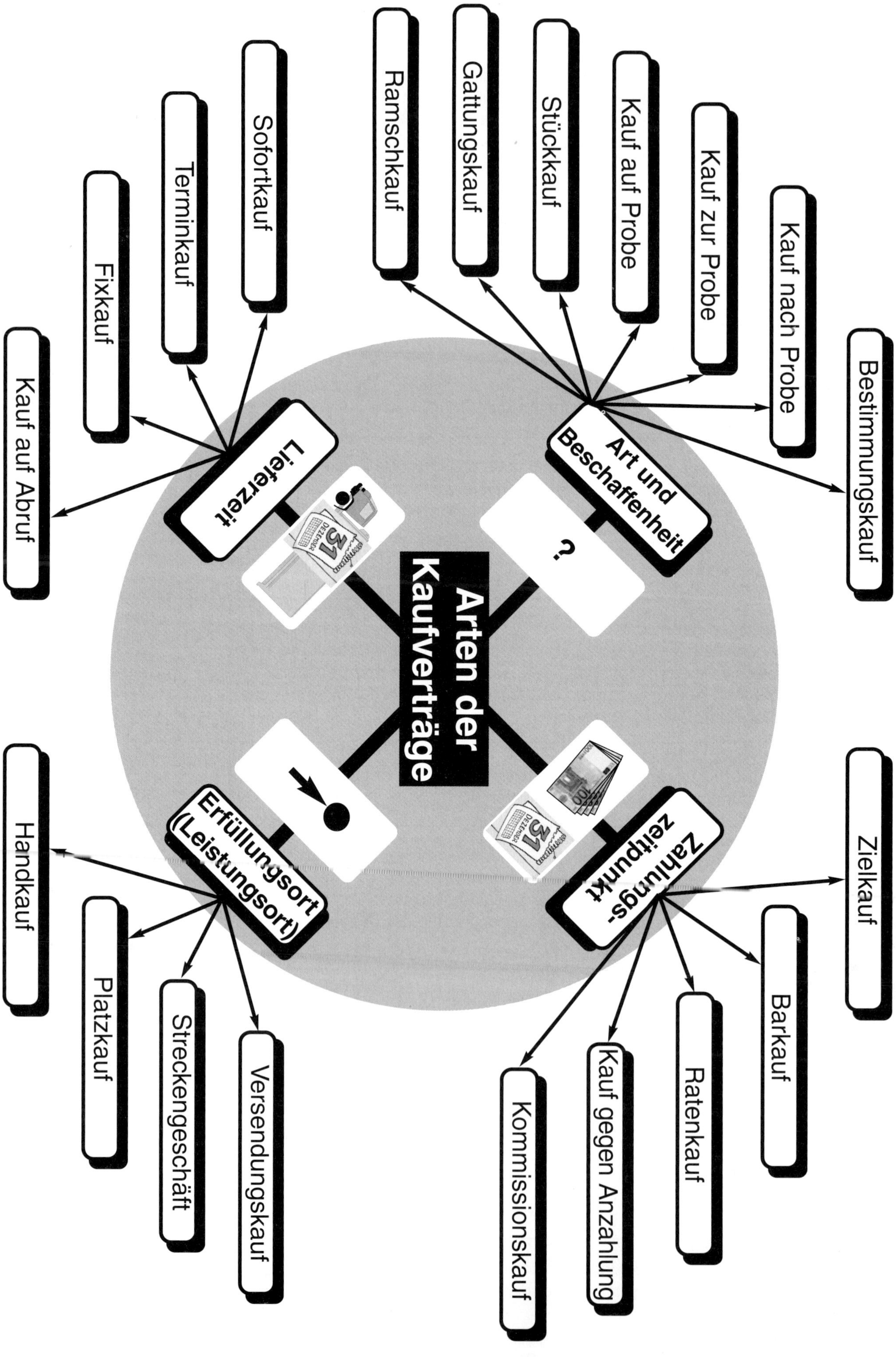
Arten der Kaufverträge
Lieferzeit
Sofortkauf
Terminkauf
Fixkauf
Kauf auf Abruf
Art und Beschaffenheit
Ramschkauf
Gattungskauf
Stückkauf
Kauf auf Probe
Kauf zur Probe
Kauf nach Probe
Bestimmungskauf
?
Zahlungs-zeitpunkt
Zielkauf
Barkauf
Ratenkauf
Kauf gegen Anzahlung
Kommissionskauf
Erfüllungsort (Leistungsort)
Handkauf
Platzkauf
Streckengeschäft
Versendungskauf

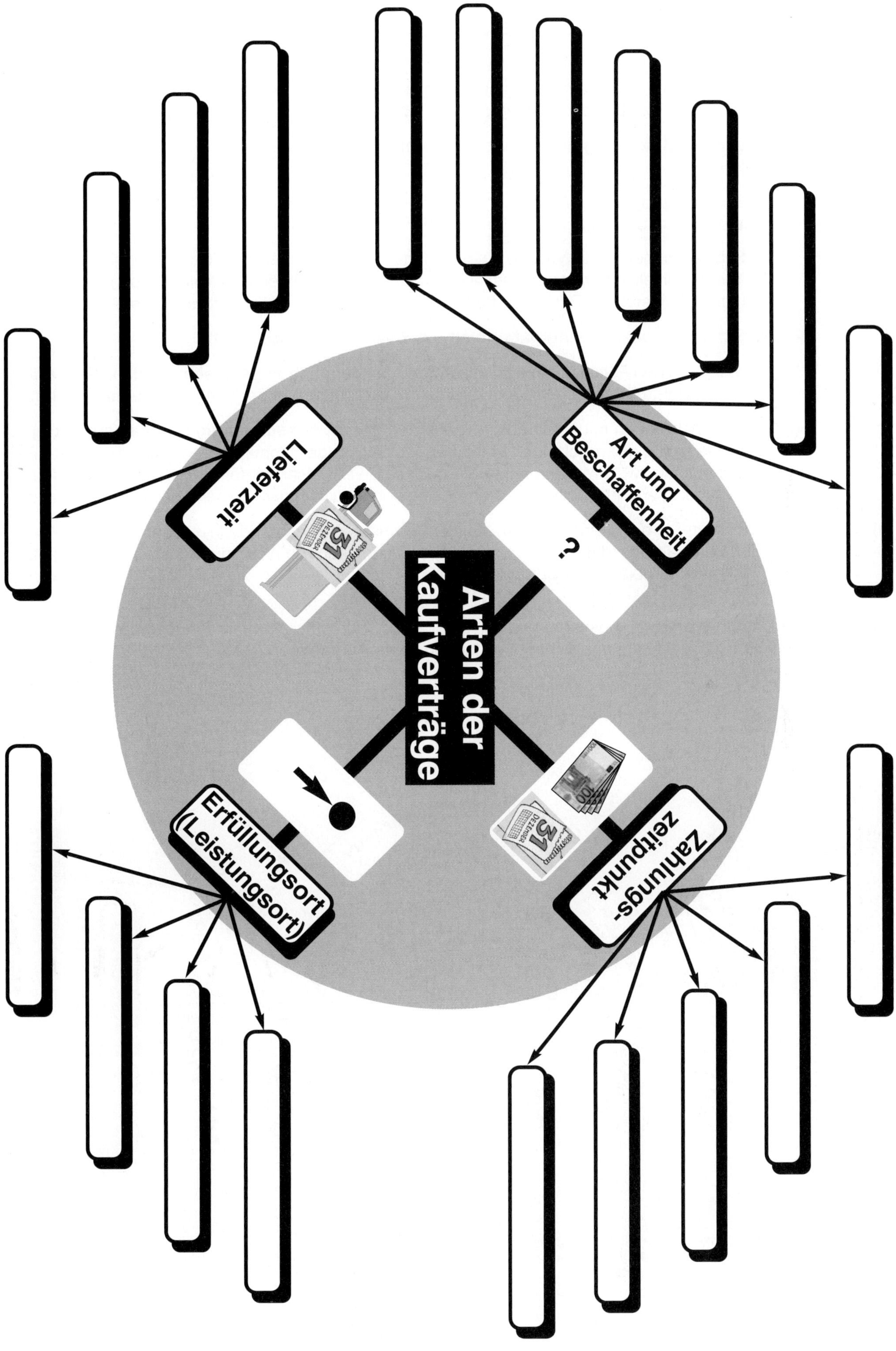
Arten der Kaufverträge
Lieferzeit
Art und Beschaffenheit
?
Zahlungs-zeitpunkt
Erfüllungsort (Leistungsort)

Vertragsarten – interessant gestaltet (Drehscheibe):

Ein schülerorientiertes Unterrichtsbeispiel von Dipl.Kfm. Rolf Eisele aus Rastatt

Einen sehr interessanten Unterrichtsvorschlag zur Behandlung des eher „trockenen" Themas Vertragsarten erhielten wir vom Kollegen Rolf Eisele zugesandt.

Bereits die Ankündigung **„Bitte bringt in der nächsten Unterrichtsstunde eine Schere mit"** weckt Neugier bei den Schülern.

Ablauf:

- 1. Die Schüler erhalten die **Vorlage – vgl. nächstes Blatt**. Die Vorlage sollte auf 120 g Karton kopiert werden, um die Drehscheiben stabiler zu machen.

Die Schüler schneiden die Vorlage entsprechend den enthaltenen Arbeitsanweisungen aus und stecken sie mittels einer Verschlussklammer (Flachkopfklammer - vgl. linke Skizze) zusammen (kleinere Scheibe oben). Dauer: ca. 25 Minuten, da manche Schüler evtl. die Schere vergessen.

- 2. Die Schüler erhalten das **Aufgabenblatt** mit BGB-Auszug **(vgl. S. 46).**
- 3. Die ersten beiden Fälle sollten evtl. zusammen mit dem Lehrer bearbeitet werden, die restlichen in Einzel-, Partner- oder Gruppenarbeit (Eintragungen in der Drehscheibe mit Bleistift).

Bemerkungen: Die Erfahrungen mit der Drehscheibe waren positiv. **Ausschneiden und selbstständig etwas in die „Parkscheibe" eintragen** wurde von den Schülern gerne erledigt. Fast alle hatten nach zwei/drei Jahren ihre „Drehscheibe-Vertragsarten" für die Prüfungsvorbereitung noch bei ihren Unterlagen. Die Drehscheibe durfte auch in der Klassenarbeit benutzt werden.

Unser Tipp: Basteln Sie sich selbst in einer „ruhigen" Stunde (z. B. während einer Klassenarbeit - ?) die Drehscheibe und füllen Sie sie aus. (Aber: Vergessen Sie nicht, die Schere mitzubringen!) Ich hab's probiert - hat Spaß gemacht.

Hinweis: Der Begriff „Werklieferungsvertrag" wird nach der Schuldrechtsreform in den Gesetzestexten (§ 651 BGB) nicht mehr erwähnt. Inhaltlich gibt es jedoch keine Änderungen.

Die ausgefüllte Drehscheibe

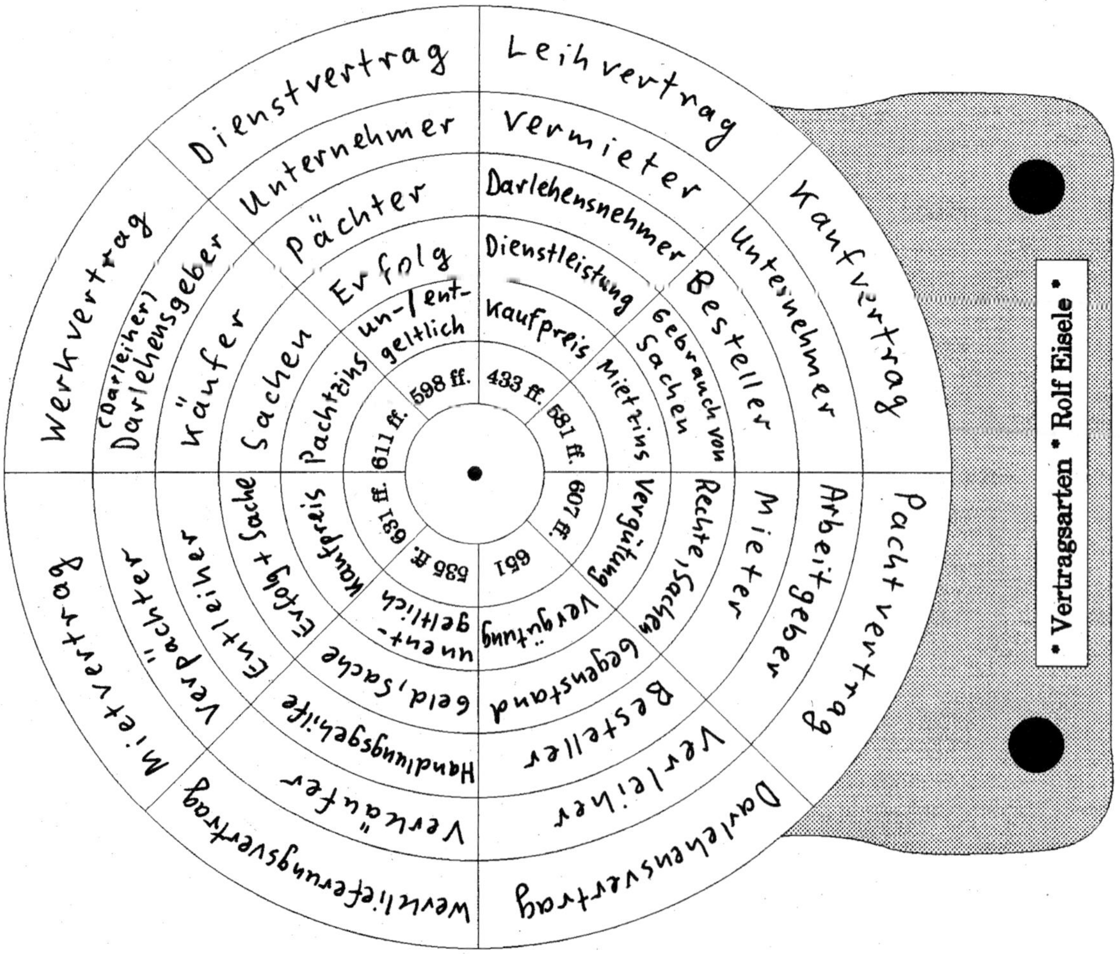

Wichtige Vertragsarten:

1. Schneiden Sie die beiden Scheiben aus.
2. Auf der kleineren Scheibe werden die 5 grauen Flächen ausgeschnitten.
3. Bohren Sie auf beiden Drehscheiben die Mittelpunkte.
4. Stecken Sie eine Verschlussklammer durch die Mittelpunkte.
5. Füllen Sie alle Felder der Drehscheibe aus.
6. Viel Spaß!

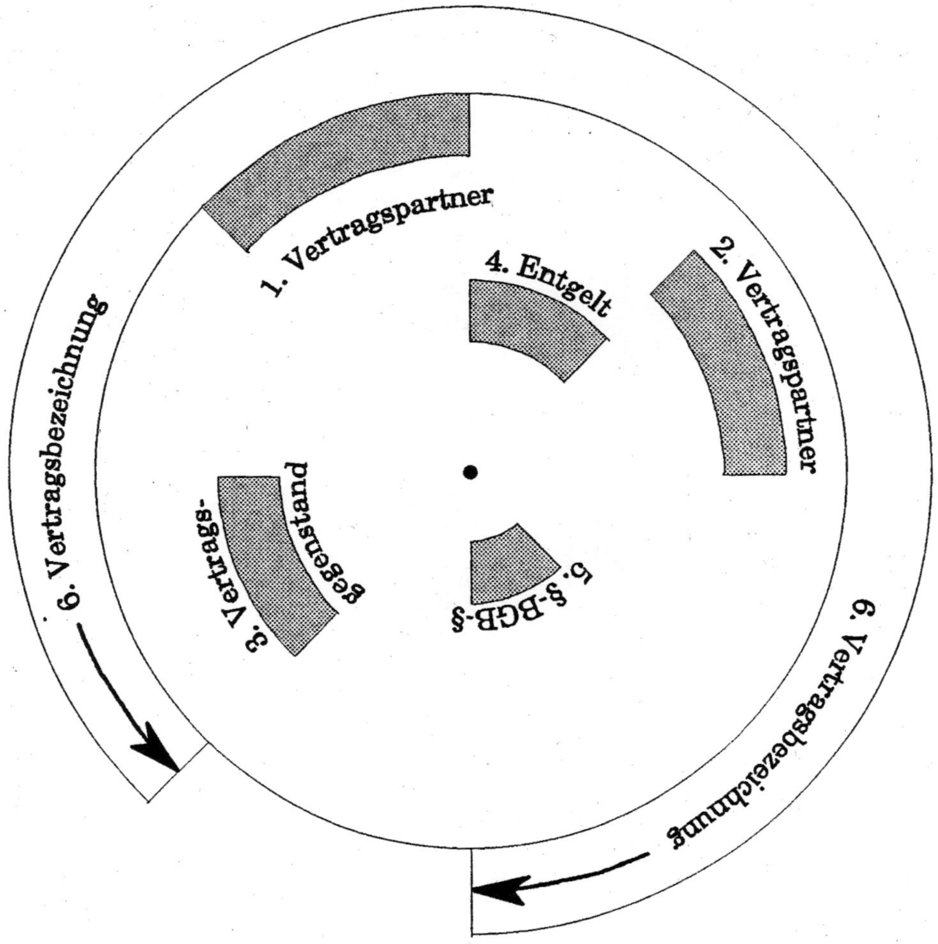

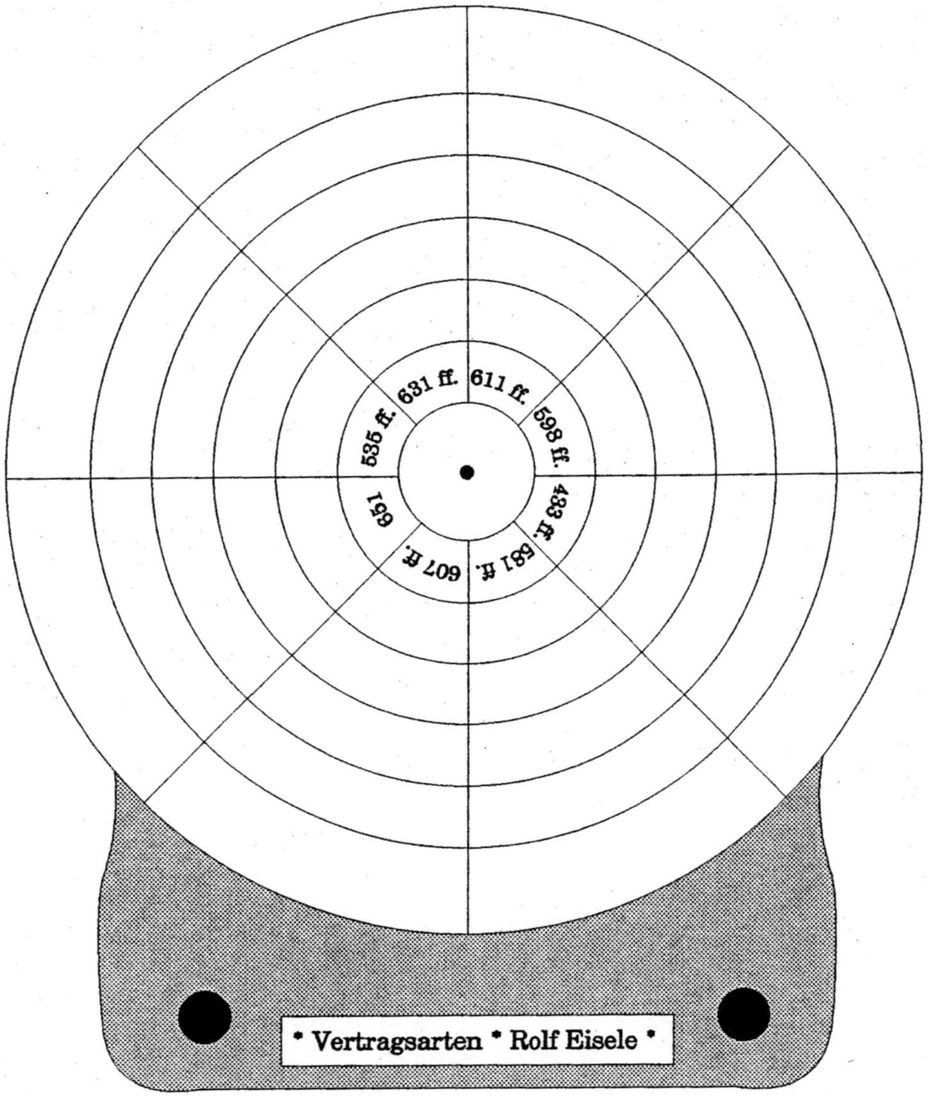

Aufgabenblatt (Drehscheibe - Vertragsarten)

Bearbeitungshinweise für nachfolgende Fälle:

A Suchen Sie zu nachfolgenden Fällen den entsprechenden Paragrafen im BGB - Auszug unten.
B Stellen Sie Ihre Drehscheibe auf die betreffenden Paragrafen ein u. füllen Sie die Felder mit Bleistift aus.

1. Seit Januar hat Herr Kullmann einen neuen Arbeitsplatz in Karlsruhe. Er ist mit seiner Familie in eine Wohnung in Ettlingen umgezogen. Die 4-Zimmer-Wohnung kostet monatlich 600,00 €.

2. Julia Kullmann nimmt aus der Kühltheke im Einkaufsmarkt eine Flasche Milch und bezahlt an der Kasse.

3. Direkt an die Wohnung der Familie Kullmann grenzt eine Wiese mit mehreren Obstbäumen an. Familie Kullmann darf für 100,00 € pro Jahr die Wiese benutzen und im Herbst alle Äpfel ernten.

4. Armin Kullmann hat sich aus der Stadtbücherei vier Kriminalromane mitgenommen. Vereinbarungsgemäß muss er sie erst in 14 Tagen wieder zurückbringen.

5. Für den Kauf einer neuen Küche erhält Herr Kullmann 12.500,00 € von der Sparkasse. Er muss jetzt fünf Jahre lang monatlich 250,00 € zurückbezahlen.

6. Frau Kullmann hat sich Stoff gekauft und lässt sich von ihrer Schneiderin ein Kostüm anfertigen. Knöpfe, Reißverschluss, Futter, Nähseide und Polster werden von der Schneiderin besorgt.

7. Herr Kullmann lässt sich ebenfalls einen neuen Anzug nähen. „Für Sie hätte ich einen besonders schönen Stoff", sagt sein Schneider und zeigt ihm einen Stoffballen. Herr Kullmann ist einverstanden.

8. Frau Kullmann hat mit Herrn Ehrlich (Steuerberater) vereinbart, dass sie in seinem Büro jeweils vormittags die Postbearbeitung übernimmt und dafür 1.200,00 € monatlich erhält.

9. „Wir können uns im Moment keinen neuen Wagen leisten. Wo soll ich denn 17.000,00 € hernehmen?", sagt Herr Kullmann, nachdem die alte Familienkutsche ihren Geist aufgegeben hat. „Aber Vater, der Verkäufer hat gesagt, du brauchst das Auto nicht zu kaufen. Wir könnten es auch für 190,00 €/Monat haben."

Auszug aus dem BGB

§ 433. Vertragstypische Pflichten beim Kaufvertrag. (1) Durch den Kaufvertrag wird der Verkäufer einer Sache verpflichtet, dem Käufer die Sache zu übergeben und das Eigentum an der Sache zu verschaffen. Der Verkäufer hat dem Käufer die Sache frei von Sach- und Rechtsmängeln zu verschaffen.

(2) Der Käufer ist verpflichtet, dem Verkäufer den vereinbarten Kaufpreis zu zahlen und die gekaufte Sache abzunehmen.

§ 535. Inhalt und Hauptpflichten des Mietvertrags. (1) Durch den Mietvertrag wird der Vermieter verpflichtet, dem Mieter den Gebrauch der Mietsache während der Mietzeit zu gewähren. (...)

(2) Der Mieter ist verpflichtet, dem Vermieter die vereinbarte Miete zu entrichten.

§ 581. Vertragstypische Pflichten beim Pachtvertrag. (1) Durch den Pachtvertrag wird der Verpächter verpflichtet, dem Pächter den Gebrauch des gepachteten Gegenstandes und den Genuss der Früchte, soweit sie nach den Regeln einer ordnungsmäßigen Wirtschaft als Ertrag anzusehen sind, während der Pachtzeit zu gewähren. Der Pächter ist verpflichtet, dem Verpächter die vereinbarte Pacht zu entrichten.

(2) Auf den Pachtvertrag mit Ausnahme des Landpachtvertrags sind, soweit sich nicht aus den §§ 582 bis 584 b etwas anderes ergibt, die Vorschriften über den Mietvertrag entsprechend anzuwenden.

§ 598. Vertragstypische Pflichten bei der Leihe. Durch den Leihvertrag wird der Verleiher einer Sache verpflichtet, dem Entleiher den Gebrauch der Sache unentgeltlich zu gestatten.

§ 607. Vertragstypische Pflichten beim Sachdarlehensvertrag. (1) Durch den Sachdarlehensvertrag wird der Darlehensgeber verpflichtet, dem Darlehensnehmer eine vereinbarte vertretbare Sache zu überlassen. Der Darlehensnehmer ist zur Zahlung eines Darlehensentgelts und bei Fälligkeit zur Rückerstattung von Sachen gleicher Art, Güte und Menge verpflichtet.

(2) Die Vorschriften dieses Titels finden keine Anwendung auf die Überlassung von Geld.

§ 488. Vertragstypische Pflichten beim Darlehensvertrag. (1) Durch den Darlehensvertrag wird der Darlehensgeber verpflichtet, dem Darlehensnehmer einen Geldbetrag in der vereinbarten Höhe zur Verfügung zu stellen. Der Darlehensnehmer ist verpflichtet, einen geschuldeten Zins zu zahlen und bei Fälligkeit das zur Verfügung gestellte Darlehen zurückzuerstatten.

§ 631. Vertragstypische Pflichten beim Werkvertrag. (1) Durch den Werkvertrag wird der Unternehmer zur Herstellung des versprochenen Werkes, der Besteller zur Entrichtung der vereinbarten Vergütung verpflichtet.

(2) Gegenstand des Werkvertrags kann sowohl die Herstellung oder Veränderung einer Sache als ein anderer durch Arbeit oder Dienstleistung herbeizuführender Erfolg sein.

§ 651. Werklieferungsvertrag (1) Auf einen Vertrag, der die Lieferung herzustellender oder zu erzeugender beweglicher Sachen zum Gegenstand hat, finden die Vorschriften über den Kauf Anwendung. (...)

§ 611. Vertragstypische Pflichten beim Dienstvertrag. (1) Durch den Dienstvertrag wird derjenige, welcher Dienste zusagt, zur Leistung der versprochenen Dienste, der andere Teil zur Gewährung der vereinbarten Vergütung verpflichtet.

(2) Gegenstand des Dienstvertrags können Dienste jeder Art sein.

Besondere Vertragsarten - handlungsorientiert

OStR Wolfgang Bauknecht

Methodische Vorgehensweise (Alternativen)

Alternative 1:

- Lehrer fordert Schüler (m/w) auf, eine ihm bekannte Vertragsart an die **Tafel** zu schreiben. Schüler gibt Kreide an Mitschüler weiter, der eine weitere Vertragsart notiert usw.
  –> wichtige Vertragsarten aus dem Erfahrungsbereich der Schüler an Tafel notiert
- **Gruppenbildung.** Jede Gruppe hat best. Fälle (s. u.) zu bearbeiten. Hilfsmittel: Gesetze. Gruppen halten Ergebnisse auf Folie fest und tragen z. B. je zwei Situationen vor.
- **Erfolgssicherung:** Bearbeitung der zwei Karikaturenblätter (A bis I) + Übungsaufgaben.

Alternative 2:

- Schüler erhalten Karikaturenblätter und sollen die Fälle anhand der Gesetzestexte lösen. Zusätzlicher Arbeitsauftrag: Formulierung einer Kurzbeschreibung zu jeder Vertragsart.
- **Erfolgssicherung:** Bearbeitung weiterer Übungsaufgaben (s. u.)

Hinweis: Der Begriff „Werklieferungsvertrag" wird nach der Schuldrechtsreform in den Gesetzestexten (§ 651 BGB) nicht mehr erwähnt.

Lösungen zu den Karikaturenblättern

A)	Werkvertrag:	§ 631 BGB	F)	Werklieferungsvertrag	§ 651 BGB
B)	Pachtvertrag:	§ 581 BGB	G)	Kaufvertrag	§ 433 BGB
C)	Leihvertrag:	§ 598 BGB	H)	Mietvertrag	§ 535 BGB
D)	Schenkungsvertrag	§ 516 BGB	I)	Werkvertrag	§ 631 BGB
E)	(Sach-) Darlehensvertrag	§ 607 BGB			

Lösungen zu den Fällen

1.	Kaufvertrag	§ 433 BGB	6.	(Sach-) Darlehensvertrag	§ 607 BGB
2.	Schenkungsvertrag	§ 516 BGB	7.	Dienstvertrag	§ 611 BGB
3.	Mietvertrag	§ 535 BGB	8.	Werkvertrag	§ 631 BGB
4.	Leihvertrag	§ 598 BGB	9.	Werklieferungsvertrag	§ 651 BGB
5.	Pachtvertrag	§ 581 BGB	10.	Reisevertrag	§ 651 a BGB

Lösungen zu den Übungsaufgaben

1.	Werkvertrag	§ 631 BGB	6.	Leihvertrag	§ 598 BGB
2.	(Sach-) Darlehensvertrag	§ 607 BGB	7.	Mietvertrag	§ 535 BGB
3.	Werkvertrag (Fritz-Lenz) Dienstvertrag (Moll-Kienzle) Werkvertrag (Lenz-Kienzle)	§ 631 BGB § 611 BGB § 631 BGB	8.	Schenkungsvertrag	§ 516 BGB
4.	Reisevertrag	§ 651 a BGB	9.	Werkvertrag (Scholl-Werkstatt) Leihvertrag (Scholl-Krösel) Kaufvertrag (Scholl-Metzger)	§ 631 BGB § 598 BGB § 433 BGB
5.	Werklieferungsvertrag	§ 651 BGB	10.	Pachtvertrag	§ 581 BGB

Karikatur von Daniel Ernle

Fälle zum Thema „Besondere Vertragsarten"	
• Bestimmen Sie die Vertragsarten und notieren Sie jeweils den dazugehörigen Gesetzesparagrafen. • Erarbeiten Sie für jede Vertragsart die typischen Wesens- und Unterscheidungsmerkmale.	
1.	Frau Manz erwirbt am **Bahnhofskiosk** jeden Montag eine Reihe von Zeitschriften.
2.	Einige Tage später gibt sie die Zeitungen an ein **Altersheim,** um den Senioren eine Freude zu bereiten.
3.	Ein Bekannter von Frau Manz empfiehlt ihr eine Zeitschriftenmappe vom **Lesezirkel:** jede Woche werden die neuen Zeitschriften gebracht und die alten abgeholt. Kosten: ca. die Hälfte des Kaufpreises. Frau Manz unterschreibt.
4.	Tina gibt ihrem Schulkameraden Lutz ihre neueste **CD** zum Überspielen. Lutz verspricht, die CD am nächsten Tag ohne Kratzer zurückzugeben.
5.	Ines und Klaus sehen an einer **Gastwirtschaft** ein Schild: „Vorübergehend geschlossen - Interessenten gesucht." Beide erfüllen ihren Traum und übernehmen nach ausgiebigen Gesprächen das Lokal.
6.	Felix hat sich verschätzt: Sein Auto bleibt mangels **Benzin** stehen. Erwin kommt gerade vorbeigefahren und überlässt Felix seinen Ersatzkanister samt Inhalt. Felix soll den Kanister am nächsten Tag wieder gefüllt zurückbringen.
7.	In der Pizzeria Napoli verwöhnt **Chefkoch** Franko seine Gäste. Dafür erhält er ein stattliches Gehalt.
8.	Elisa hat sich in einem Stoffgeschäft einen modernen Kleiderstoff ausgesucht und geht damit zu einer **Schneiderei,** um sich hieraus ein Kleid fertigen zu lassen.
9.	Carmen sucht sich in einer **Schneiderei** einen Stoff aus und lässt sich hieraus ein Kostüm fertigen.
10.	Olga und Heinz buchen im Reisebüro eine **Reise** nach Griechenland.

Übungsaufgaben zum Thema „Besondere Vertragsarten"	
Bestimmen Sie die Vertragsarten, und notieren Sie jeweils den zugehörigen Gesetzesparagrafen.	
1.	Die Eltern von Tim geben ihm Geld, um zum **Friseur** zu gehen. Tim lässt sich einen Irokesenschnitt frisieren.
2.	Anke borgt sich von Ed zwei **Kaugummis.** Ed will am nächsten Tag drei Kaugummis zurück, was Anke akzeptiert.
3.	Fritz bringt seine kaputte **Uhr** zum Uhrmacher Lenz. Lenz kann die Uhr nicht reparieren und schickt sie an die Firma Kienzle. In der Reparaturwerkstatt der Firma Kienzle wird Herr Moll mit der Reparatur beauftragt.
4.	Kai und Simone buchen im Reisebüro eine **Reise** in die Dominikanische Republik.
5.	Der Hauseigentümer Grimm beauftragt den **Schreinermeister** Boll, ein Zimmer mit Holzplatten zu vertäfeln. Boll nimmt den Auftrag an und bringt die erforderlichen Holzplatten mit.
6.	Die Haushälterin Diana Kurz bekam nach 25 Jahren treuer Dienste von ihrem Dienstherrn Siegfried von Eckbertstein eine **Wohnung** unentgeltlich und auf Lebenszeit zur Verfügung gestellt.
7.	Natalie feiert in drei Wochen **Hochzeit** und hat sich ihr Hochzeitskleid beim Brautkleiderverleih Hummler reservieren lassen. Der Brautkleiderverleih verlangt von ihr 150,00 €.
8.	Ines überrascht ihren Mann an seinem Geburtstag mit einem Gutschein für eine **Ballonfahrt** mit Xaver Luftikus.
9.	Herr Scholl hat seinen PKW in der **Werkstatt,** um den Anlasser zu reparieren. Da er dringend in der Stadt beim Metzger einkaufen muss, bittet er seinen befreundeten Nachbarn Krösel, ihm sein Auto für zwei Stunden zur Verfügung zu stellen. Herr Krösel willigt ein.
10.	Freiherr von Stein kann altershalber seine **Ländereien** nicht mehr bewirtschaften. Sein Schwiegersohn Albert ist dazu bereit. Die Verträge sind bereits unterschrieben. Es wurde eine Nutzungszeit von 10 Jahren und eine monatliche Zahlung von 10.000,00 € festgelegt, die Albert an seinen Schwiegervater zu leisten hat.

Karikatur von Wolfgang Berger

Vertragsart?

↓

[ ]

↓

Gesetzl. Grundlage?

↓

§

Karikatur von Daniel Ernle

Vertragsart?

↓

[ ]

↓

Gesetzl. Grundlage?

↓

§

Karikatur von Daniel Ernle

Vertragsart?

↓

[ ]

↓

Gesetzl. Grundlage?

↓

§

Karikatur von Wolfgang Berger

Vertragsart?

Gesetzl. Grundlage?

§

Karikatur von Daniel Ernle

Vertragsart?

Gesetzl. Grundlage?

§

Karikatur von Daniel Ernle

Vertragsart?

Gesetzl. Grundlage?

§

Karikaturen von Wolfgang Berger

Vertragsart?

→

Gesetzl. Grundlage?

§

Vertragsart?

→

Gesetzl. Grundlage?

§

Karikatur von Daniel Ernle

Vertragsart?

→

Gesetzl. Grundlage?

§

Besondere Vertragsarten im BGB

2. Buch: Schuldverhältnisse — 7. Abschnitt: Einzelschuldverhältnisse §§ 433 - 853

	Veräußerungsverträge		Gebrauchsüberlassungsverträge				Tätigkeitsverträge			
Vertragsart	Kaufvertrag	Schenkungsvertrag	Leihvertrag	Mietvertrag	Pachtvertrag	Darlehensvertrag	Dienstvertrag	Werkvertrag	Werklieferungsvertrag	Reisevertrag
Rechtsgrundlage	BGB § 433	BGB § 516	BGB § 598	BGB § 535	BGB § 581	BGB §§ 488, 607	BGB § 611	BGB § 631	BGB § 651	BGB § 651 a
Vertragspartner	Verkäufer ↔ Käufer	Verschenker ↔ Beschenkter	Verleiher ↔ Entleiher	Vermieter ↔ Mieter	Verpächter ↔ Pächter	Darlehensgeber (= Gläubiger) ↔ Darleh.nehmer (= Schuldner)	Arbeitgeber ↔ Arbeitnehmer	Unternehmer (= Hersteller) ↔ Besteller (= Kunde)	Unternehmer (= Hersteller) ↔ Besteller (= Kunde)	Reiseveranstalter ↔ Reisender
Vertragsinhalt	**Entgeltliche** Veräußerung von Sachen oder Rechten	**Unentgeltliche** Zuwendung von Sachen oder Rechten	**Unentgeltliche** Überlassung von Sachen zum Gebrauch	**Entgeltliche** Überlassung von Sachen (bewegliche + unbewegliche) zum Gebrauch	**Entgeltliche** Überlassung von Sachen oder Rechten zum Gebrauch + Überlassung der Erträge = **Fruchtgenuss**	**Entgeltliche** oder **unentgeltliche** Überlassung von Geld oder anderen **vertretbaren** Sachen	**Entgeltliche** Leistung von Diensten	Erstellen eines Werkes **aus Material des Kunden** gegen **Entgelt**	Erstellen eines Werkes **aus Material des Unternehmers** gegen Entgelt	**Entgeltliche** Verpflichtung des Reiseveranstalters zur Reiseleistung
Kennzeichen	dauerhafte Rechtsänderungen durch Eigentumsübertragung		befristetes Vertragsverhältnis				befristet oder unbefristet	befristetes Vertragsverhältnis		
			Rückgabe derselben Sache			Rückgabe gleichartiger aber anderer Sachen	Arbeitsleistung **ohne Erfolgsgarantie** wird geschuldet (zeitbestimmt)	bestimmtes Arbeitsergebnis (Werk) wird **mit Erfolgsgarantie** geschuldet		**fehlerfreie** Erbringung der Reiseleistung
			Überlassung von fremdem Eigentum zur Nutzung							

6 KAUFVERTRAG: ANFRAGE, ANGEBOT ...

Die Anfrage (handlungsorientiert) - Unterrichtsentwurf von W. Bauknecht -

Sachverhalt

Sie sind als Auszubildender der Firma Schöller & Co., Hersteller von **Aktenvernichtern,** nach dem zeitlichen Rahmenplan gerade in der Abteilung **Einkauf** beschäftigt.

Ihr Abteilungsleiter, Herr Unold, hat die Aufgabe, Sie in den kommenden Wochen mit den anfallenden Tätigkeiten in dieser Abteilung vertraut zu machen.

Herr Unold erläutert Ihnen in diesem Zusammenhang die einzelnen Bearbeitungsschritte, die die Fertigungsumstellung auf hoch entwickelte Steuerungen, die wir fremdbeziehen müssen, beim Aktenvernichter Fix 800 mit sich bringt. Eine **Bedarfsmeldung** der Fertigungssteuerung liegt ihm vor.

Bedarfsmeldung Nr. 844		**An die Einkaufsabteilung**
Ausstelltag am/durch: 10.07.2002 *Henzler*		**Jahresbedarf** 2 500 Stück
Zeichn-Nr. 996.0188.4		**Bezeichnung:** Steuerungen für Fix 800
Anfordernde Abteilung: Fertigungssteuerung	**Losgröße:** 200 Stück	**Lieferzeit:** 8 Wochen bis zum Produktionsbeginn

In einem **Unterweisungsgespräch** mit Ihrem Abteilungsleiter erfahren Sie, dass

- i. d. R. die **Bedarfsmeldekarte** einen Beschaffungsvorgang auslöst
- die Anfrage an keine bestimmte **Form** gebunden ist
- eine Anfrage der Geschäftsanbahnung bzw. der Angebotseinholung dient und rechtlich **unverbindlich** ist
- es bei einer Anfrage um die Prüfung der Lieferwilligkeit und Lieferfähigkeit geht
- bei einer **bestimmten Anfrage** gezielt Informationen über die Lieferung von bestimmten Artikeln abgerufen werden
- bei einer **unbestimmten (allg.) Anfrage** um die Zusendung von Katalogen, Prospekten und Preislisten gebeten wird
- **mindestens zwei** Anfragen, aus wirtschaftlichen Gründen nicht zu viele versandt werden
- der Anfrage **Zeichnungen,** Schaltpläne, Layouts, Filme und Muster - soweit vorhanden bzw. relevant - beigelegt werden, deren **Rückgabe** sicherzustellen und **missbräuchliche Verwendung** auszuschließen ist
- der Bedarf häufig in Losgrößen angegeben wird (**Losgröße** = die Menge gleicher Erzeugnisse, die ohne Unterbrechung durch Produktion anderer Artikel auf einer Maschine bzw. Maschinenfolge gefertigt wird)
- unsere Fertigung computerunterstützt gesteuert wird (**CAM** = **C**omputer **A**ided **M**anufacturing = computerunterstützte Fertigung)
- die enge Verflechtung von Qualität, Menge, Preis, Lieferzeit ... **vernetztes Denken** und das Abwägen von Vor- und Nachteilen verlangt
- evtl. **Global Sourcing** (weltweite Beschaffungsmarktforschung) betrieben werden soll
- es sinnvoll sein kann, für einen Geschäftsbrief **Textbausteine** zu entwickeln und mit diesen zu arbeiten.

Herr Unold zeigt Ihnen die formalen Gesichtspunkte, die beim Schreiben eines Geschäftsbriefes nach **DIN 5008** zu beachten sind. Gemeinsam formulieren Sie die Anfrage, die mit gleichem Inhalt an sechs Firmen abgeschickt wird, darunter an die Blitz Elektronik GmbH (vgl. nächste Seite).

Herr Unold legt Ihnen folgenden **Fragezettel** vor:

1. Welche Arbeitsschritte fallen für einen Einkäufer an, wenn eine Bedarfsmeldung vorliegt?
2. Wann wird ein Kaufmann lediglich eine allgemein gehaltene Anfrage versenden?
3. Welche Inhalte sollte eine bestimmte Anfrage enthalten?
4. An wie viele Lieferer kann eine Anfrage verschickt werden?
5. Welche Form ist bei einer Anfrage zu beachten?
6. Auf welche unternehmensinterne und unternehmensexterne Informationsquellen können Mitarbeiter der Abteilung Einkauf bei der Angebotseinholung zurückgreifen?
7. Welcher Zweck wird mit einer Anfrage verfolgt?
8. Wann kann eine Anfrage unterbleiben?
9. Welche Gründe sprechen für eine schriftliche Anfrage?
10. Wann bietet sich eine mündliche Angebotseinholung an?
11. Wovon hängt die Häufigkeit der Angebotseinholung vor allem ab?
12. Wie sollte eine schriftliche Anfrage vom Inhalt her aufgebaut sein?
13. Was versteht man unter einem Textbaustein und warum werden diese benutzt?
14. Welche Bedeutung hat die DIN 5008, die beim Erstellen von Geschäftsbriefen zu berücksichtigen sind?

Aufgaben

A) Beantworten Sie stichwortartig die Fragen. Verwenden Sie dazu alle Ihnen zur Verfügung stehenden Hilfsmittel.

B) Fassen Sie Ihre Ergebnisse zum Thema „Anfrage" möglichst anschaulich zusammen.

Schöller & Co. Datenshredder

Schöller & Co. OHG, Postfach 18 20, 88450 Berkheim

Blitz Elektronik GmbH
Herrn Blitz
Postfach 12 48

72622 Nürtingen

Ihr Zeichen, Ihre Nachricht von	Unser Zeichen, unsere Nachricht vom	Telefon	Datum
	sch-un	08395 678	10.07.2002

Anfrage

Sehr geehrter Herr Blitz,

für die Produktion unserer Aktenvernichter Fix 800, bei denen es sich um eine Neuentwicklung handelt, benötigen wir folgende Steuerungen:

Steuerungen für Fix 800
nach unserer Zeichnung Nr. 996.0188.4.,
Layout nach unserer Zeichnung Nr. 996.0351.3., mit den Teilenummern:

9916177	230V	50/60Hz
9916178	120V	50/60Hz
9916179	100V	50/60Hz
9916201	240V	50/60Hz

Der geplante Jahresbedarf liegt bei ca. 2 500 Stück insgesamt für alle Spannungen, in Losgrößen zu ca. 200 Stück. Bitte unterbreiten Sie uns für diese Steuerungen ein ausführliches Angebot.

Zudem ist unsere „Generelle Leiterplatten-Spezifikation" Zeichnungsnummer 996.0166.5 und unsere „Trafo-Spezifikation" Zeichnungsnummer 996.0314.6 zu beachten.

Zu den Zeichnungen erhalten Sie mit separater Post eine Diskette mit den CAM-Daten.

Antworten Sie uns bitte recht bald, spätestens jedoch bis zum 9. Juli 2002.

Bereits im Voraus vielen Dank für eine schnelle Nachricht.

Mit freundlichen Grüßen

Schöller & Co. OHG

Schöller

Schöller

Anlagen
4 Zeichnungen

Die stichwortartige Beantwortung der Fragen des Abteilungsleiters

1. Überlegen, ob und in welcher Form angefragt werden soll -> Bezugsquellen ermitteln -> Lieferanten auswählen -> Anfragen formulieren
2. Wenn er sich lediglich über das Lieferprogramm informieren möchte (Überblick verschaffen)
3. Art der Ware, Qualität, Preis, Lieferungs- und Zahlungsbedingungen, Erfüllungsort und Gerichtsstand, Lieferzeit, Menge
4. Beliebig viele. Die Praxis schreibt in ihren Beschaffungshandbüchern aus Wirtschaftlichkeitsgründen eine Unter- und Obergrenze vor (i. d. R. mindestens zwei, max. sechs; betriebsindividuell verschieden)
5. Keine, es gilt der Grundsatz der Formfreiheit (mündlich, fernmündlich, schriftlich ...)
6. **Unternehmensinterne Informationsquellen:**
   - Bezugsquellenkartei/-datei (Anfrageregister): enthält Lieferanten und deren Lieferprogramme, die
     – bereits Aufträge erhielten
     – bei Anfrageaktionen in günstiger Position lagen (akzeptable Angebote abgaben)
   - Lieferantenkartei/-datei: enthält alle wirklichen Lieferanten und soll optimal über deren Leistungsfähigkeit Auskunft geben = „Steckbrief des Lieferanten"

   Unternehmensexterne Informationsquellen:
   - Geschäftsberichte
   - Kataloge
   - Prospekte
   - Messen
   - Preislisten
   - Fachzeitschriften
   - IHK
   - Wirtschaftsverbände
   - Adressbücher (Wer liefert was? ABC der Deutschen Wirtschaft)
   - Branchenverzeichnisse
   - Ausstellungen
7. Lieferer soll zur Abgabe eines Angebots aufgefordert werden; Anbahnen neuer Geschäftsbeziehungen; Aufrechterhaltung bestehender Geschäftsbeziehungen (Leistungsfähigkeit seiner bisherigen Lieferanten überprüfen = Härtetest für Lieferanten); Lieferwilligkeit und -fähigkeit feststellen, Beschaffung von Informationsmaterial, Informationen über Qualität, Preis, Lieferungs- und Zahlungsbedingungen...
8. • bei Artikeln mit niedrigem Bestellwert
   • Terminnot (Bedarfsmeldung erfolgt kurz vor dem Bedarfstermin)
   • bei preisgebundenen Gütern
   • neuestes Preisniveau ist bekannt
   • Unternehmen an bestimmte Lieferanten vertraglich gebunden (z. B. Abrufverträge)
9. Umfangreiche Anfragen, Anfragen über technisch komplizierte Güter (z. B. Steuerungen) sollten vor allem zur Vermeidung von Hör- und Übertragungsfehlern schriftlich erfolgen (um Missverständnisse und Versäumnisse auszuschalten)
10. Bei Materialien mit geringem Wert, die den Aufwand schriftlicher Anfragen nicht rechtfertigen; Terminnot.
11. Von der Art der angefragten Güter (hochwertige oder geringwertige Güter; ob es sich um Güter mit schwankenden Preisen handelt; von der Marktentwicklung/Marktveränderungen)
12. • Betreff
    • Anrede
    • Grund der Anfrage
    • gewünschte Ware
    • Angabe der erforderlichen Menge
    • Klarheit über die Qualität, Preis, Lieferzeit, Lieferungs- und Zahlungsbedingungen, Erfüllungsort und Gerichtsstand (Bitte um ein ausführliches Angebot)
    • Fristsetzung • verbindlicher Schlusssatz
13. Regelmäßig wiederkehrende Formulierungen werden zu Textbausteinen zusammengefasst, die bei Bedarf aus entsprechenden Dateien abgerufen werden können; sie dienen dazu, die Erledigung der Korrespondenz zu vereinfachen und zu beschleunigen (Zeit- und Kostenersparnis).
14. Vereinheitlichen die äußere Form eines Geschäftsbriefs. Der Geschäftsbrief ist die Etikette (Aushängeschild) eines Unternehmens.

Die Anfrage (Angebotseinholung)

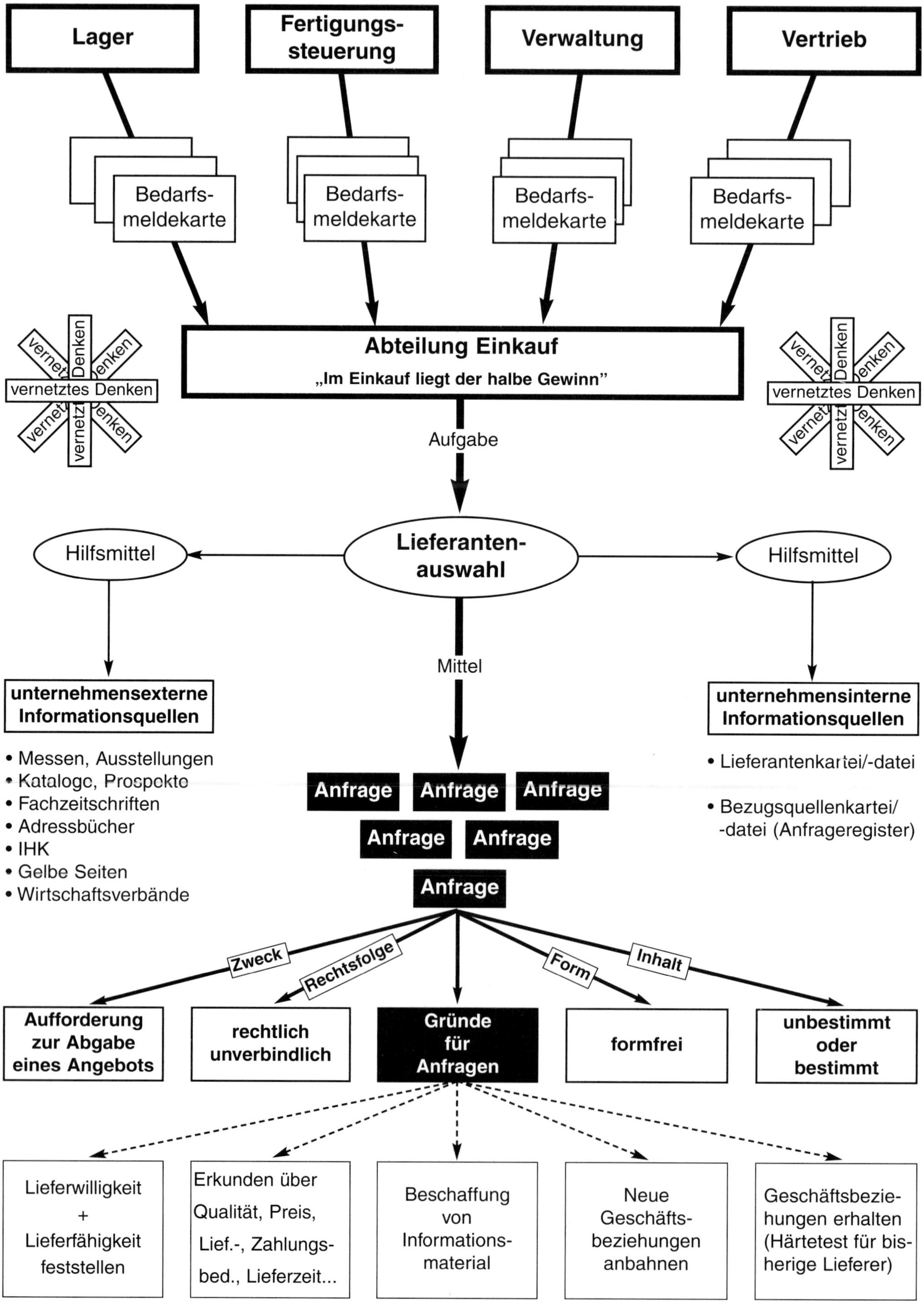

Die Anfrage (Angebotseinholung)

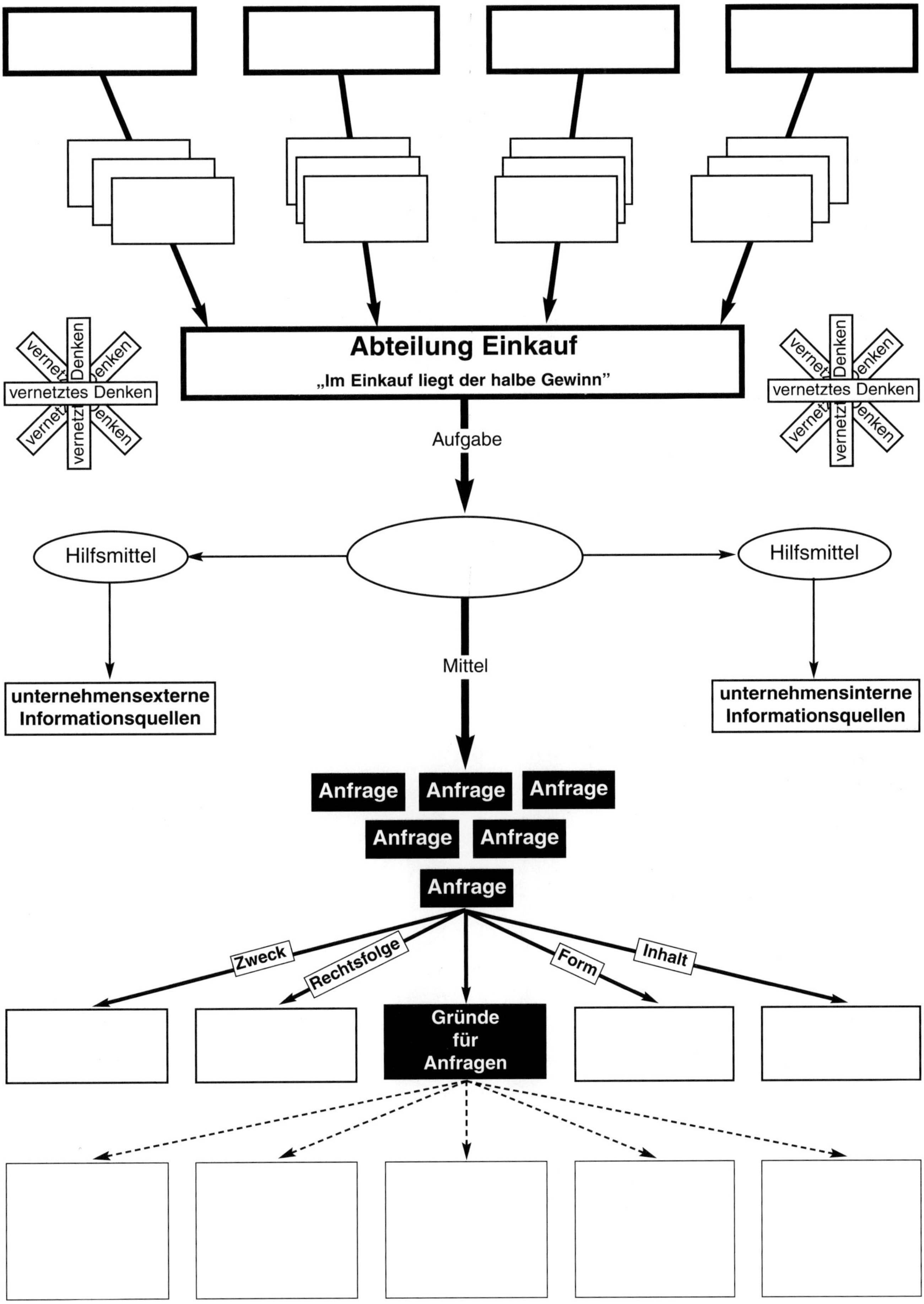

Versandkosten

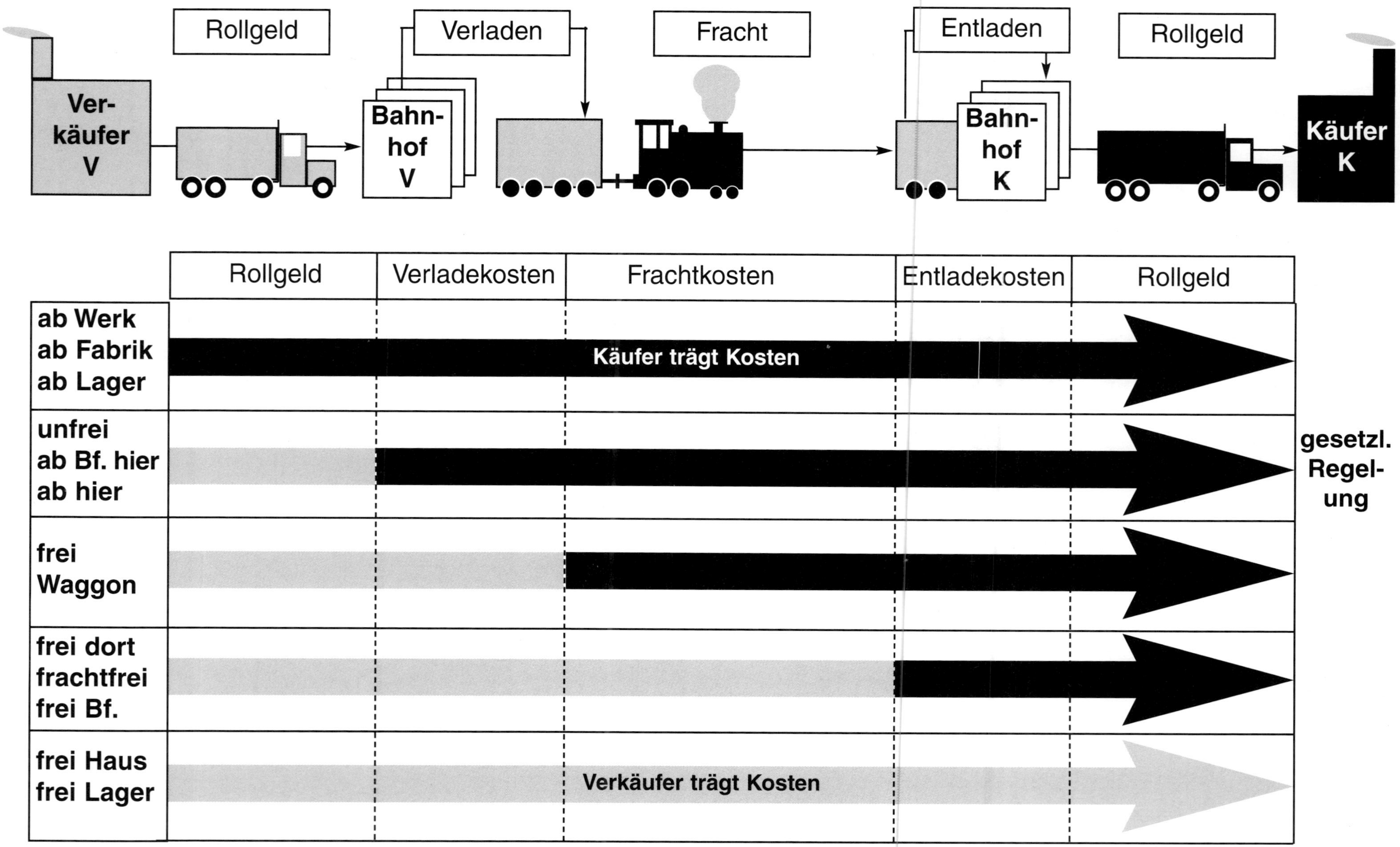

Versandkosten

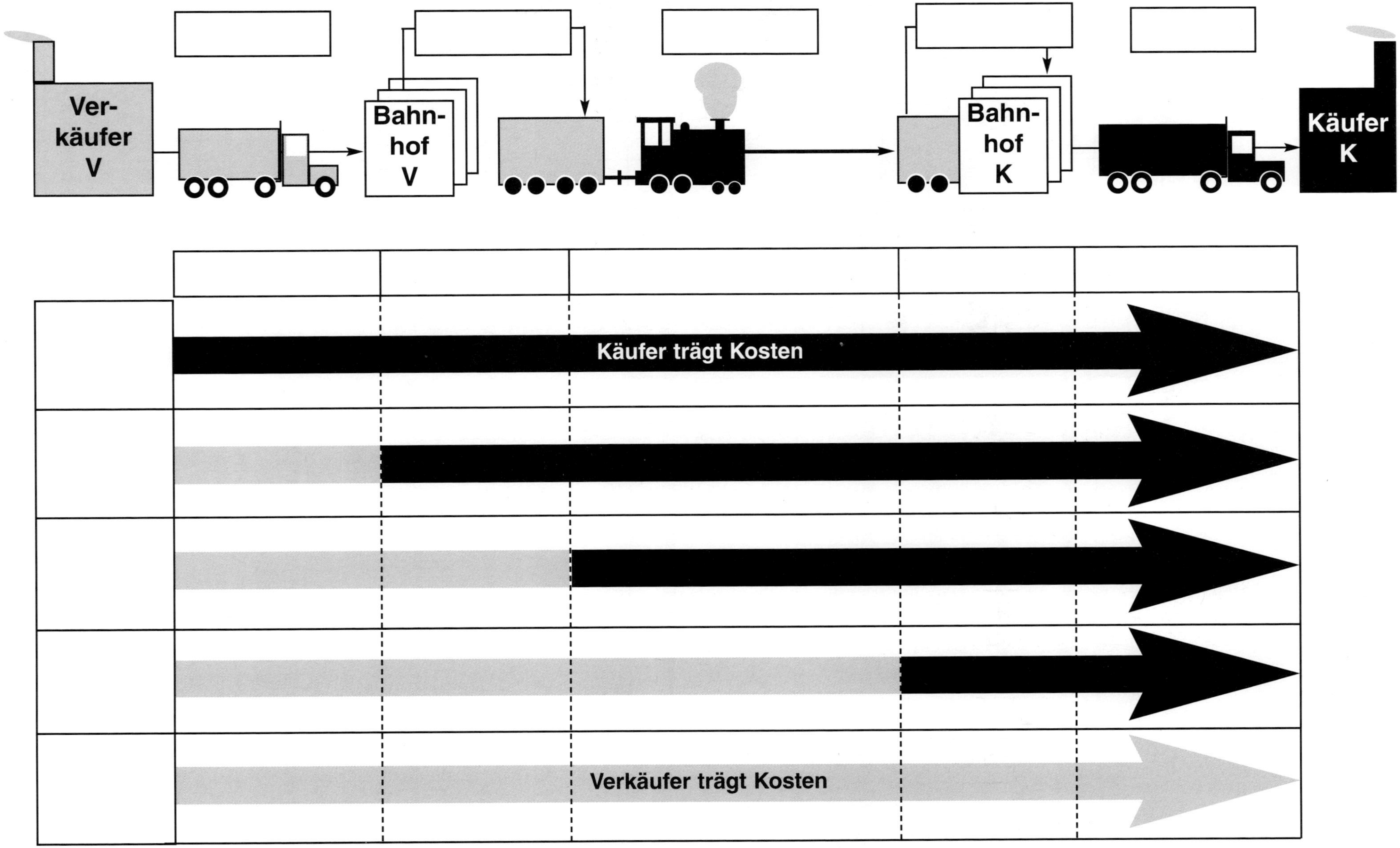

Kreuzworträtsel (Thema: Anfrage / Angebot / Bestellung)

Lösungswort (von oben nach unten): Kein Weg führt an ihr mehr vorbei!

(Doppelwörter zusammen schreiben)

1. Diese Verpackung trägt laut Gesetz stets der Käufer.
2. Der erste unverbindliche Schritt zum Kaufvertrag.
3. „Hauptbatzen" der Transportkosten.
4. Kleinerer Teil der Transportkosten.
5. Gesetzliche Transportkostenregelung (Formulierung).
6. Er trägt bei der Vereinbarung „unfrei" nur das Rollgeld.
7. Diese Transportkostenregelung ist dem Käufer am liebsten.
8. Diese Transportkostenregelung ist dem Verkäufer am liebsten.
9. Rechtlich verbindliche Willenserklärung
10. Mangels Vereinbarung muss der Verkäufer Ware ... Art und Güte liefern.
11. Rechtlich verbindliche Willenserklärung
12. Wir bereuen ein soeben zur Post gebrachtes Angebot. Möglichkeit: ...,
13. der jedoch spätestens ... mit dem Angebot beim Käufer eintreffen muss.
14. Fehlt eine vertragliche Vereinbarung, muss ... geliefert und gezahlt werden.
15. Oberbegriff für folgende Vereinbarungen: „ohne Obligo", „unverbindlich"
16. Oberbegriff für Schaufensterauslagen, Werbeanzeigen in Zeitungen
17. Im Vergleich zu unserem Angebot verlangt der Käufer ein kürzeres Zahlungsziel. Es liegt ein neuer ... vor.

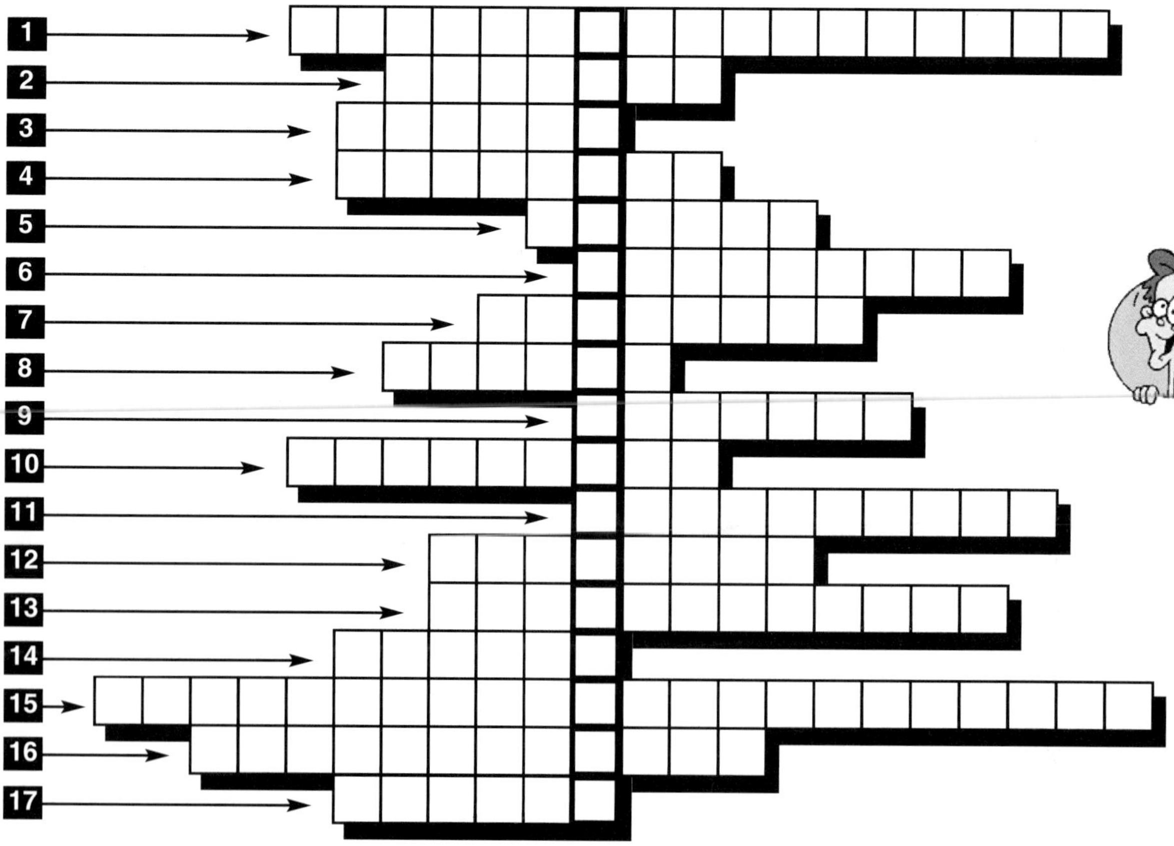

Lösungen: **(Lösungswort: "DATENVERARBEITUNG")**

1. VERSANDVERPACKUNG
2. ANFRAGE
3. FRACHT
4. ROLLGELD
5. UNFREI
6. VERKÄUFER
7. FREI HAUS
8. AB WERK
9. ANGEBOT
10. MITTLERER
11. BESTELLUNG
12. WIDERRUF
13. GLEICHZEITIG
14. SOFORT
15. FREIZEICHNUNGSKLAUSELN
16. ANPREISUNGEN
17. ANTRAG

Zeichnungen von Martin Linders

Hinweis (abdecken): Situation in einer Zoohandlung
Bild oben: Der Verkäufer unterbreitet ein Angebot (3.000,00 € für den Affen); er ist an das Angebot gebunden, solange das Gespräch andauert. Die Bindung erlischt, wenn der vermeintliche Käufer das Geschäft verlässt.
Bild unten: Verkäufer kann anderen Preis nennen, da er an sein erstes Angebot nicht mehr gebunden ist.

Szene 1

Szene 2

Szene 3

Arbeitsblatt 1

Auswahl des Lieferanten

Ein handlungsorientierter Ansatz von Dieter Krebs

Situation

Unsere Ausbildungsfirma, Dietz und Stricker KG, ist im industriellen Sektor des Armaturenbaus tätig. Die Spezialventile für unsere Fertigung beziehen wir in der Regel von verschiedenen Lieferanten. In letzter Zeit gab es jedoch wiederholt Schwierigkeiten mit einigen Zulieferern.

In Zukunft möchten wir einen unserer Lieferanten zum A-Lieferanten machen. Aus diesem Grunde haben wir uns aus verschiedenen Abteilungen ausführliche Berichte über die Geschäftsbeziehungen mit unseren wichtigsten Zulieferfirmen zusammenstellen lassen. Unsere Mindestqualitätsanforderungen in Höhe von 4 Punkten erfüllen lediglich die fünf folgenden Firmen.

Erfahrungsberichte der Abteilungen

Keller & Sohn, Nürnberg

Die Qualität ist mit 8 Punkten sehr hoch. Geliefert wurde meistens fehlerfrei, nur einmal enthielt eine Lieferung einen beachtlichen Teil falscher Artikel. Die schriftliche Auftragsabwicklung der Einkäufe verlief stets ohne Beanstandungen. Die Lieferzuverlässigkeit lässt allerdings zu wünschen übrig. So wurden Liefertermine mehrmals nicht eingehalten; einmal mussten sogar drei Mahnungen gesandt werden. Verpackung und Auslieferung dagegen waren nicht zu beanstanden. Der Bezugspreis beträgt 3,85 € je Ventil. Die technische Beratung durch Keller & Sohn ist allerdings nicht voll zufriedenstellend. Direkte, persönliche Auskünfte sind nicht zu erhalten. Der zuständige Fachmann ist „nie zu erreichen". Auch werden Rückfragen ziemlich nachlässig behandelt. Keller liefert innerhalb von 14 Tagen. Fax, E-Mail-Adresse und Internetpräsenz sind vorhanden. Die Garantieabwicklung erfolgt schnell und reibungslos.

WOMAG, Freiburg

Die Qualität bei WOMAG beträgt etwa 6 Punkte. Der Bezugspreis liegt bei 3,80 € je Ventil. Die Anlieferung und Verpackung waren bis jetzt einwandfrei. Jedoch waren Rechnungen öfters fehlerhaft. Einmal wurden die Preise zu hoch berechnet und einmal ein falscher Rabattsatz angewandt. Mehrmals erfolgten nur Teillieferungen. Die Nachlieferungen kamen aber zum zugesagten Termin. Die Beratung erfolgt schriftlich, ist jedoch innerhalb von 24 Stunden auch über Fax und E-Mail zu erhalten, andere Rückfragen wurden eigenartigerweise erst relativ spät beantwortet. Sachlich stimmten Angebot und Lieferung immer überein. Die Lieferzeit beträgt 10 Tage. Die zugesagten Liefertermine wurden von der WOMAG immer pünktlich eingehalten. Verpackung und Auslieferung waren makellos. Die Garantieabwicklung erfolgte allerdings etwas schleppend und wenig kulant.

Friedrich Kern, Hannover

Kern verlangt 3,75 € je Ventil. Obwohl die Qualität mit 7 Punkten hoch ist, reicht die schriftlich angeforderte technische Beratung häufig nicht aus. Rückfragen jeglicher Art, also auch per Telefon, Fax und E-Mail wurden schleppend und für uns unbefriedigend beantwortet. Dafür wurden Verpackung, Anlieferung und Zuverlässigkeit vom Lagerleiter stets besonders gelobt. Auch wurden die Liefertermine immer pünktlich eingehalten. In drei Fällen musste die Auftragsbestätigung angemahnt werden. Sonst wurden bei der Auftragsabwicklung keine besonderen Beanstandungen festgestellt. Die Lieferzeiten lagen wegen des langen Transportweges zwischen 14 und 17 Tagen. Bei Garantiefällen zeigte sich die Fa. Kern stets sehr entgegenkommend und großzügig.

Arbeitsblatt 2

Katec GmbH, Wuppertal

Die Lieferzeiten der Katec GmbH sind mit 10 Tagen sehr kurz. Die Qualität liegt bei 7 Punkten. Anlieferung und Verpackung erfolgten stets zu unserer vollen Zufriedenheit. Nur in einem Fall wurde eine gegenüber dem Angebotsmuster verbesserte Ausführung geliefert. Lieferzusagen werden peinlich genau eingehalten, Rückfragen ausführlich aber erst nach längerer Wartezeit beantwortet. Auftragsbestätigung und Rechnung kamen jeweils prompt. Der Kundenservice ist vorbildlich. Es steht ein qualifizierter Beratungsingenieur jederzeit persönlich über eine Info-Hotline und über E-Mail zur Verfügung. Er konnte in der Vergangenheit schon sehr nützliche Ratschläge geben. Der Bezugspreis beträgt 3,70 €. Allerdings erfolgte die Garantieabwicklung in einigen Fällen mit vielen Rückfragen und sehr langwierig, so dass es einmal zu einer unerfreulichen Auseinandersetzung kam.

Haller-Werke, Hof

Die Haller-Werke haben ihre Produktion erst vor 15 Monaten aufgenommen. Die Qualitätsstufe beträgt dennoch bereits 6 Punkte. Die Haller-Werke bieten das Ventil für 3,65 € an. Angenehm ist die geografische Nähe für Rückfragen und technische Beratung. Letztere allerdings ist nicht allzu qualifiziert und teilweise schleppend. Wegen der kurzen Wegstrecke legen die Haller-Werke keinen Wert auf Verpackung bei Anlieferung. Die Lieferzusagen wurden fast immer eingehalten, Angebot und Lieferung weichen jedoch ab und zu voneinander ab, allerdings nie erheblich. Bei der schriftlichen Auftragsabwicklung (Auftragsbestätigung, Rechnung etc.) sind mehrmals Beanstandungen aufgetreten, manchmal sogar recht ärgerliche. Dafür zeigten sich die Haller-Werke in Garantiefällen und bei Reklamationen sehr großzügig und äußerst kulant. Aufgrund der kurzen Wegstrecke sind die Haller-Werke in der Lage innerhalb von 8 Tagen zu liefern.

Arbeitsaufträge

1. Erarbeiten Sie in der Gruppe ein geeignetes Verfahren zur Auswahl des besten Lieferanten. In welchen Schritten sollte vorgegangen werden? Halten Sie Ihre Ergebnisse stichwortartig fest.

Verfahren der Lieferantenauswahl	
Arbeitsschritte	**Beschreibung der Tätigkeit**

2. In Zukunft sollen auch neue Lieferanten in die Auswahl mit einbezogen werden. Überlegen Sie, wie Informationen über neue Lieferanten beschafft werden könnten.

....

....

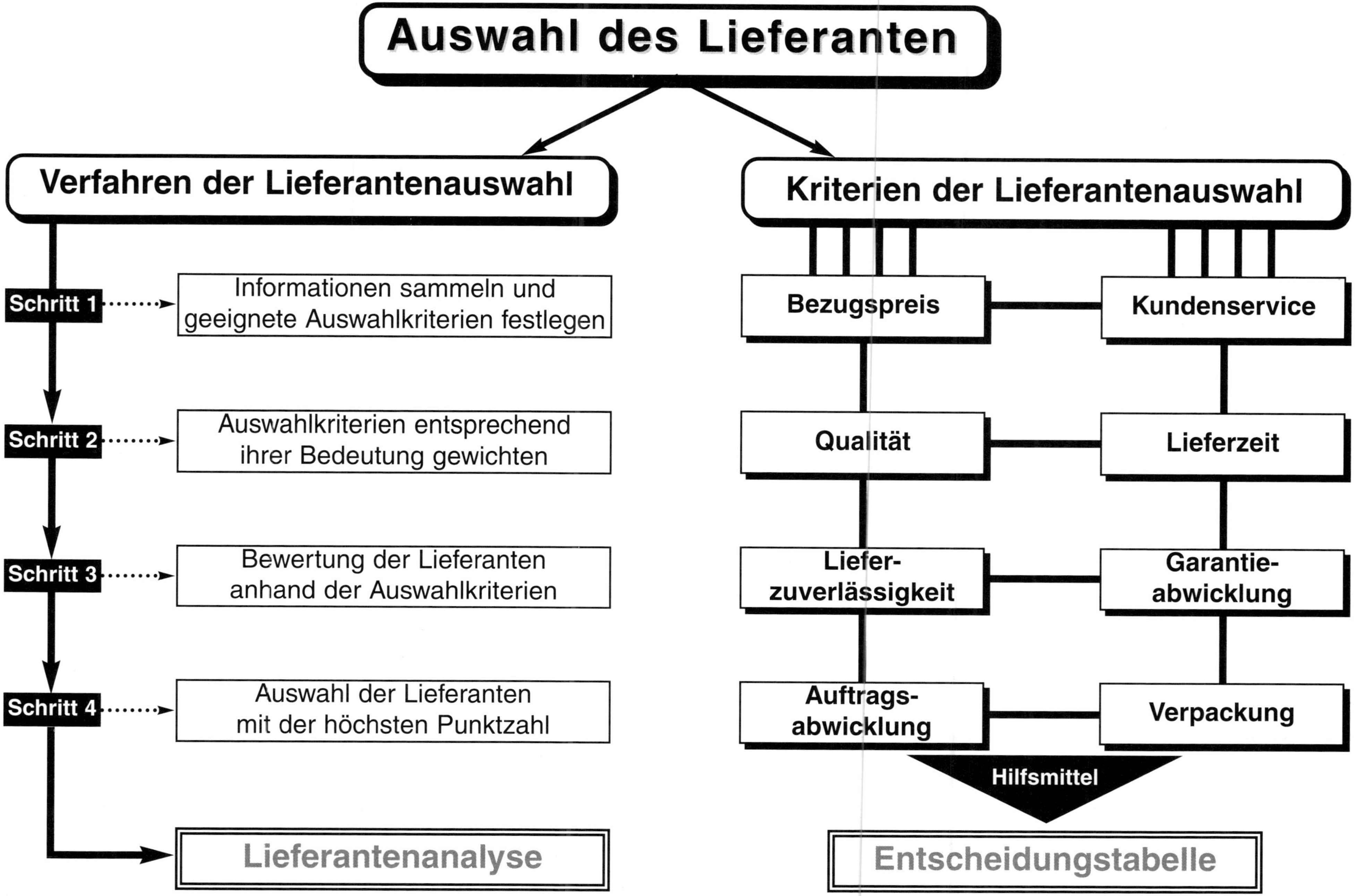
Auswahl des Lieferanten
Verfahren der Lieferantenauswahl
Schritt 1
Informationen sammeln und geeignete Auswahlkriterien festlegen
Schritt 2
Auswahlkriterien entsprechend ihrer Bedeutung gewichten
Schritt 3
Bewertung der Lieferanten anhand der Auswahlkriterien
Schritt 4
Auswahl der Lieferanten mit der höchsten Punktzahl
Lieferantenanalyse
Kriterien der Lieferantenauswahl
Bezugspreis
Kundenservice
Qualität
Lieferzeit
Liefer-zuverlässigkeit
Garantie-abwicklung
Auftrags-abwicklung
Verpackung
Hilfsmittel
Entscheidungstabelle

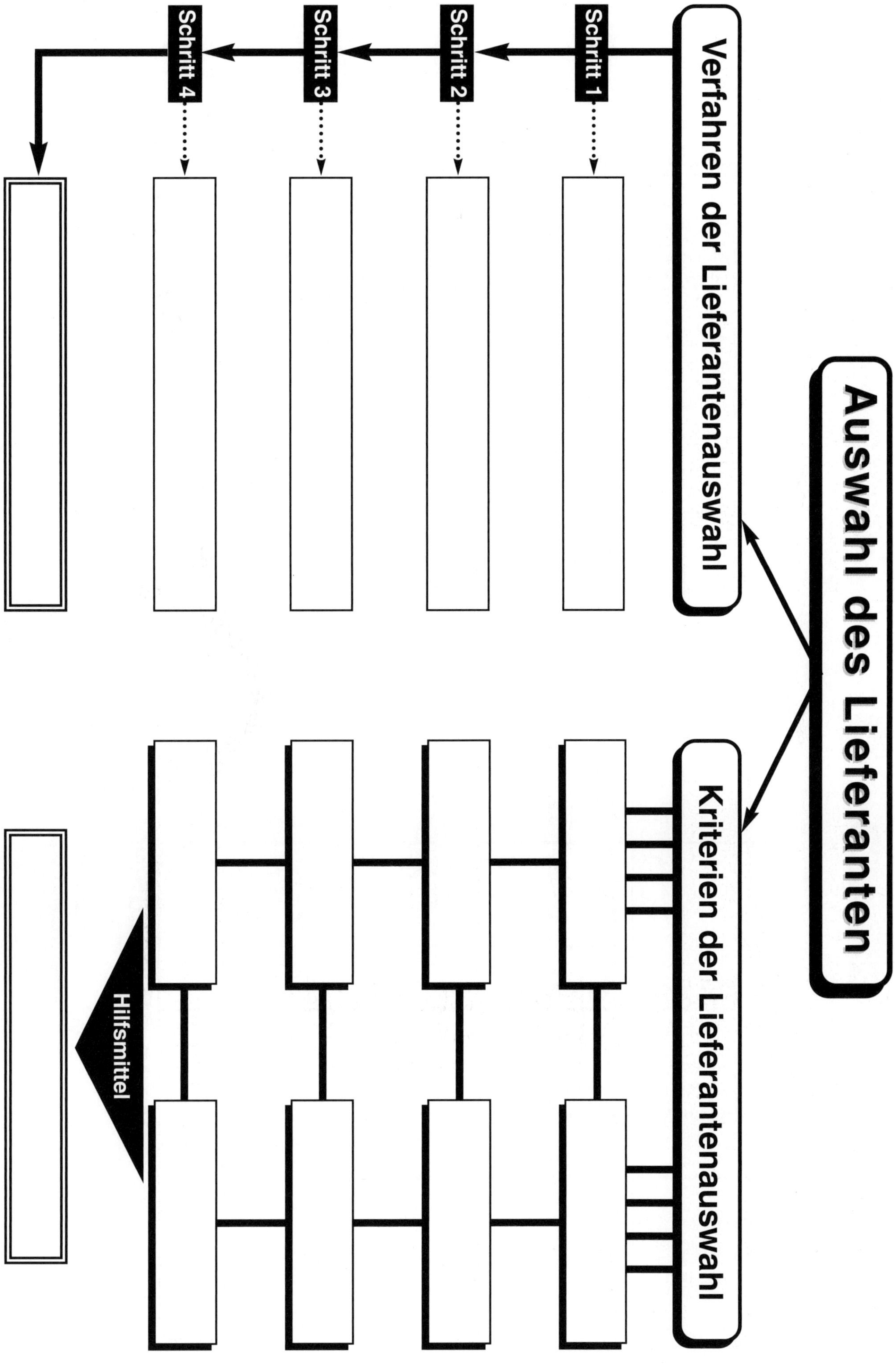
Auswahl des Lieferanten
Verfahren der Lieferantenauswahl
Schritt 1
Schritt 2
Schritt 3
Schritt 4
Kriterien der Lieferantenauswahl
Hilfsmittel

ENTSCHEIDUNGSTABELLE

Entscheidungs-kriterien	Gewichtungs-faktoren	Entscheidungsalternativen									
		Keller&Sohn		WOMAG		Kern		Katec GmbH		Haller-Werke	
Bezugspreis	20	20 • 1	20	20 • 2	40	20 • 2	40	20 • 2	40	20 • 3	60
Qualität	20	20 • 3	60	20 • 1	20	20 • 2	40	20 • 2	40	20 • 1	20
Lieferzeit	10	10 • 1	10	10 • 2	20	10 • 1	10	10 • 3	30	10 • 3	30
Kundenservice	10	10 • 1	10	10 • 1	10	10 • 1	10	10 • 3	30	10 • 1	10
Lieferzuverlässigkeit	20	20 • 1	20	20 • 2	40	20 • 3	60	20 • 3	60	20 • 2	40
Auftragsabwicklung	05	05 • 3	15	05 • 1	05	05 • 2	10	05 • 3	15	05 • 1	05
Verpackung	05	05 • 2	10	05 • 3	15	05 • 3	15	05 • 3	15	05 • 1	05
Garantieabwicklung	10	10 • 3	30	10 • 1	10	10 • 3	30	10 • 1	10	10 • 3	30
Summe	**100**		175		160		215		**240**		200

Bewertung: **1** → **schlecht** **2** → **befriedigend** **3** → **gut**

ENTSCHEIDUNGSTABELLE

Entscheidungs-kriterien	Gewichtungs-faktoren	Entscheidungsalternativen									
Summe	100										

Bewertung: 1 → schlecht 2 → befriedigend 3 → gut

Verlaufsplanung der Unterrichtseinheit „Auswahl des Lieferanten“

Unterrichtsphasen	Didaktische Hinweise	Methodische Hinweise
Motivation		
Schüler lesen die Ausgangssituation vor.	Unterrichtsgespräch	Arbeitsblatt 1 und 2
Frage: „Vor welchem Problem steht unsere Ausbildungsfirma?"	Themenangabe	
Teilziel 1: Verfahren der Lieferantenauswahl		
Schüler erarbeiten in der Gruppe ein geeignetes Verfahren zur Auswahl des Lieferanten und halten ihre Arbeitsergebnisse stichwortartig auf dem Arbeitsblatt fest.	Gruppenarbeit; Schüler bilden Gruppen zu je 4 Personen	Arbeitsblatt 2: Arbeitsauftrag 1
Arbeitsgruppen tragen ihre Ergebnisse vor.	Diskussion	Tafelbild
Fixierung der Ergebnisse im Tafelbild.		
Teilziel 2: Kriterien der Lieferantenauswahl		
Schüler erhalten den Arbeitsauftrag, die Erfahrungsberichte der Abteilungen noch einmal sorgfältig durchzulesen und Kriterien zu notieren, die bei der Auswahl des Lieferanten berücksichtigt werden sollten.	Einzelarbeit	Arbeitsblatt 1 und 2
Diskussion im Klassenverband über die Kriterien und Aufstellung eines gemeinsamen Kriterienkataloges.	Diskussion	Tafelbild
Fixierung der Ergebnisse im Tafelbild.		
Teilziel 3: Auswahl des Lieferanten		
Schüler erhalten den Arbeitsauftrag mit Hilfe einer Entscheidungstabelle die einzelnen Kriterien zu gewichten, die einzelnen Lieferanten zu bewerten und den besten Lieferanten auszuwählen.	Einzelarbeit	Arbeitsblatt 3 und Folie „Entscheidungstabelle“
Ein Schüler trägt seine Lösung auf der Folie ein und erhält den Auftrag seine Entscheidung vor der Klasse zu erläutern und zu begründen.	Ergebnissicherung	Folie
Diskussion im Klassenverband über den Lösungsvorschlag des Schülers.		
Zeitpuffer und Vertiefung (evtl. als Hausaufgabe):		
Wie können Informationen über neue Lieferanten beschafft werden?	Einzelarbeit	Arbeitsblatt 2 Arbeitsauftrag 2

Auszug aus KIT 1 (Kieser - Tests: Kaufvertrag & Co. / Arbeitswelt) - Best. Nr. 0680-3

Test → Kaufvertrag I

Punkte

1 Erklären Sie die Begriffe: a) Verpflichtungsgeschäft — 2,5
b) Erfüllungsgeschäft

2 a) Durch welche Willenserklärungen entsteht ein Vertrag im Allgemeinen? — 3
b) Durch welche Willenserklärungen entsteht üblicherweise ein Kaufvertrag?

3 Welche Pflichten entstehen bei Abschluss eines Kaufvertrages? — 4

4 Unterscheiden Sie die Begriffe im rechtlichen Sinn: — 2,5

a) Anfrage

b) Angebot

c) Anpreisung

Punktesumme → 12

Notenermittlung: Kreuzen Sie Ihr Ergebnis an (Korrekturanleitung: siehe Lösung).

Punkte →	12	11	10	9	8	7	6	5	4	3	2	1
Note →	1,0	1,5	2,0	2,5	3,0	3,5	4,0	4,5	5,0	5,5	6,0	6,0
1. Versuch →												
2. Versuch →												
3. Versuch →												

Test → LÖSUNGEN

1., 2., 3. Versuch — Erzielte Punkte

1
Verpflichtungsgeschäft: • **Abschluss** Kaufvertrag ---→ 1
• Vertragspartner übernehmen **Pflichten** ---→ 0,5
Erfüllungsgeschäft: • Vertragspartner **erfüllen** die ---→ 0,5
vertraglich übernommenen **Pflichten** ---→ 0,5

1. 2,5 2. 2,5 3. 2,5

2
a) Antrag ---→ 0,5 + Annahme ---→ 0,5
b) Angebot ---→ 0,5 + Bestellung bzw. ---→ 0,5
Bestellung ---→ 0,5 + Bestellungsannahme ---→ 0,5

1. 3 2. 3 3. 3

3
Käufer: • Rechtzeitige Zahlung ---→ 1
• Warenabnahme ---→ 1
Verkäufer: • Rechtzeitige und ---→ 0,5
mangelfreie Übergabe ---→ 0,5
• Eigentumsübertrag ---→ 1

1. 4 2. 4 3. 4

4
Anfrage: • Rechtlich unverbindlich ---→ 0,5
Angebot: • Rechtlich bindend ---→ 0,5
• an bestimmte Person gerichtet ---→ 0,5
Anpreisung: • Rechtlich unverbindlich ---→ 0,5
• an Allgemeinheit gerichtet ---→ 0,5

1. 2,5 2. 2,5 3. 2,5

Tragen Sie Ihre Punktesumme ein und ermitteln Sie auf dem Aufgabenblatt Ihre Note.

Punktesumme → 1. 12 | Punktesumme → 2. 12 | Punktesumme → 3. 12

Vgl. Folie 6

Der Abschluss des Kaufvertrages

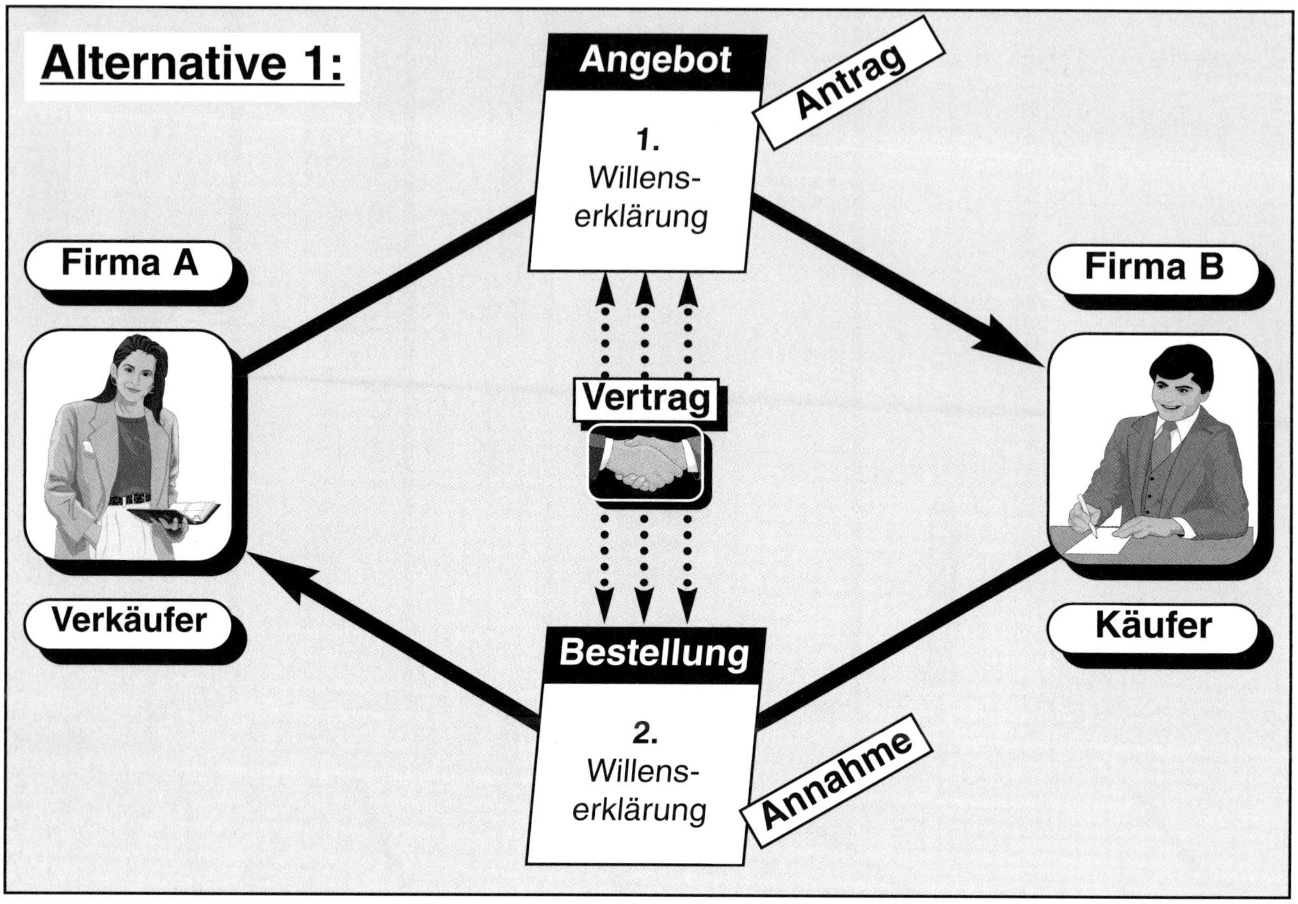

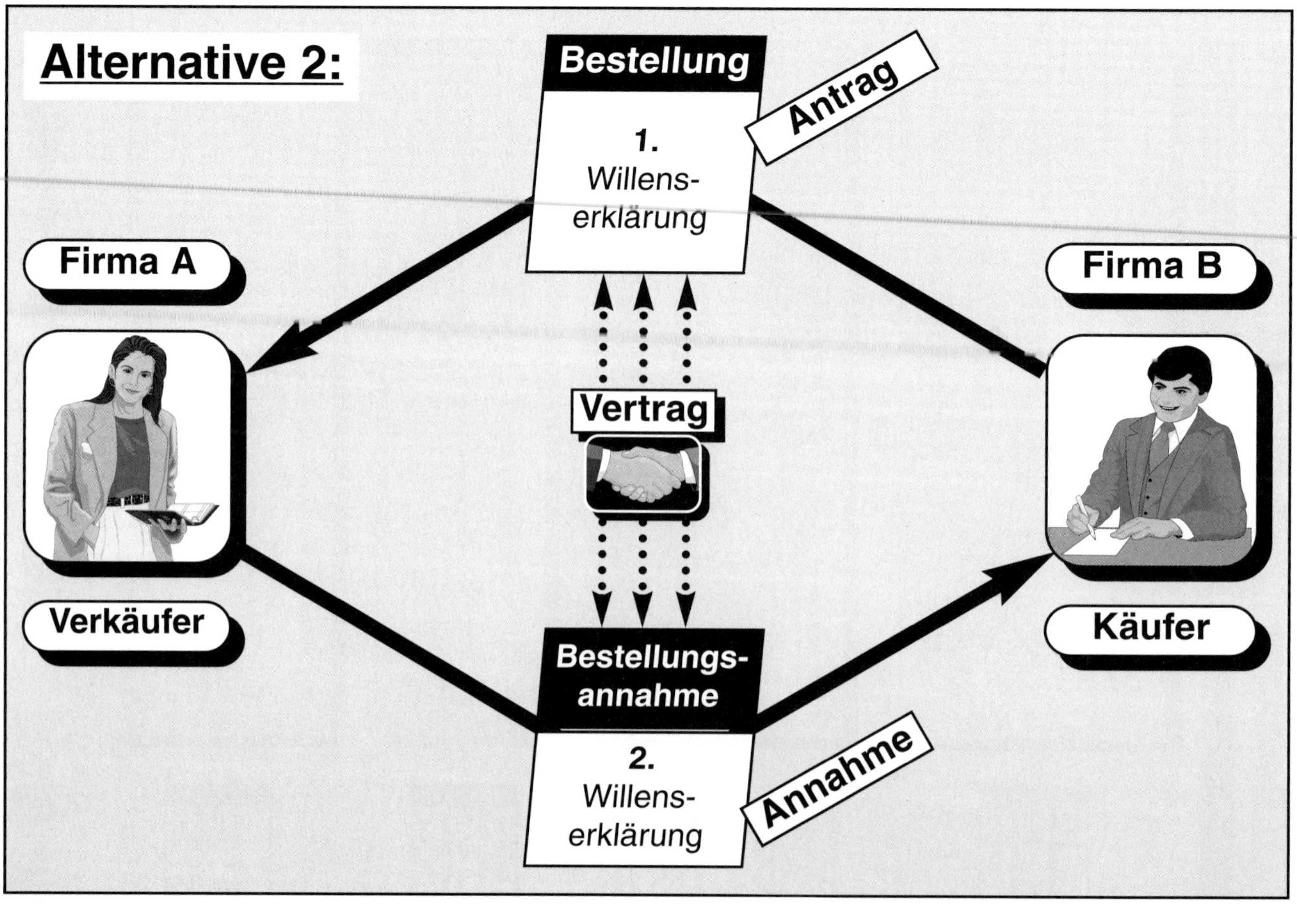

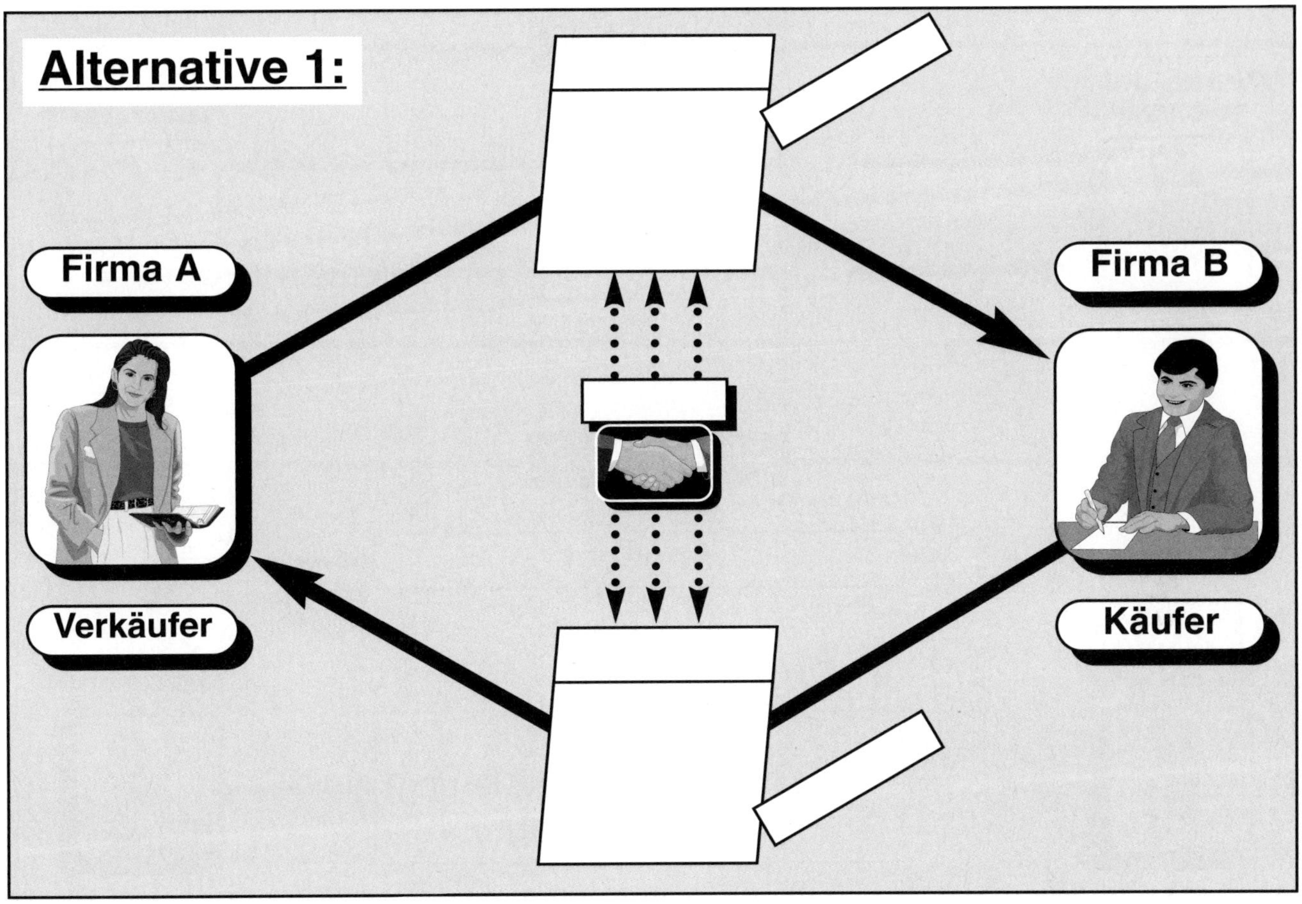
Alternative 1:
Firma A
Verkäufer
Firma B
Käufer

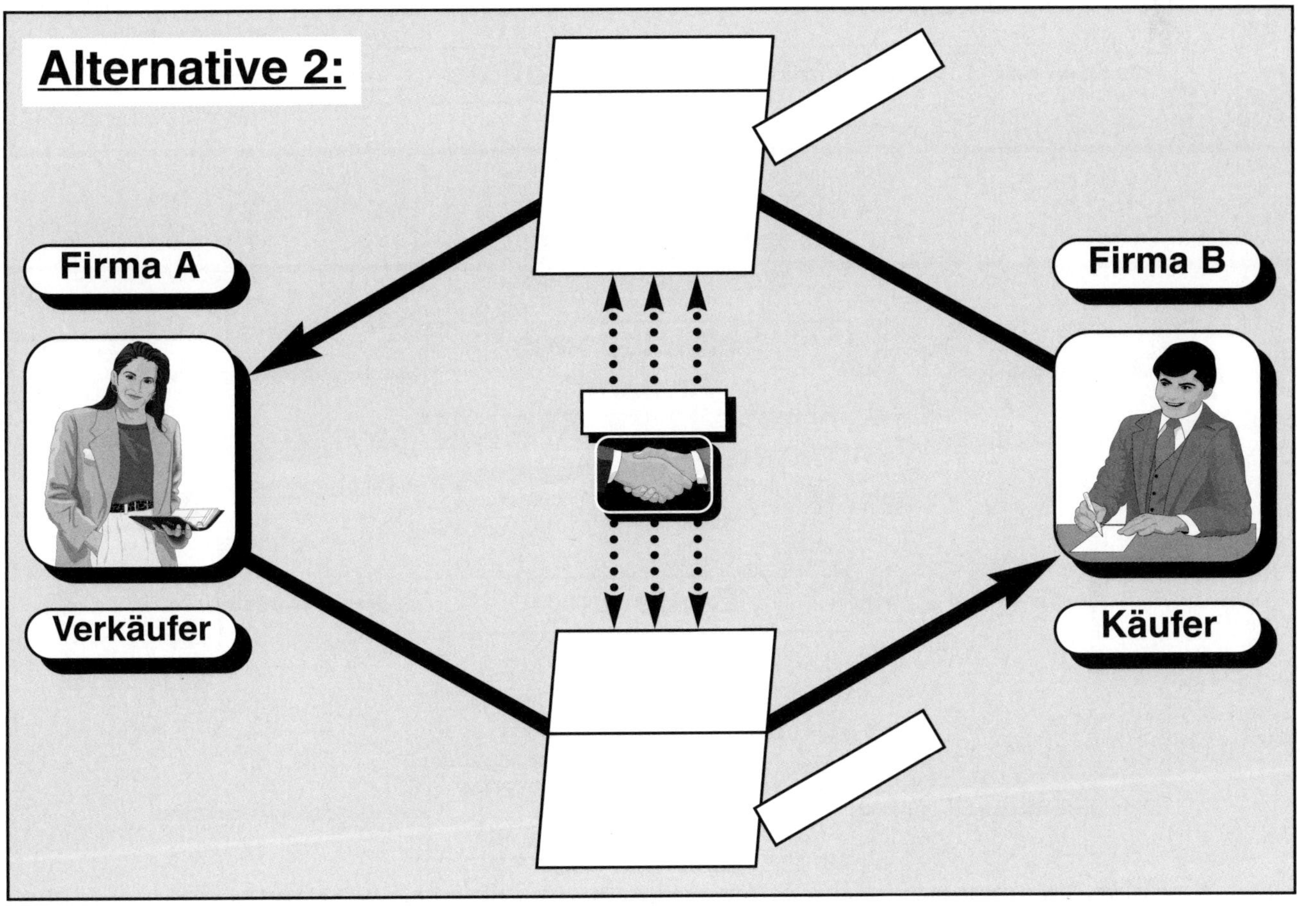
Alternative 2:
Firma A
Verkäufer
Firma B
Käufer

Abschluss des Kaufvertrages (Alternativen I)

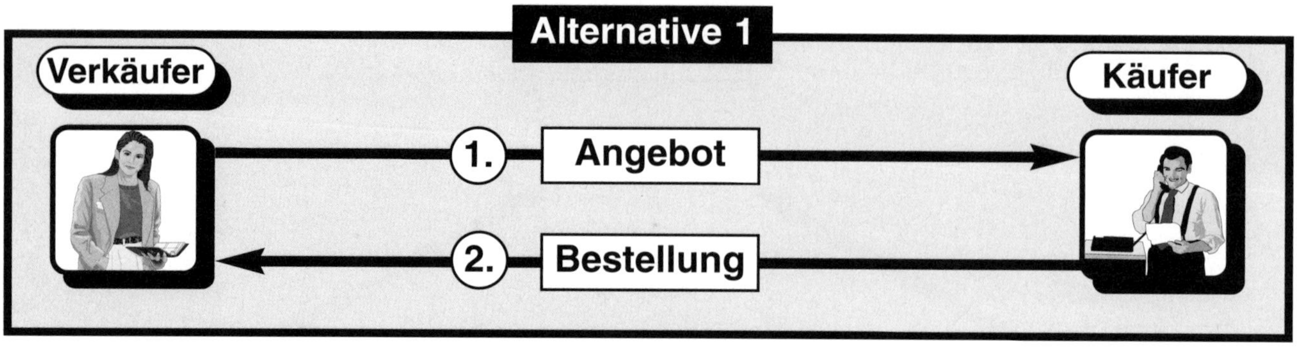

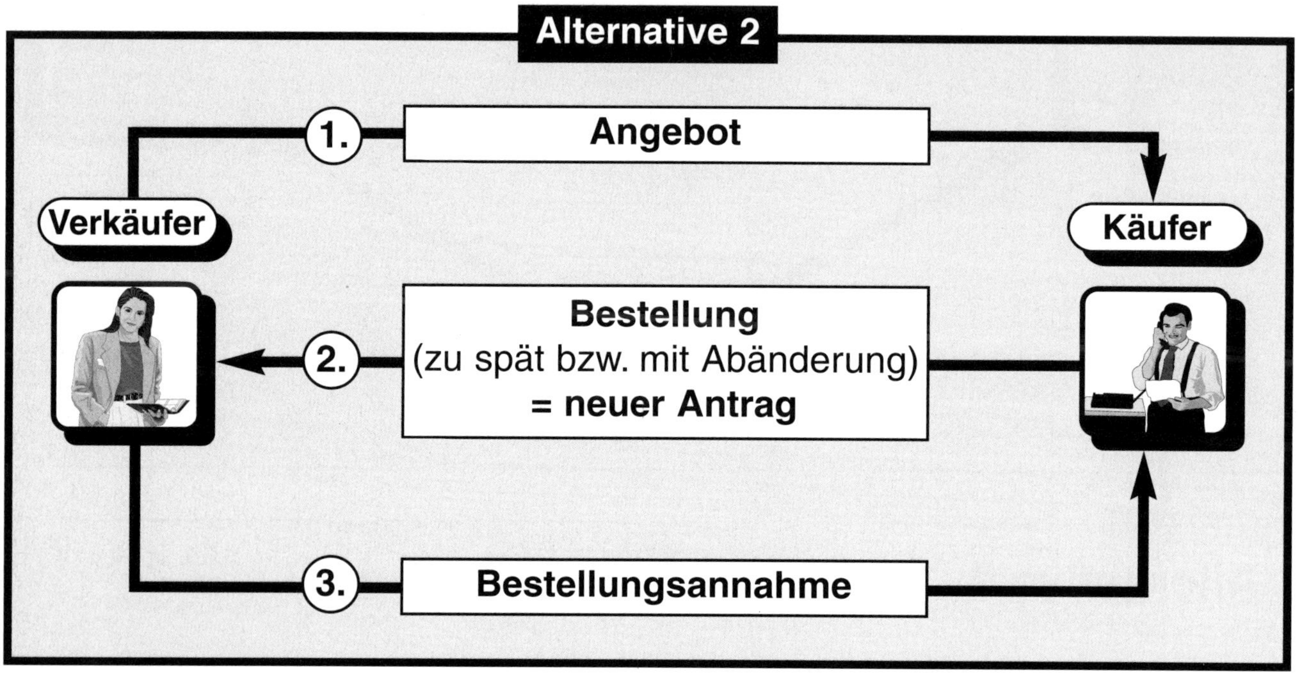

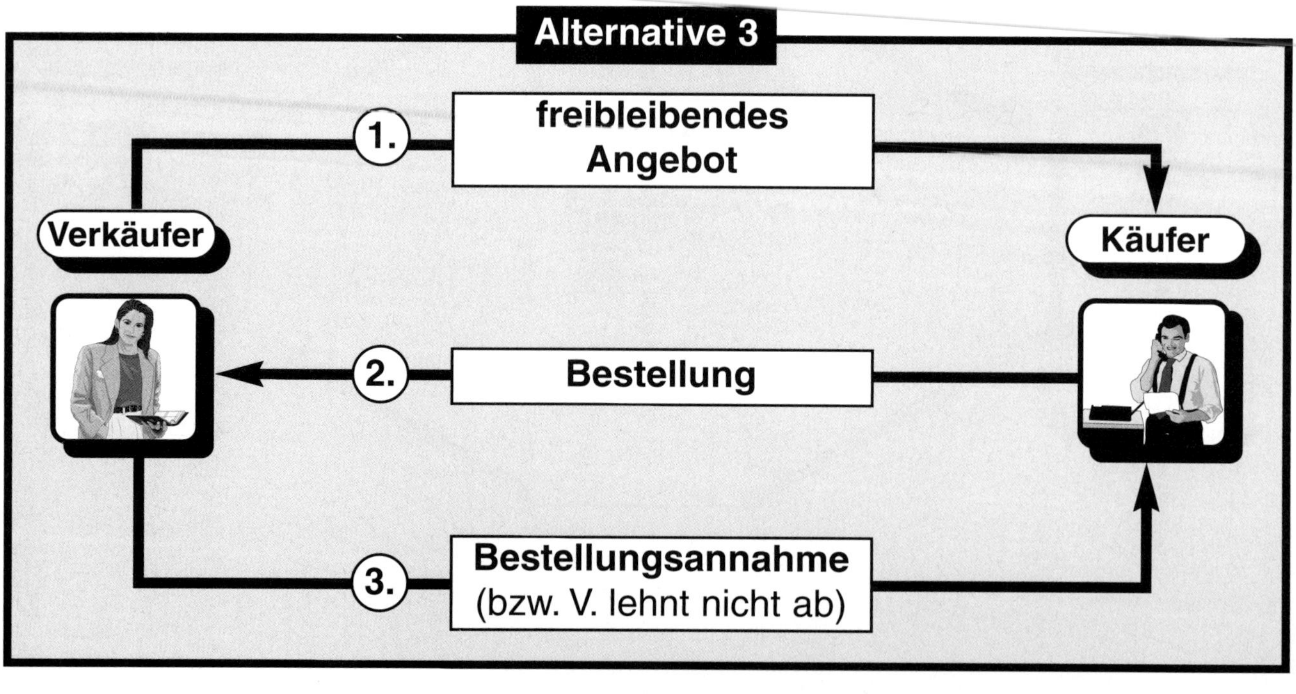

Abschluss des Kaufvertrages (Alternativen I)

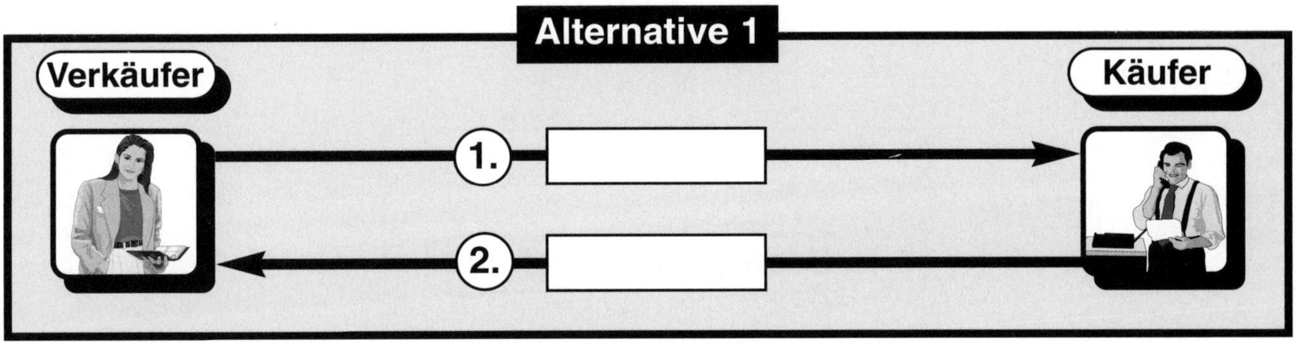

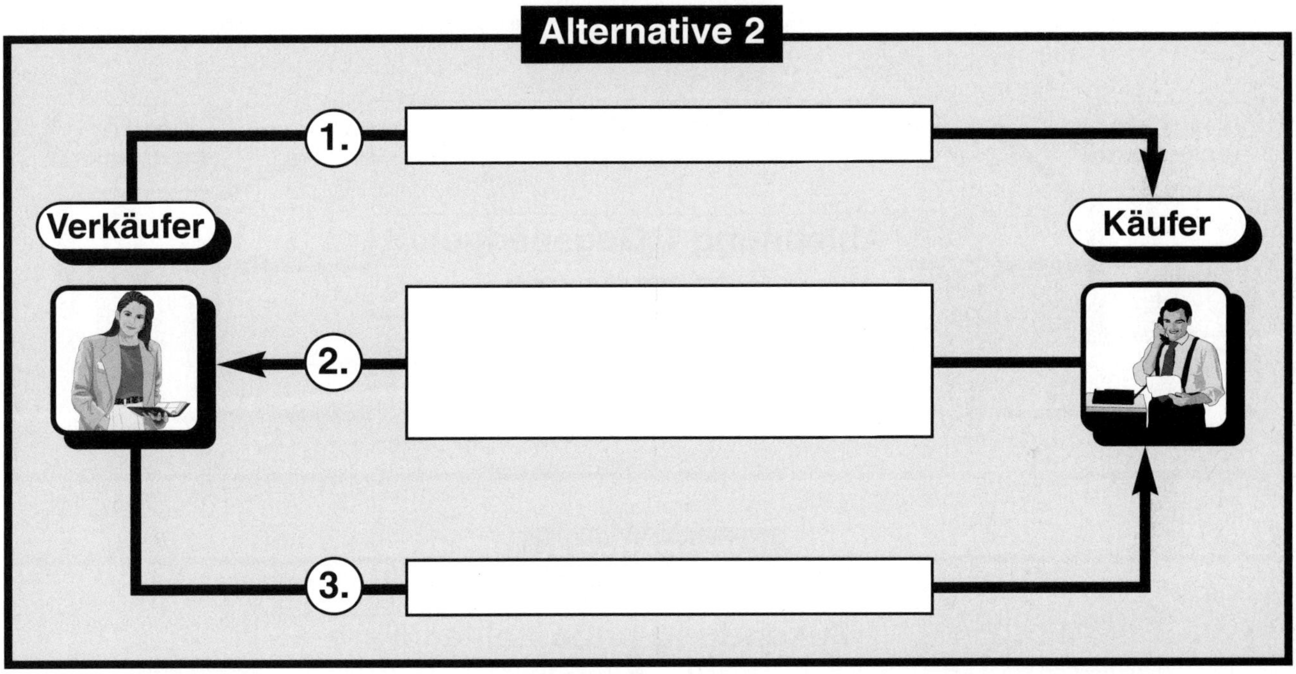

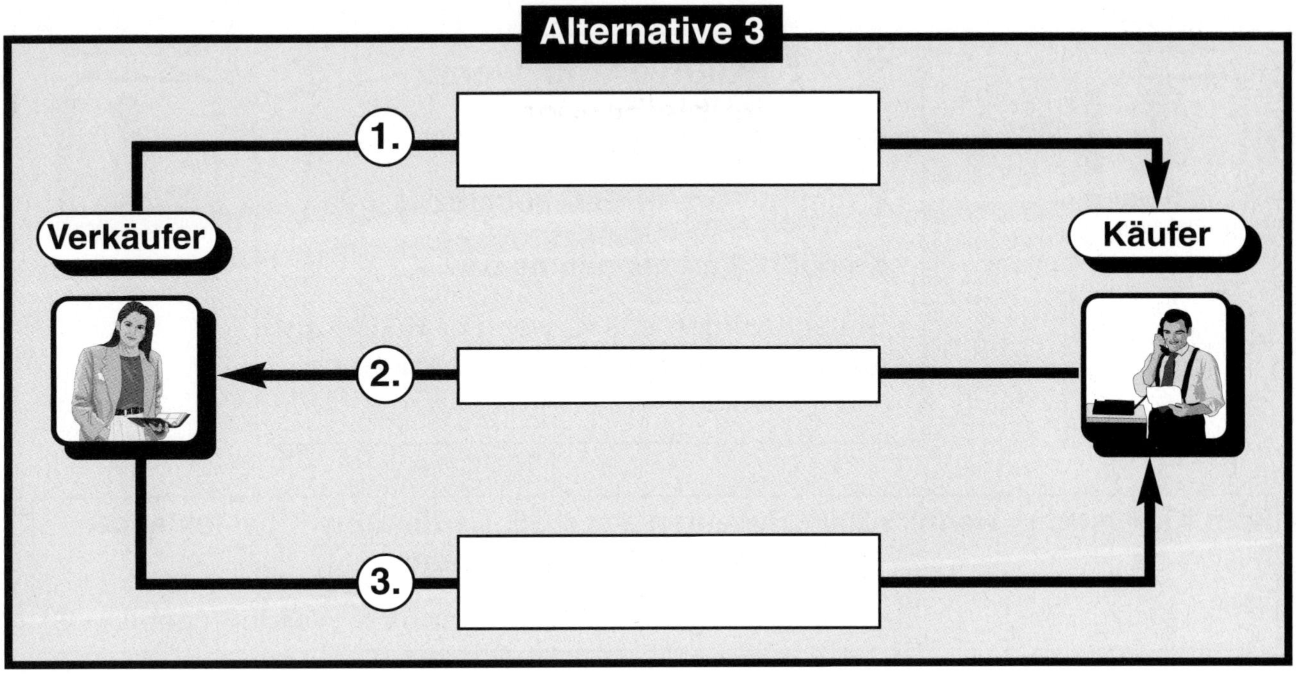

Abschluss des Kaufvertrages (Alternativen II)

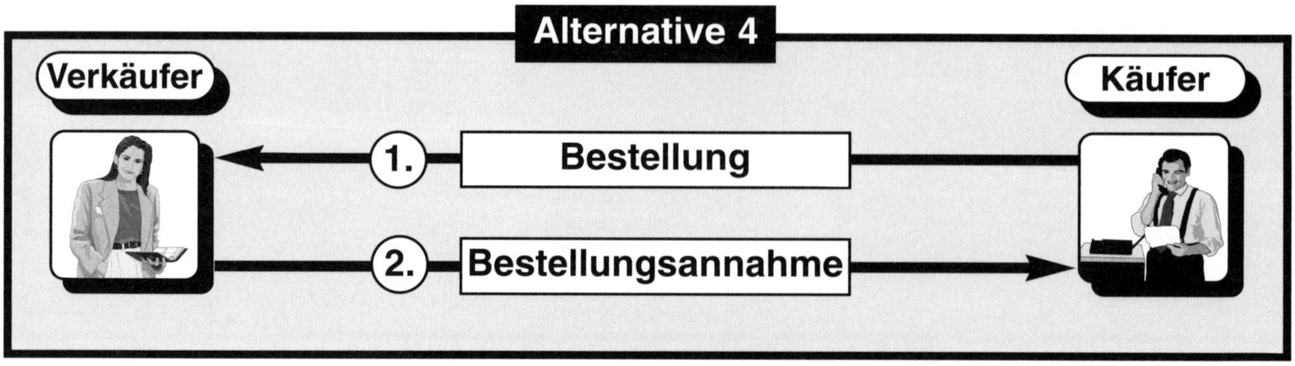

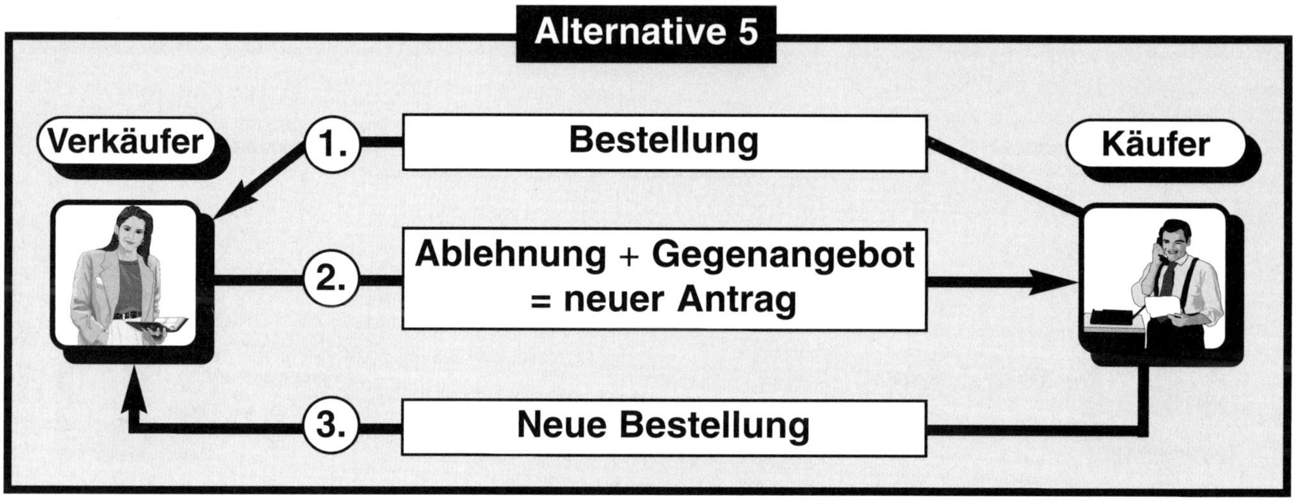

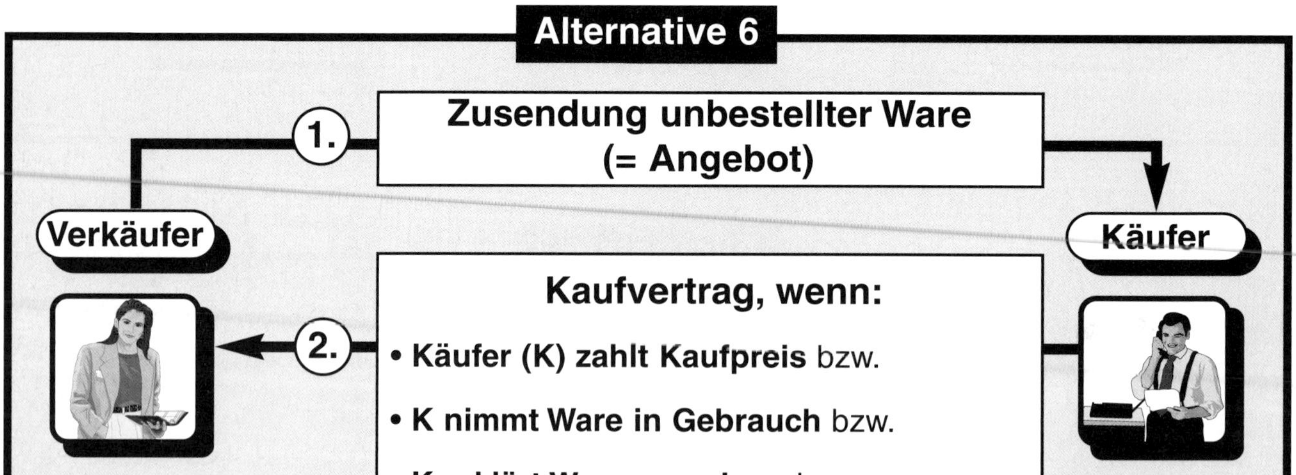

Kaufvertrag, wenn:

- **Käufer (K) zahlt Kaufpreis** bzw.
- **K nimmt Ware in Gebrauch** bzw.
- **K erklärt Warenannahme** bzw.
- **Stillschweigen** des K, wenn er **HGB-Kaufmann** ist und eine **Geschäftsbeziehung** bereits besteht

Kein Kaufvertrag, wenn:

- **Stillschweigen** des **HGB-Kaufmanns** K bei **fehlender bisheriger Geschäftsbeziehung**
- **Stillschweigen** des **Privatmanns** K (Verstoß gege UWG)

Abschluss des Kaufvertrages (Alternativen II)

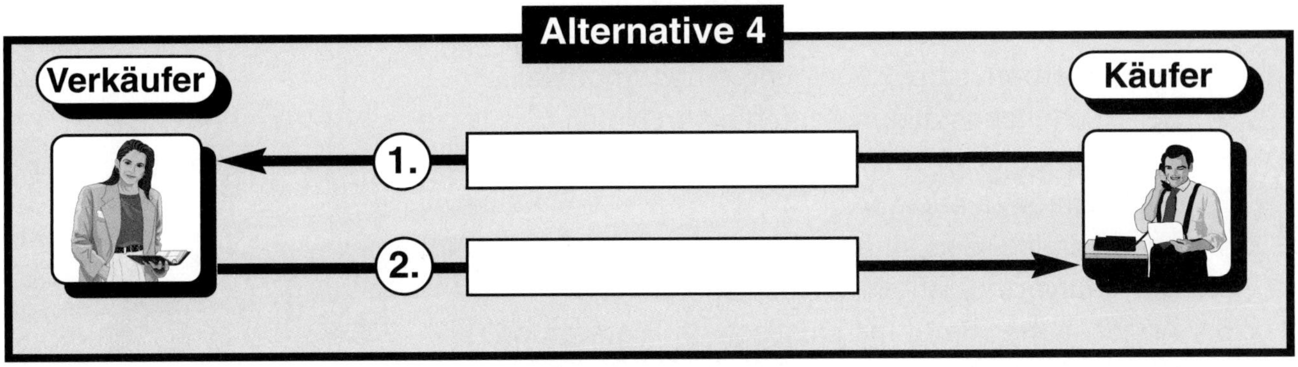

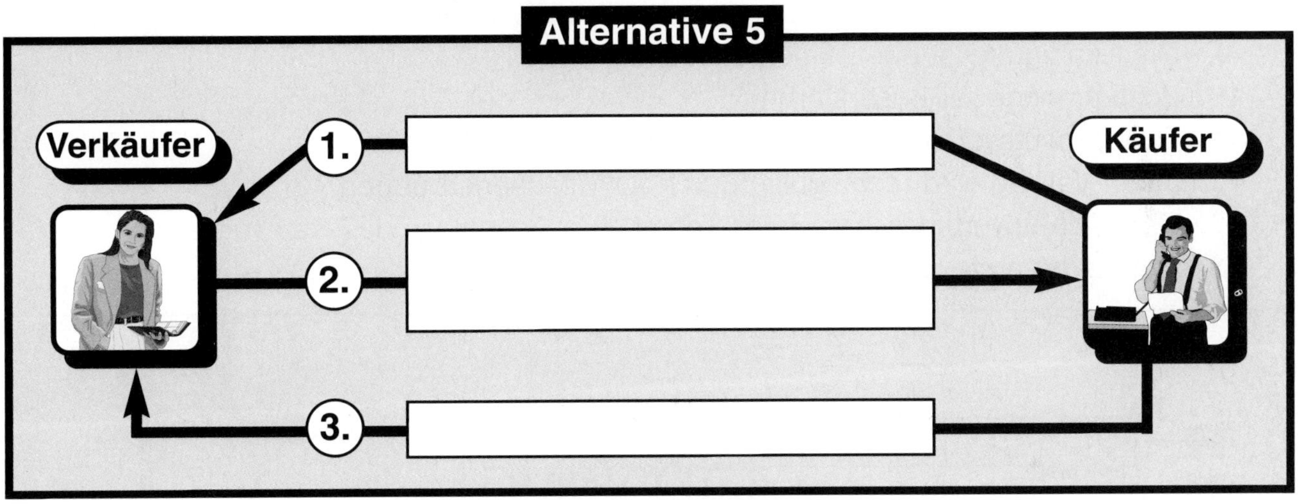

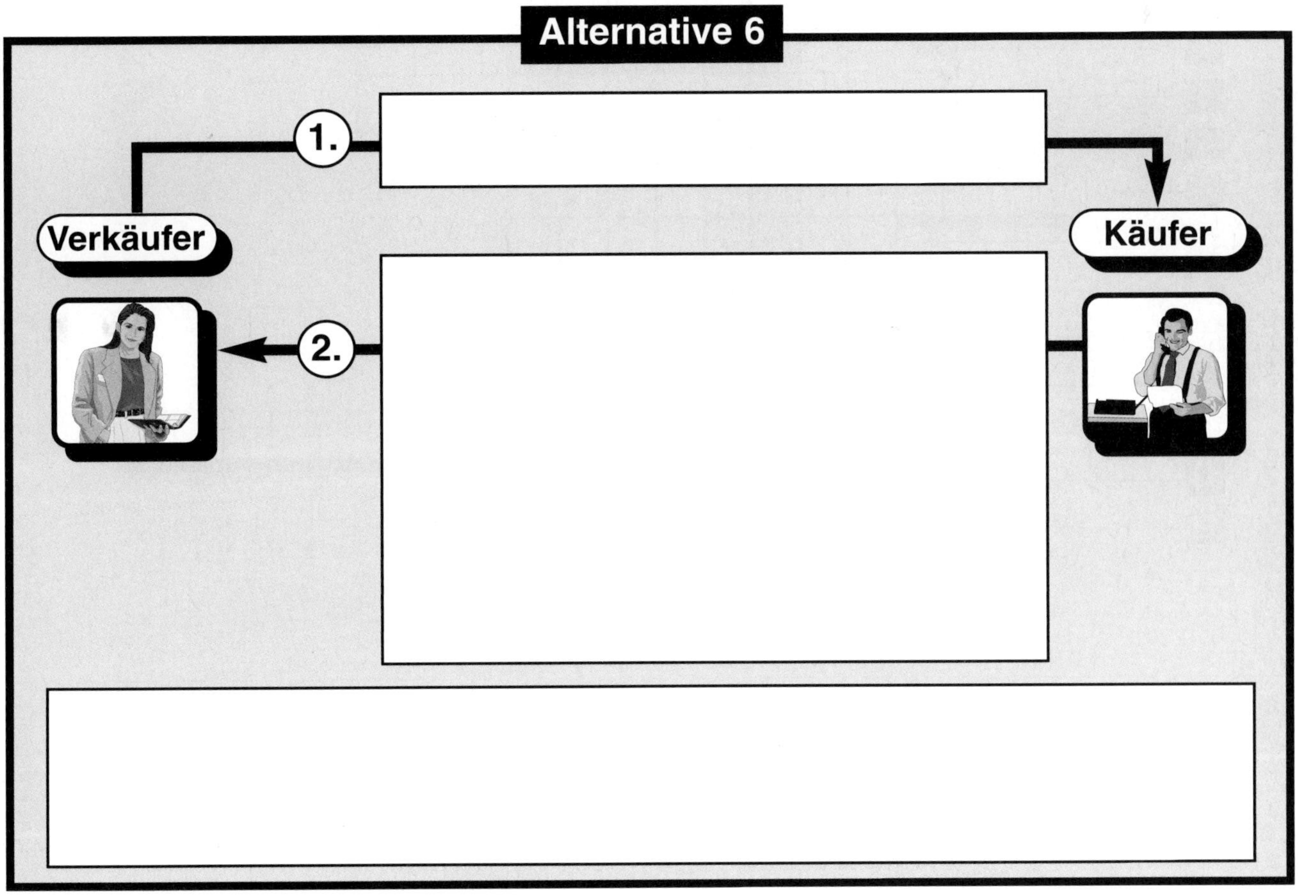

Kreuzworträtsel (Themen: Willenserklärungen, Kaufvertrag)

Lösungswort (von oben nach unten gelesen) = Lücke des Paukerspruchs:
„Kommt Zeit, kommt Rat, kommt ....“

1. Formerfordernis bei Kündigung eines Angestellten
2. Unterschriftsbestätigung durch einen Notar
3. Die Abgabe einer rechtsgültigen Willenserklärung kann mündlich, schriftlich oder sogar durch ... erfolgen.
4. Unterschrifts- und Inhaltsbestätigung durch einen Notar
5. Ein Kaufvertrag ist ein ... Rechtsgeschäft.
6. Angesehener Beruf mit juristischem Hintergrund
7. Häufig der erste rechtliche Schritt beim Kaufvertrag
8. Abgabe einer Willenserklärung in schnellstmöglicher Form
9. Die Kündigung ist ein ... Rechtsgeschäft.
10. Zustimmende Willenserklärung
11. Erster rechtsverbindlicher Vertragsschritt
12. Jeder Vertrag wird rechtsgültig durch ... Willenserklärungen.
13. Rechtlich unverbindlicher erster Schritt zum Abschluss des Kaufvertrages
14. Häufig der erste rechtliche Schritt beim Kaufvertrag

Lösungen: **(Lösungswort: OBERSTUDIENRAT)**

1. Schriftform
2. Beglaubigung
3. Schweigen
4. Beurkundung
5. mehrseitiges
6. Notar
7. Bestellung
8. mündlich
9. einseitiges
10. Annahme
11. Antrag
12. übereinstimmende
13. Anfrage
14. Angebot

HOT 5/01

Das Schnäppchen im Internet

Der Fall

Ein Mann ersteigerte über ein Internetauktionshaus einen neuen, nach Verkaufsliste 28.500,00 € teuren VW zum Schnäppchenpreis von 13.000,00 €. Der Verkäufer wollte den Wagen nach Erteilung des Zuschlags jedoch nur für 19.500,00 € verkaufen.

Der Käufer klagte.

§

Urteil

Der Kauf zum Preis von 13.000,00 € ist gültig.

Begründung:

- Verkaufsangebote in einer Internetauktion sind genauso verbindlich wie bei einer normalen Versteigerung.
- Ein wirksamer Vertrag kann auch per Mausklick zu Stande kommen.
- Mit der Freischaltung seines Angebots hat das Internetauktionshaus ein bindendes Angebot abgegeben. Die ausdrückliche Erklärung, der Wagen werde an den Interessenten mit dem höchsten Gebot verkauft, war unmissverständlich und kann daher nicht - wie der Verkäufer geltend gemacht hatte - als eine lediglich unverbindliche Aufforderung zur Abgabe von Geboten betrachtet werden.

Bundesgerichtshof (Az.: VIII ZR 13/01)

HOT 2/01

„Wer liefert was?" –> nicht mehr in Buchform

- Das Hamburger Unternehmen „Wer liefert was?" (WLW) hat eine Revolution eingeleitet: Als erster deutscher Verlag entschied sich das Unternehmen, keine Bücher mehr zu drucken und seine Produkte nur noch als CD-Rom und im Internet anzubieten.
- Der Verlag ist ein Sonderfall mit einem Spezialprodukt. „Wer liefert was?" ist ein Branchenbuch für Zulieferer. Wer etwa eine bestimmte Schraubensorte sucht, findet hier Anbieter in ganz Europa.
- Stichworte zum gedruckten Werk „Wer liefert was?":

- 48 000 Stichwörter
- 16 kg schwer
- 10 000 Seiten in sechs Bänden
- wurde jährlich neu aufgelegt
- seit 1986 Daten auch auf CD-Rom (kostete damals 2.500,00 €)
- seit 1996 Daten online im Internet abrufbar

- Vor einem Jahr machte der Verlag eine Umfrage bei Besitzern des gedruckten Werks, ob weiterhin ein Interesse an der Papierlieferung bestehe. Lediglich 300 bejahten - der Fall war klar.
- Der WLW-Geschäftsführer prognostiziert, dass sein Unternehmen in vier bis fünf Jahren auch die CD-Rom abschaffen wird und die Daten nur noch im Internet anbieten wird. WLW ist einer der wenigen Anbieter von Nachschlagewerken, die mit Datenbanken im Internet bereits Gewinne machen.
- 25 000 kleine und mittlere Firmen hat WLV schon zum E-Business gebracht: Wer sich als Lieferant in die WLW-Datenbank eintragen lässt, hat die Möglichkeit, den Eintrag gegen Bezahlung mit Werbung, Produktkatalog, Online-Bestellschein und sogar einer Website hinterlegen zu lassen. Käufer-Anfragen leitet WLW-online an Verkäufer weiter, die diesen Service zahlen.
- Im Jahr 2000 wurde mit 350 Mitarbeitern ein Umsatz von rund 85 Millionen Mark gemacht, davon 50 Millionen im Internet.

Man hat es also geschafft, das Know-How aus der Offline-Welt in die Online-Welt zu transferieren.

7 BESITZ + EIGENTUM + EIGENTUMSVORBEHALT

Kreuzworträtsel (Thema: Besitz und Eigentum)

Das Lösungswort (von oben nach unten gelesen) hat ersetzenden Charakter.

(Doppelwörter ohne Leerstelle)

1. Notwendig bei Eigentumsübertragung („beweglicher“ Begriff)
2. Notwendig bei Eigentumsübertragung („harmonischer“ Begriff)
3. Notwendig bei Eigentumsübertragung (bei „Unbeweglichkeiten“)
4. Rechtliche Herrschaft über eine Sache bedeutet .....
5. Der Käufer eines Mountain-Bikes wird ..., wenn er nicht wusste, dass der Verkäufer das Bike nur geliehen hat.
6. Die ..... spielt bei der Eigentumsübertragung keine Rolle, sofern keine weiteren Vereinbarungen getroffen wurden.
7. Niemals kann ein Käufer Eigentümer von .... Sachen werden. (Umgangssprache)
8. Auch an ..... Sachen gibt es keine Eigentümerrechte.
9. Oberste Bedeutung bei Eigentumsübertragung unbeweglicher Sachen hat der ...
10. Der „Herrscher“ über eine Sache ist in jedem Falle ...
11. Fragestellung beim „Besitz“: „Wer ... die Sache?“
12. Religiös klingender Fachausdruck: ... Eigentumserwerb vom Nichteigentümer
13. Fragestellung beim Eigentumserwerb: „Wem ... die Sache?“
14. Weitere Vereinbarung im Sinne von Punkt 6
15. An gestohlenen Sachen kann man lediglich ... sein.

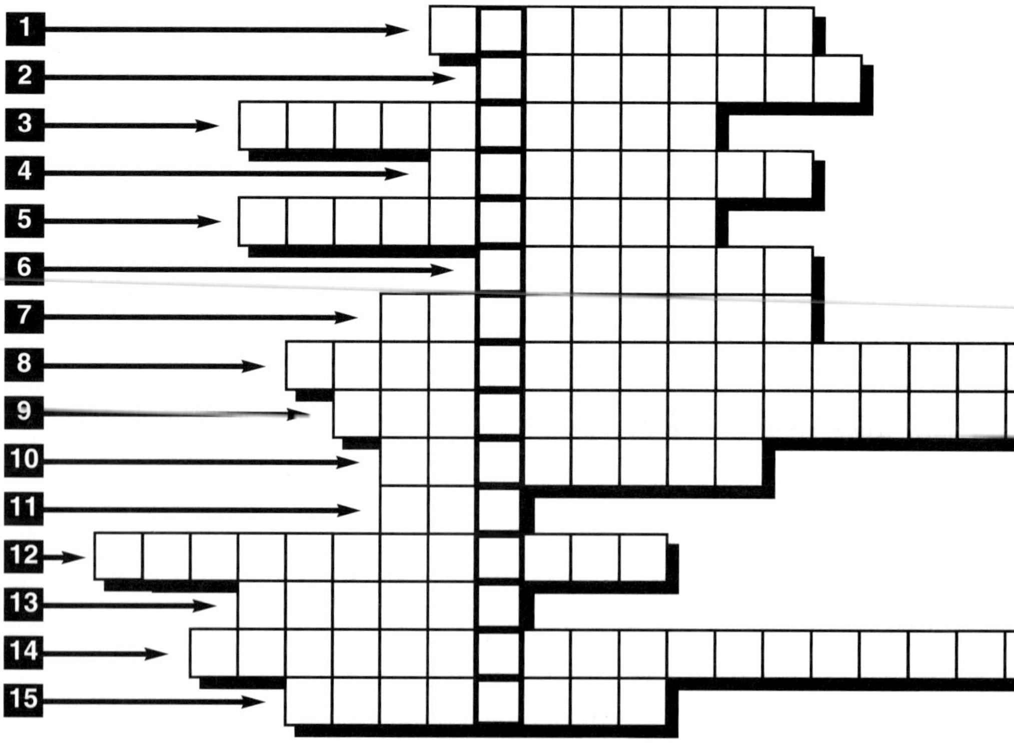

Lösungen: **(Lösungswort: BESITZKONSTITUT** - es ersetzt die Übergabe)

1. Übergabe
2. Einigung
3. Auflassung
4. Eigentum
5. Eigentümer
6. Zahlung
7. geklauten
8. verloren gegangenen
9. Grundbucheintrag
10. Besitzer
11. hat
12. Gutgläubiger
13. gehört
14. Eigentumsvorbehalt
15. Besitzer

Vgl. Folie 7

Besitz und Eigentum

Besitz

Tatsächliche Verfügungsgewalt über eine Sache

„Wer **hat** die Sache?"

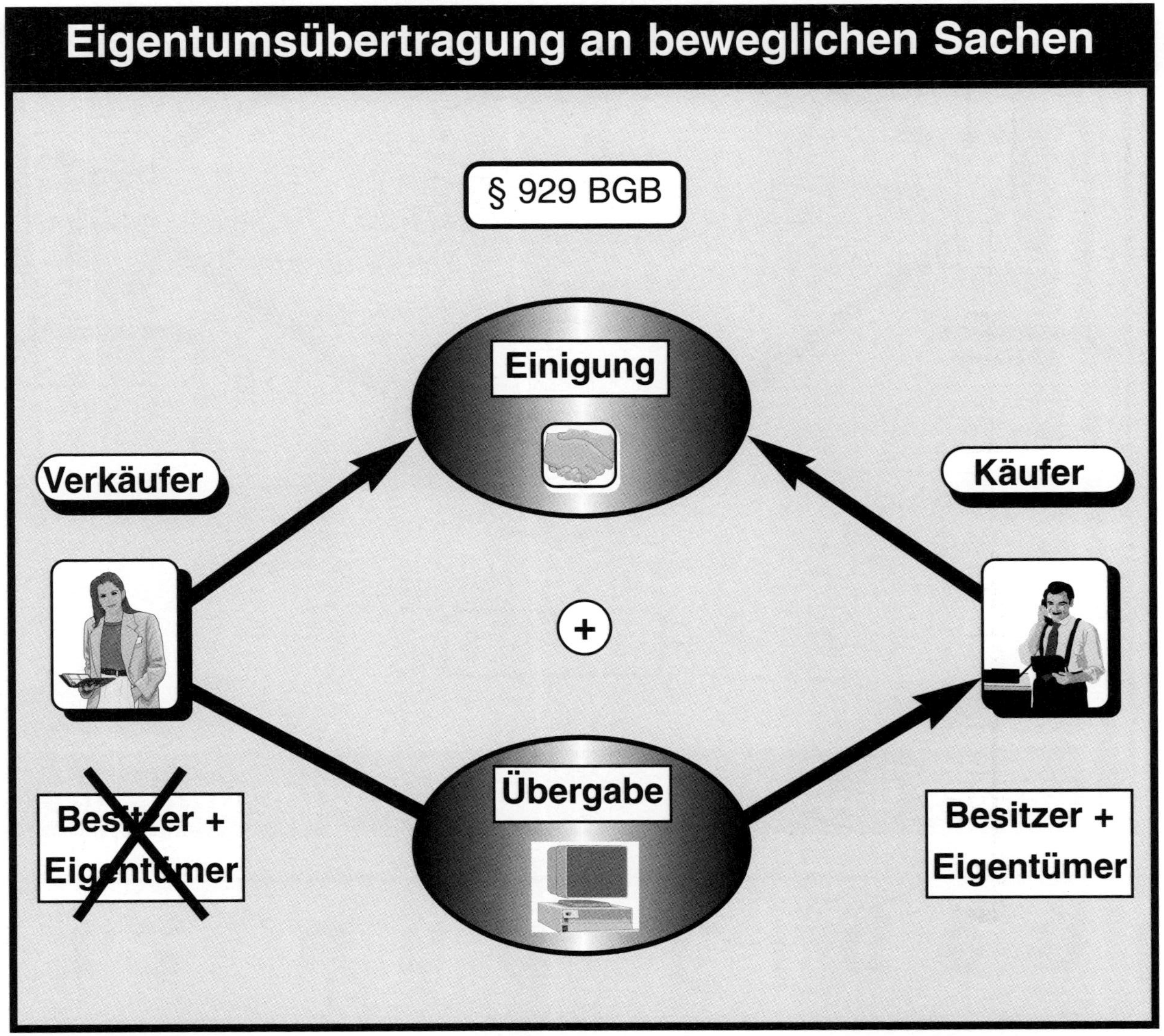

Eigentum

Rechtliche Verfügungsgewalt über eine Sache

„Wem **gehört** die Sache?"

Besitz und Eigentum

Besitz

Eigentumsübertragung an beweglichen Sachen

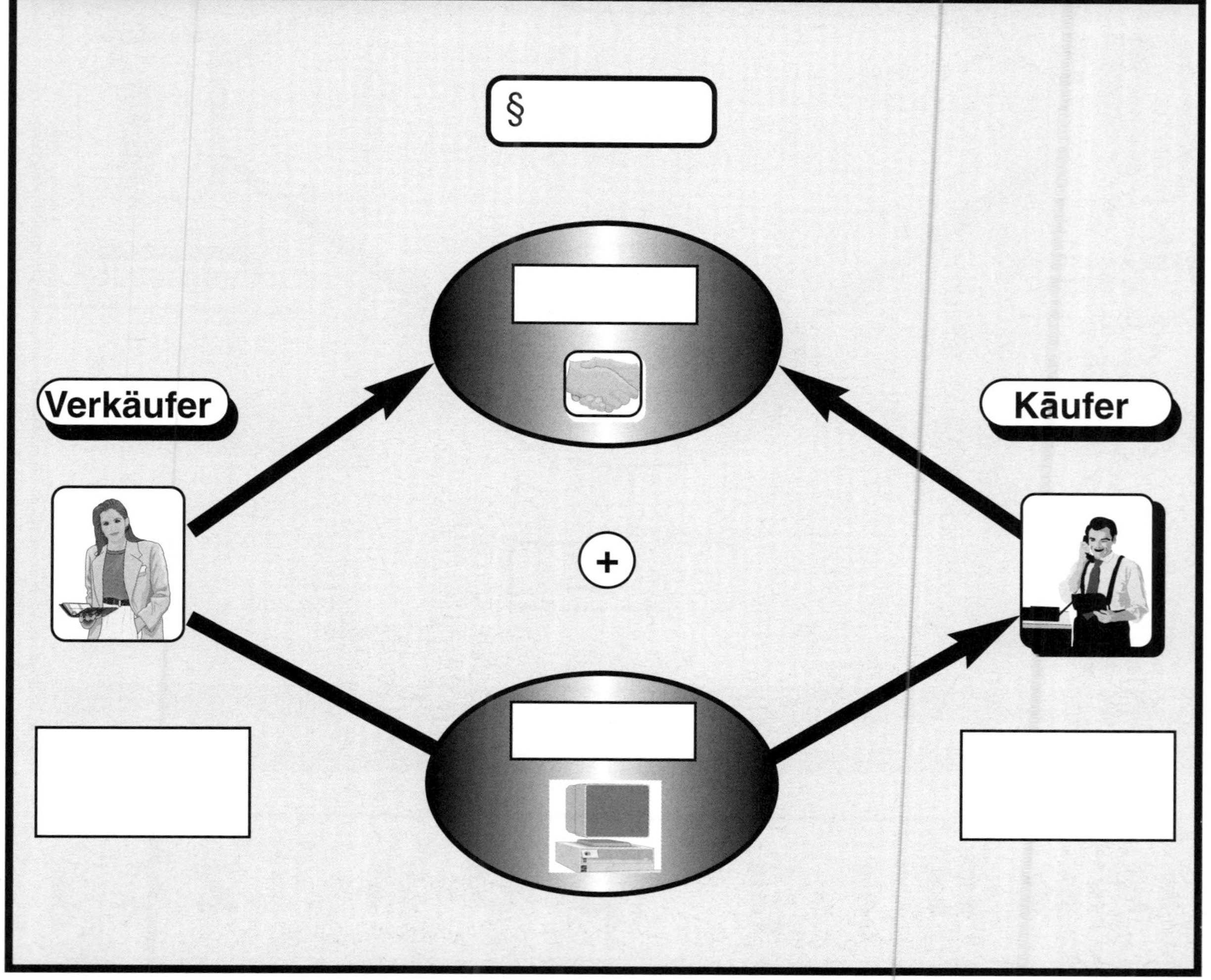

Eigentum

Vgl. Folie 8

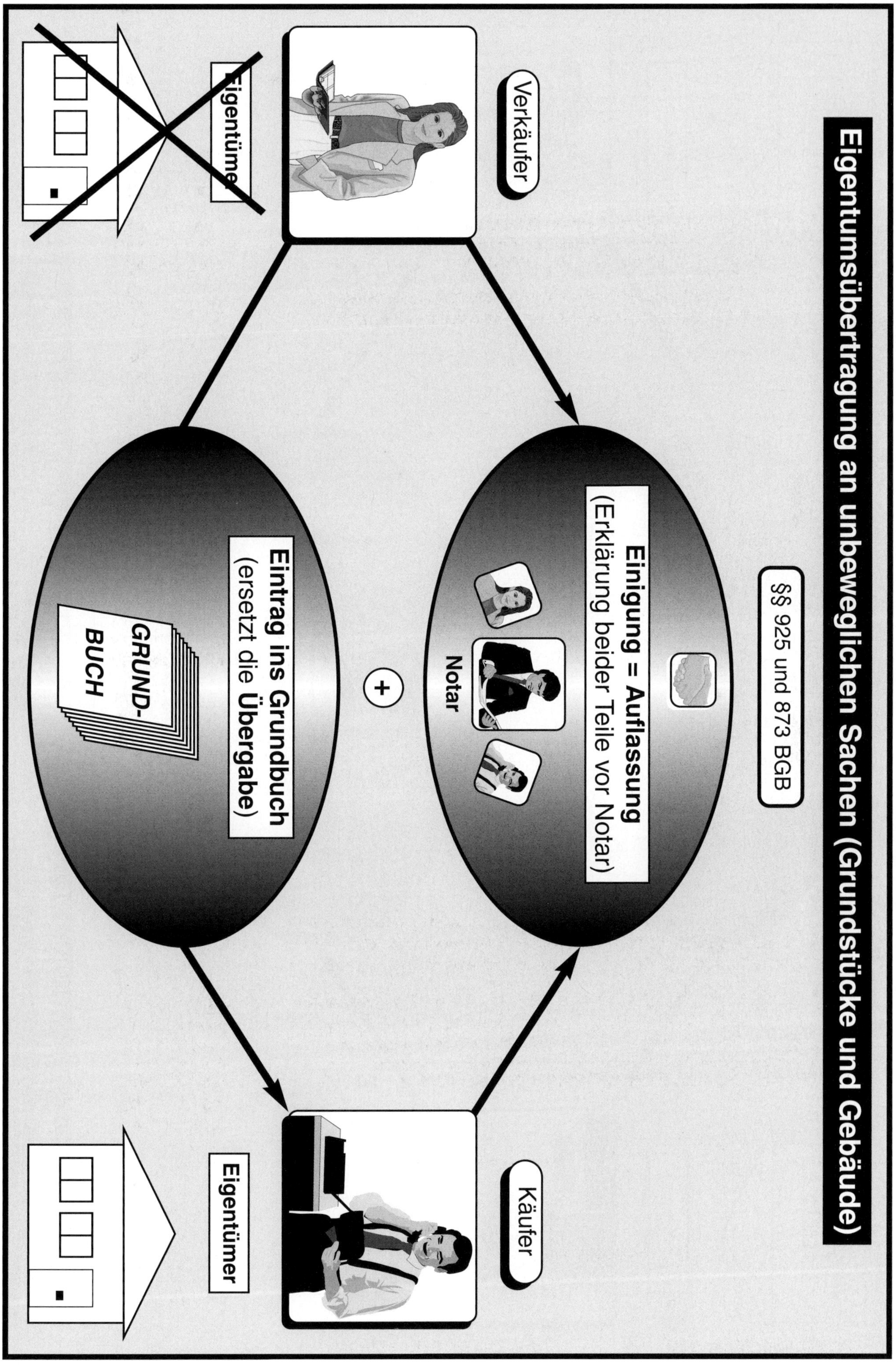
Eigentumsübertragung an unbeweglichen Sachen (Grundstücke und Gebäude)
§§ 925 und 873 BGB
Verkäufer
Eigentüme
Einigung = Auflassung
(Erklärung beider Teile vor Notar)
Notar
+
Eintrag ins Grundbuch
(ersetzt die Übergabe)
GRUND-
BUCH
Käufer
Eigentümer

Eigentumsübertragung an unbeweglichen Sachen (Grundstücke und Gebäude)

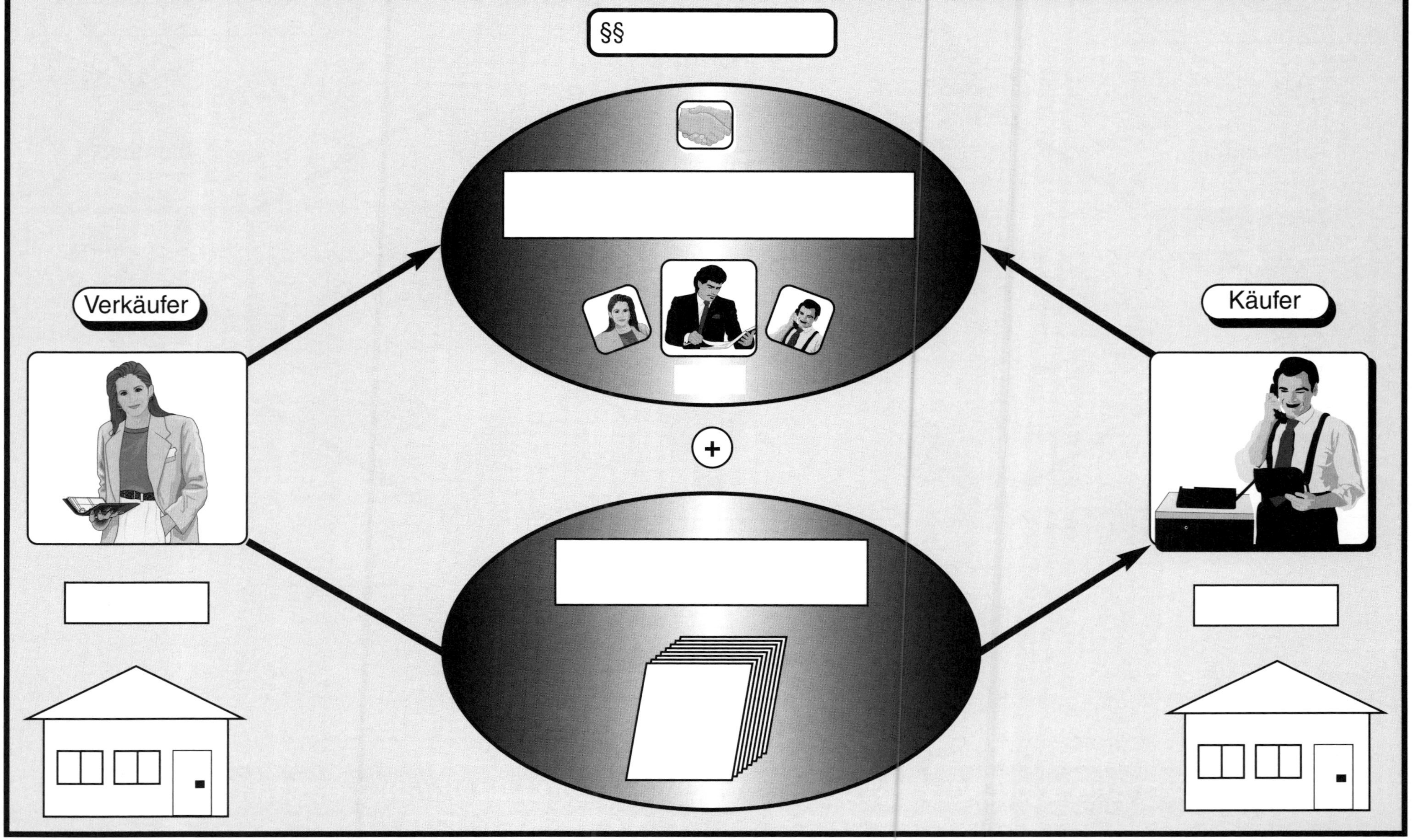

Eigentumserwerb vom Nicht-Eigentümer

Fall 1

1. **Ingo** leiht und übergibt **Kai** sein Fahrrad.
2. **Kai** verkauft und übergibt ohne Rücksprache mit **Ingo** das Fahrrad an die gutgläubige **Anke**.

Klären Sie die Besitz- und Eigentumsverhältnisse

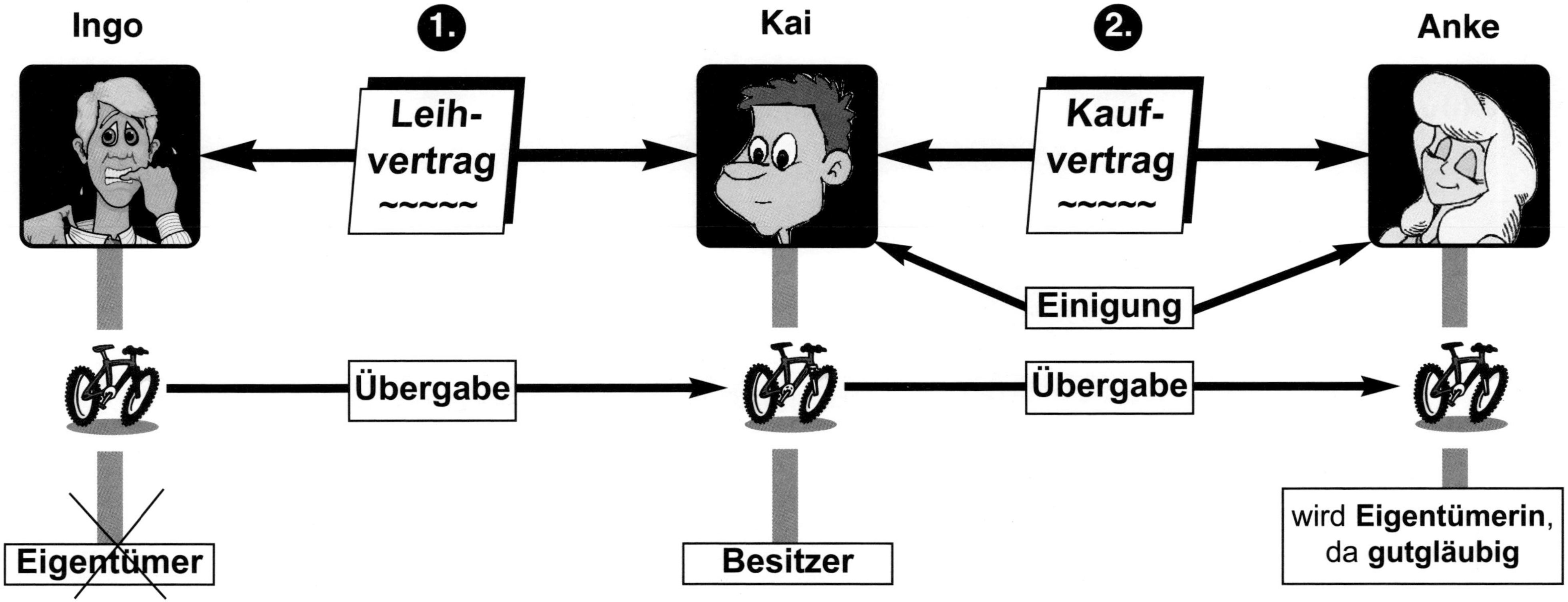

Eigentumserwerb vom ....

Fall 1

1. **Ingo** leiht und übergibt **Kai** sein Fahrrad.
2. **Kai** verkauft und übergibt ohne Rücksprache mit **Ingo** das Fahrrad an die gutgläubige **Anke**.

Klären Sie die Besitz- und Eigentumsverhältnisse

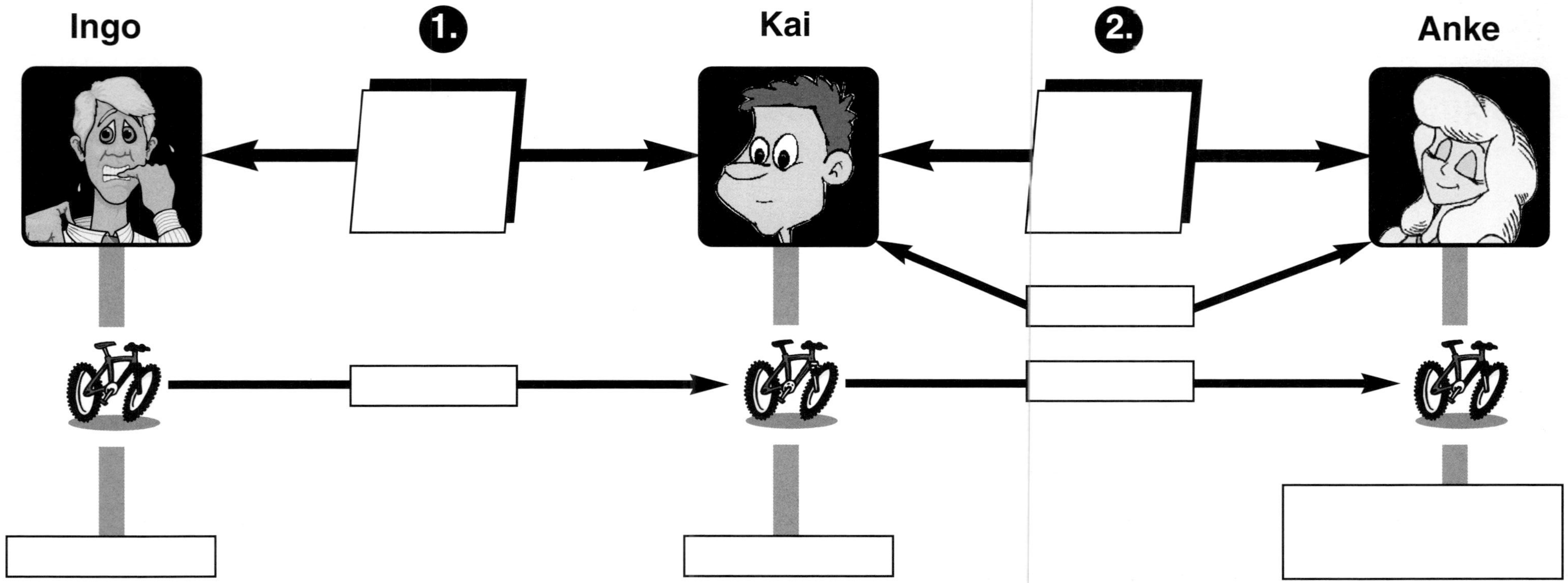

Vgl. Folie 9

Eigentumserwerb vom Nicht-Eigentümer

Fall 2

Dieter stiehlt **Ankes** Fahrrad und verkauft und übergibt es an die gutgläubige **Iris**.

Klären Sie die Besitz- und Eigentumsverhältnisse

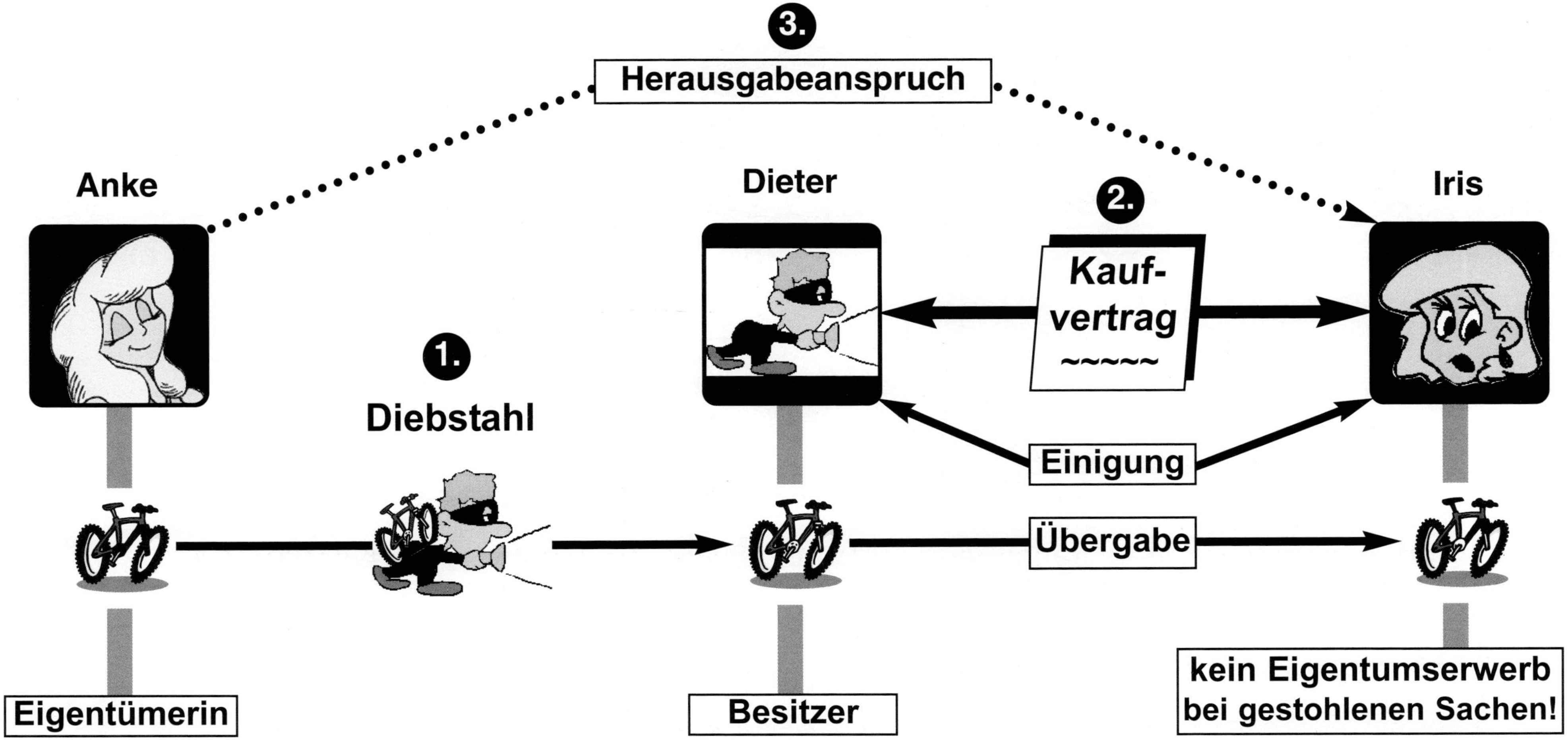

Eigentumserwerb vom ....

Fall 2

Dieter stiehlt **Ankes** Fahrrad und verkauft und übergibt es an die gutgläubige **Iris**.

Klären Sie die Besitz- und Eigentumsverhältnisse

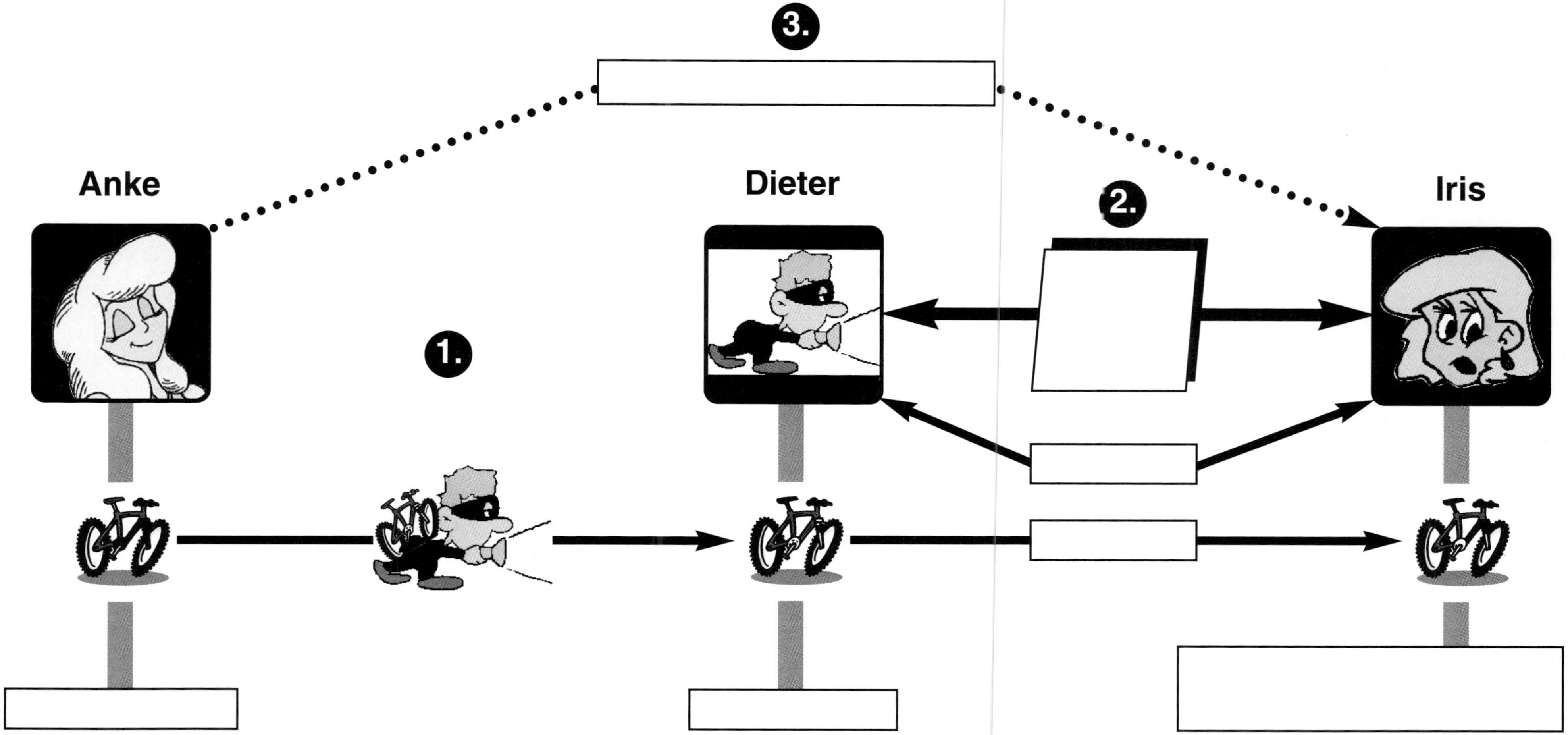

Der Eigentumsvorbehalt

Erläuterungen zur Farbfolie 10:

- Der Musikmarkt verkauft das Saxofon gegen Barzahlung an einen gutgläubigen Käufer. Voraussetzungen zur Übertragung des Eigentums: **Einigung + Übergabe**. Dies ist hier erfüllt, wobei die **Zahlung** durch den Käufer Kurt in Bezug auf die Eigentumsübertragung **bedeutungslos** ist.
- Die Frage ist, ob der **Musikmarkt Eigentümer** des Saxofons ist. Möglicherweise lastet auf dem Saxofon ein **Eigentumsvorbehalt** des Lieferanten. Sollte der Musikmarkt noch nicht bezahlt haben, ist er in diesem Fall noch nicht Eigentümer. Der Eigentumsvorbehalt **erlischt** jedoch bei Weiterverkauf an einen gutgläubigen Dritten. Dies ist hier der Fall. Der Käufer Kurt hätte also Eigentum vom „Nichteigentümer" erworben. In jedem Fall ist es für Kurt bedeutungslos, ob der Musikmarkt das Saxofon unter Eigentumsvorbehalt gekauft hat.
- Die **Krake** hat folgenden Aussagewert:
  - Die Lieferanten lieferten unter **Eigentumsvorbehalt.** Da die Krake die Waren noch „umschlingelt", wurden die Instrumente offenbar seitens des Musikmarktes **noch nicht bezahlt.** Die Lieferanten sind somit noch Eigentümer, der Musikmarkt lediglich Besitzer.
  - Möglicherweise lastet auf einem oder mehreren Instrumenten ein **erweiterter Eigentumsvorbehalt (EV):** Erst wenn **alle** Forderungen **eines** Lieferanten beglichen sind, erlischt dessen EV.
  - Möglicherweise lastet auf einem oder mehreren Instrumenten ein **verlängerter Eigentumsvorbehalt mit Weiterveräußerungsklausel:** Der Lieferant erwirbt zusätzlich durch Vorausabtretung die Forderungen aus eventuellem Weiterverkauf an Dritte. Sollte das Saxofon unter verlängertem EV an den Musikmarkt geliefert worden sein, müsste der Musikmarkt die Einnahme an den Lieferanten weiterleiten, sofern die Zahlung an den Lieferanten nicht schon erfolgt ist.

Einsatzmöglichkeiten als Farbfolie bei folgenden Themen:

Thema Eigentum und Besitz: (Folie auflegen / Krake abdecken)

Lehrer: Wem gehört das Saxofon? (Wer ist Eigentümer?) – Schüler: Käufer Kurt
Lehrer: Warum? – Schüler: evtl.: hat bezahlt!
Lehrer: Hätte er nicht bezahlt, würde das Saxofon also noch dem Musikmarkt gehören!??
Lesen sie bitte im BGB den entscheidenden Paragrafen! (§ 929 BGB)
Schüler: Kurt ist Eigentümer, da Einigung + Übergabe. Zahlung bedeutungslos. ....

Thema Eigentumsvorbehalt: (Folie auflegen / zunächst Krake abdecken)

Lehrer: Wer ist Eigentümer des Saxofons? – Schüler: Kurt (Einig. + Übergabe)
Lehrer: Annahme, der Musikmarkt hat das Saxofon bei seinem Lieferanten noch nicht bezahlt. Ist Käufer Kurt dennoch Eigentümer?
Schüler: Ja, da Einigung + Übergabe + Gutgläubigkeit.
Lehrer: Annahme: Eine Gitarre liegt im Schaufenster des Musikgeschäfts und wurde noch nicht bezahlt (Nicht-Rechtzeitig-Zahlung des Musikmarktes). Welche Möglichkeiten hat der Lieferant?
Schüler: z. B.: Herausgabe der Gitarre verlangen
Lehrer: Warum geht das möglicherweise nicht? (Impuls: Wer ist Eigentümer?)
Schüler: Weil nur der Eigentümer einen Herausgabeanspruch hat. Eigentümer ist jedoch Musikmarkt!
Schüler: Rechte wegen Nicht-Rechtzeitig-Zahlung geltend machen (gerichtl. Mahnverfahr. einleiten...)
Lehrer: Oft ist eine derartige Vorgehensweise letztlich erfolglos, weil der Beklagte häufig mittellos ist und andere Gläubiger bereits alles gepfändet haben. Was könnte der Lieferant noch tun?
Schüler: Von vorneherein vertraglich fixieren, dass Musikmarkt erst Eigentümer nach Zahlung wird.
Lehrer: (deckt auf Folie die rechte Gitarre auf) Was bedeutet also die „umschlungene" Gitarre?
Schüler: Der Lieferant behält sich sein Eigentum bis zur vollständigen Zahlung vor. Bei Nichtzahlung hat er einen Herausgabeanspruch.
Lehrer: Zielangabe (Eigentumsvorbehalt) ...
(später Folie ganz aufdecken und die Bedeutung der Krake erklären lassen)

OStR Wolfgang Bauknecht

Der Eigentumsvorbehalt

- handlungsorientiert -

Sachverhalt

Uwe Fröhlich macht seine Ausbildung zum Bürokaufmann beim Musikmarkt Müller in Saulgau.

Der Musikmarkt Müller e. K. ist in erster Linie ein Handelsbetrieb für die Musikbranche. Gleichzeitig stellt er nach individuellen Kundenwünschen Lautsprecherboxen der Marke „Müller Topsound" her, wozu die Firma Lämmle OHG aus Rot an der Rot maßgerecht das benötigte Holz zuschneidet und liefert. Die übrigen Zubehörteile kommen von verschiedenen Zulieferern.

Mit der Marke „Müller Topsound" hat sich der Musikmarkt ein zusätzliches Standbein geschaffen. Musikkapellen, die auf einen exklusiven Sound Wert legen, kaufen sich nur „Müller Topsound" Lautsprecherboxen.

Uwes Chef, Alfons Müller, beauftragt ihn, die Eingangsrechnungen, die sich bereits stapelweise angesammelt haben, zu kontieren und abzulegen.

Uwe Fröhlich verrichtet diese Arbeit nicht gerne. Aber er weiß, dass eine ordentliche Ablage sehr wichtig ist, weil es gelegentlich vorkommt, vergangene Vorgänge wieder griffbereit zu haben. Er prüft die Eingangsrechnung auf die sachliche und rechnerische Richtigkeit.

Die eine oder andere Rechnung schaut er sich noch intensiver an. Insbesondere interessiert er sich bei den einzelnen Rechnungen für folgende darauf enthaltene Klauseln:

1. **Die gelieferte Ware bleibt bis zur vollständigen Bezahlung unser Eigentum.**
2. **Die Lieferung erfolgt unter verlängertem Eigentumsvorbehalt.**
3. **Die Ware bleibt bis zur vollständigen Bezahlung sämtlicher Forderungen Eigentum der Behringer GmbH.**

Uwe Fröhlich ist sich über den Bedeutungsgehalt dieser Inhalte nicht sicher. Zukünftig möchte er darüber ganz genau Bescheid wissen. Deshalb setzt er sich selbstständig mit allen ihm zugänglichen Hilfsmitteln mit diesen Klauseln auseinander. Die rechtlichen Konsequenzen dieser Klauseln haben ganz besonders sein Interesse geweckt.

Er bittet seinen Chef, die nächste anstehende Unterweisung über diesen Themenbereich abzuhalten. Sein Chef ist damit einverstanden und setzt einen Tag Sonderurlaub aus, wenn er ihm keine Antwort schuldig bleibt. Diesen zusätzlichen Urlaubstag möchte sich Uwe nicht entgehen lassen und macht sich an die Arbeit.

Machen Sie es Uwe nach und erarbeiten Sie den Bedeutungsgehalt dieser Klauseln selbstständig.
Stellen Sie die jeweiligen Sachverhalte möglichst anschaulich dar.
Evtl.: Kontieren Sie die Ihnen vorliegenden Eingangsrechnungen. (MwSt.-Satz 16 %)

Rechnung	Rechnung	Rechnung	Rechnung
der **Midimusic** GmbH über 400 CDs	der **Behringer** GmbH über diverse Handelswaren	der Holzgroßh. **Lämmle** OHG über Boxenholz Eiche	der **GEWA** GmbH über 20 Paar Boxen
Rechn.betrag 2.900,00 €	Rechn.betrag 464,00 €	Rechn.betrag 928,00 €	Rechn.betrag 2.320,00 €
Zahl.bed.: Zahlung innerh. 30 Tagen ohne Abzug	Zahl.bed.: Zahlung innerh. 30 Tagen ohne Abzug	Zahl.bed.: Zahlung innerh. 30 Tagen ohne Abzug	Zahl.bed.: Zahlung innerh. 30 Tagen ohne Abzug
Eigentumsvorbehalt: ***Die Ware bleibt bis zur vollständigen Bezahlung unser Eigentum.***	**Eigentumsvorbehalt:** ***Die Ware bleibt bis zur vollständigen Bezahlung sämtlicher Forderungen unser Eigentum.***	**Eigentumsvorbehalt:** ***Die Lieferung erfolgt unter verlängertem Eigentumsvorbehalt.***	**Eigentumsvorbehalt:** ***Die Lieferung erfolgt unter verlängertem Eigentumsvorbehalt.***

Der einfache (gesetzliche) Eigentumsvorbehalt (§ 455 BGB)

"EV" = Eigentumsvorbehalt

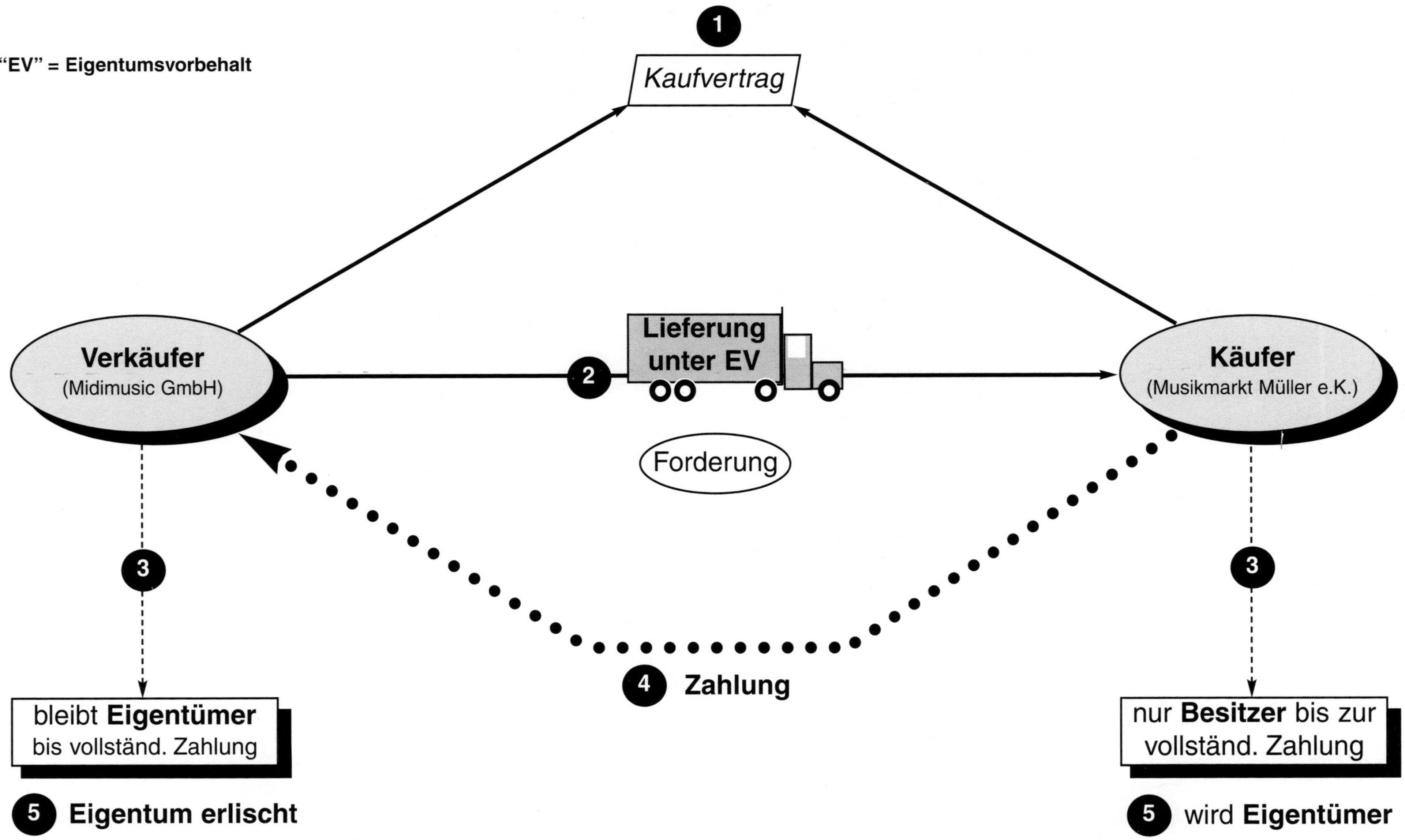

Der einfache (gesetzliche) Eigentumsvorbehalt (§ 455 BGB)

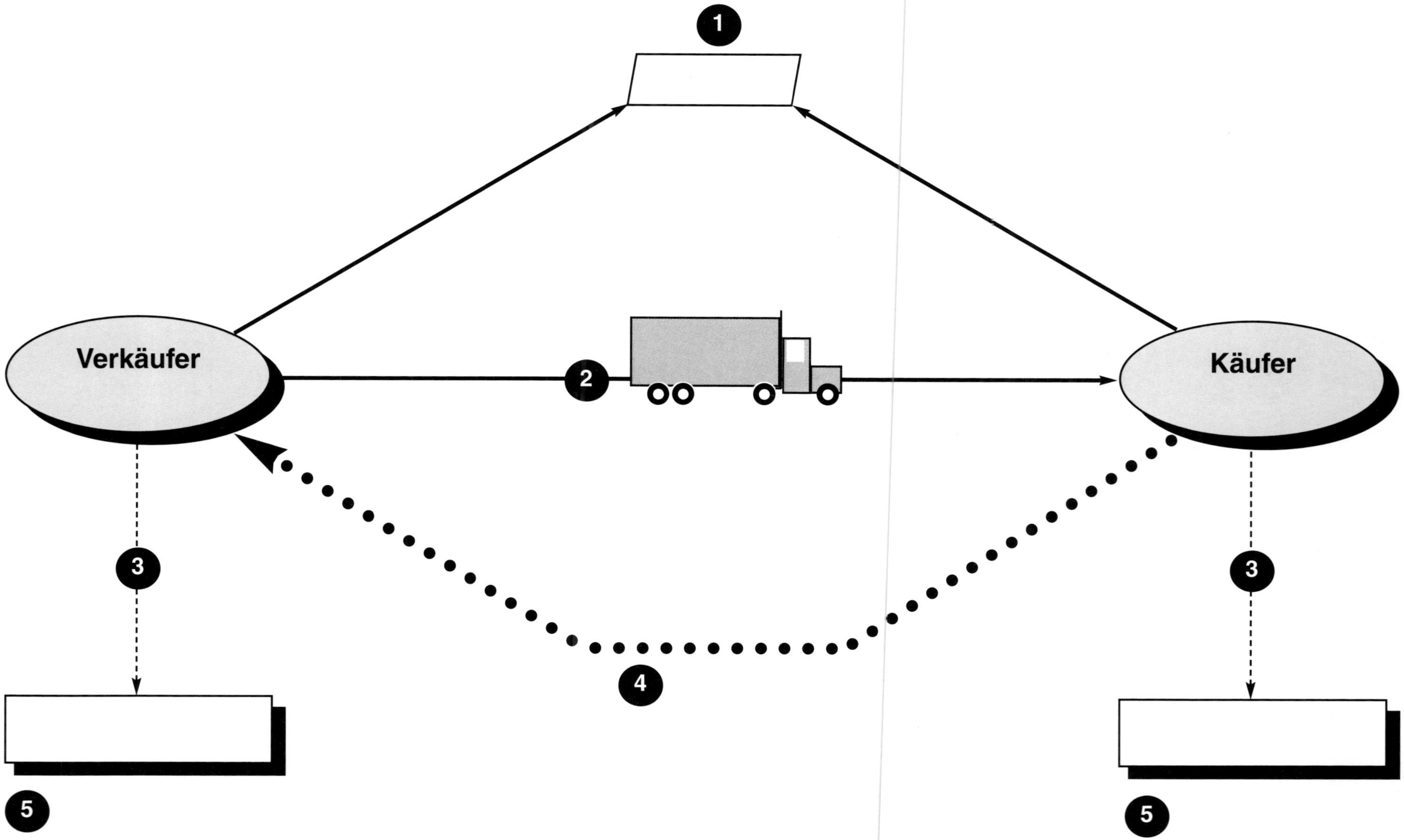

Der erweiterte Eigentumsvorbehalt (Kontokorrentvorbehalt)

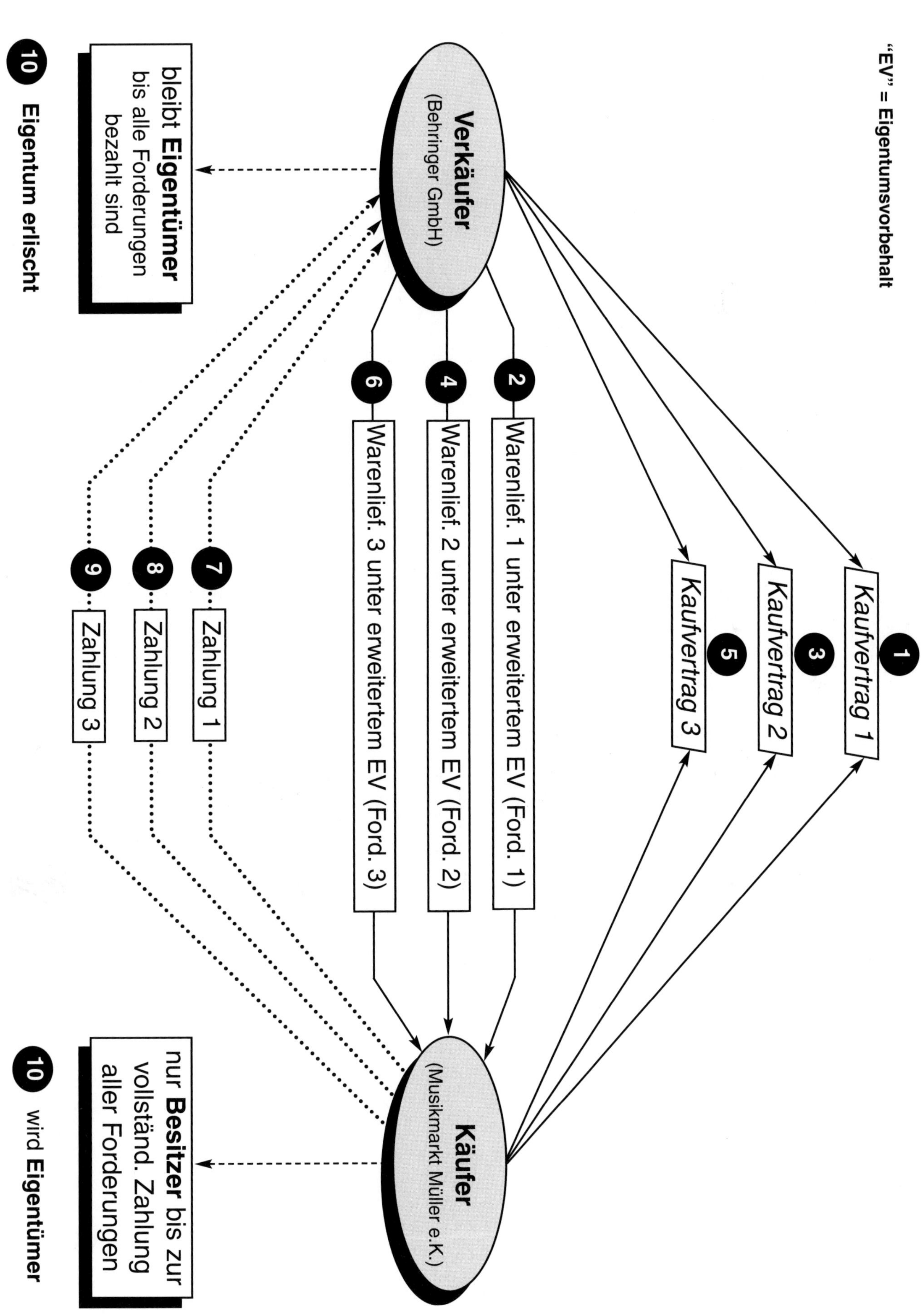

Der erweiterte Eigentumsvorbehalt (Kontokorrentvorbehalt)

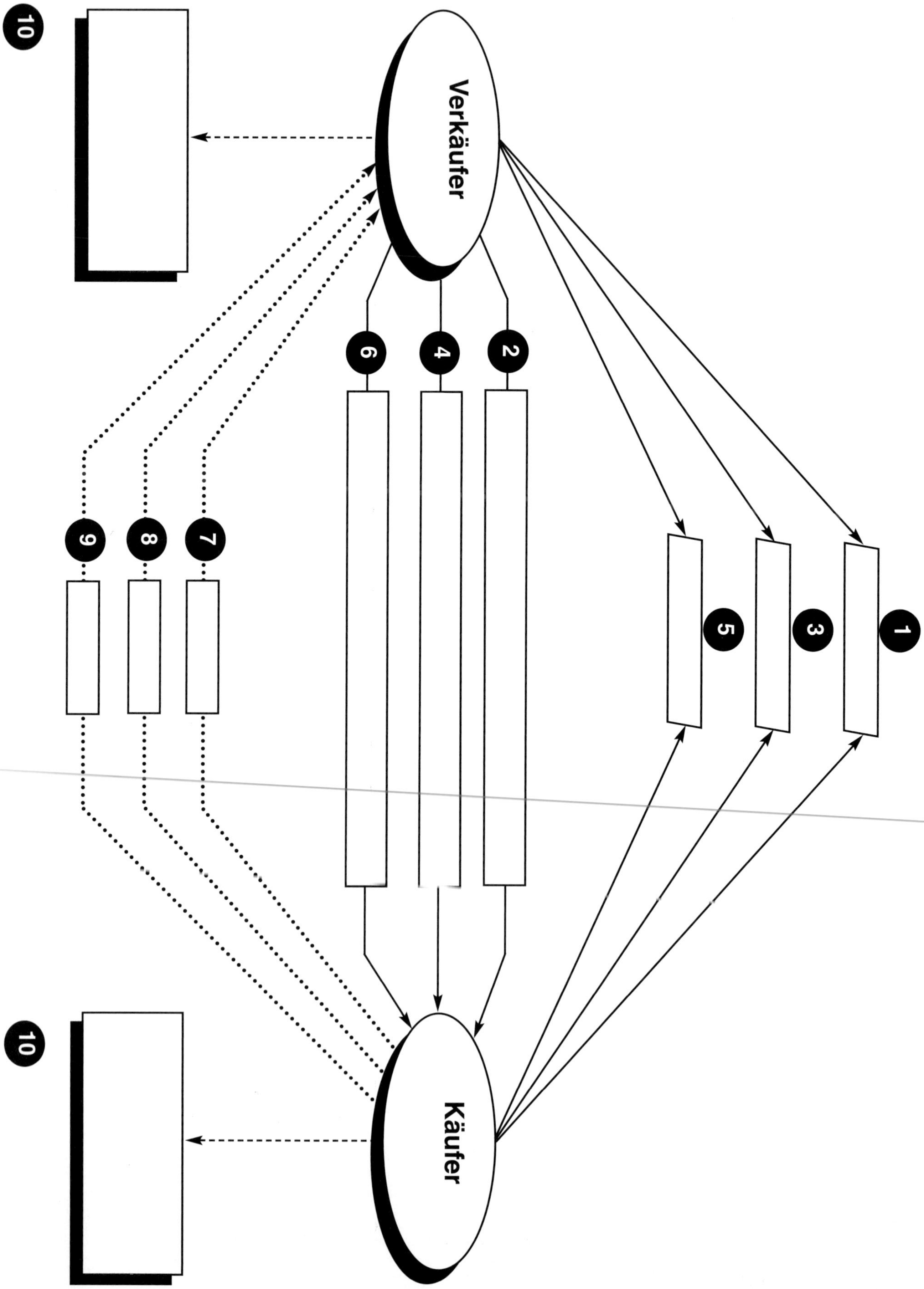

Der verlängerte Eigentumsvorbehalt

mit Weiterveräußerungsklausel (= mit Vorausabtretungsklausel)

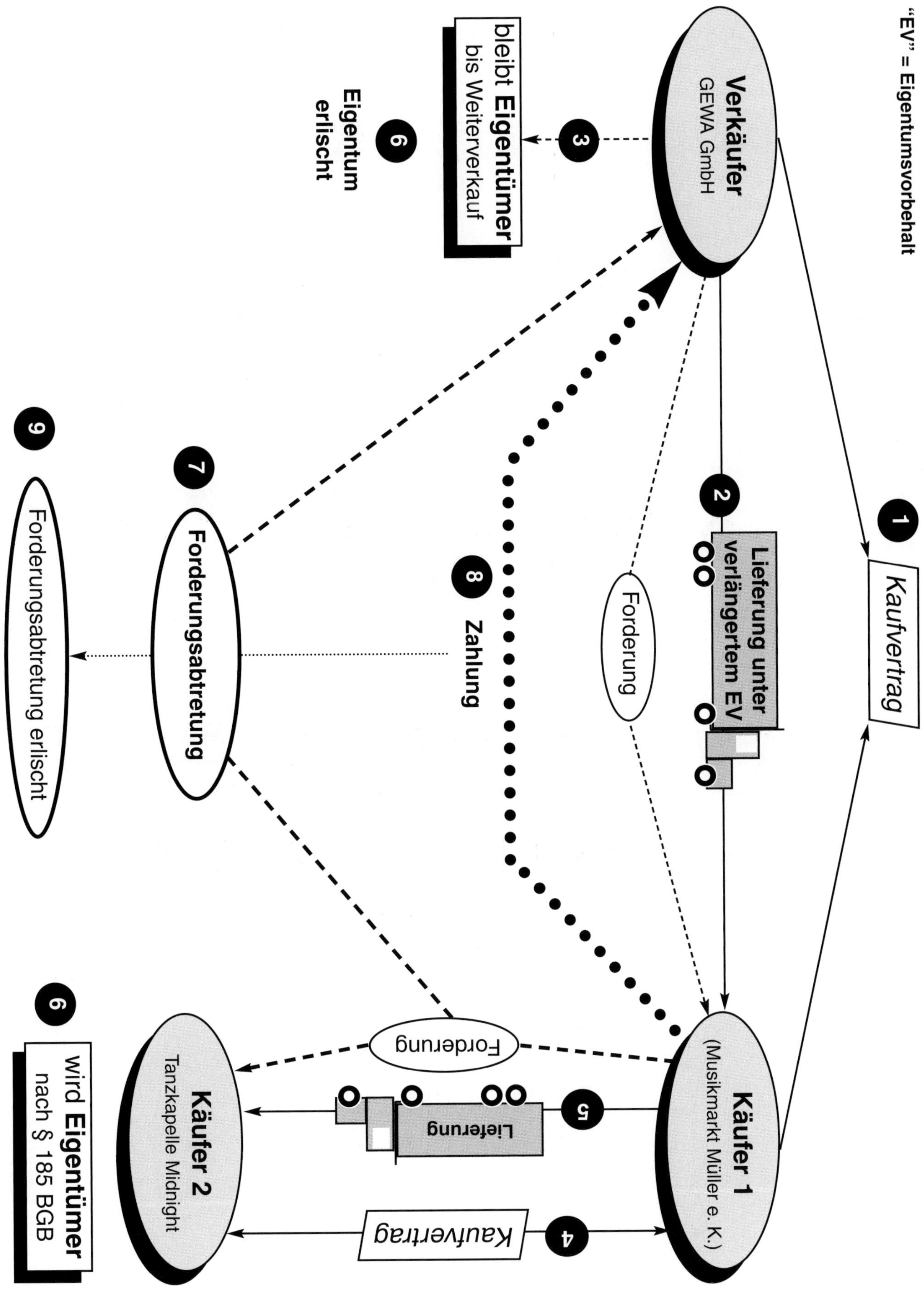

Der verlängerte Eigentumsvorbehalt

mit Weiterveräußerungsklausel (= mit Vorausabtretungsklausel)

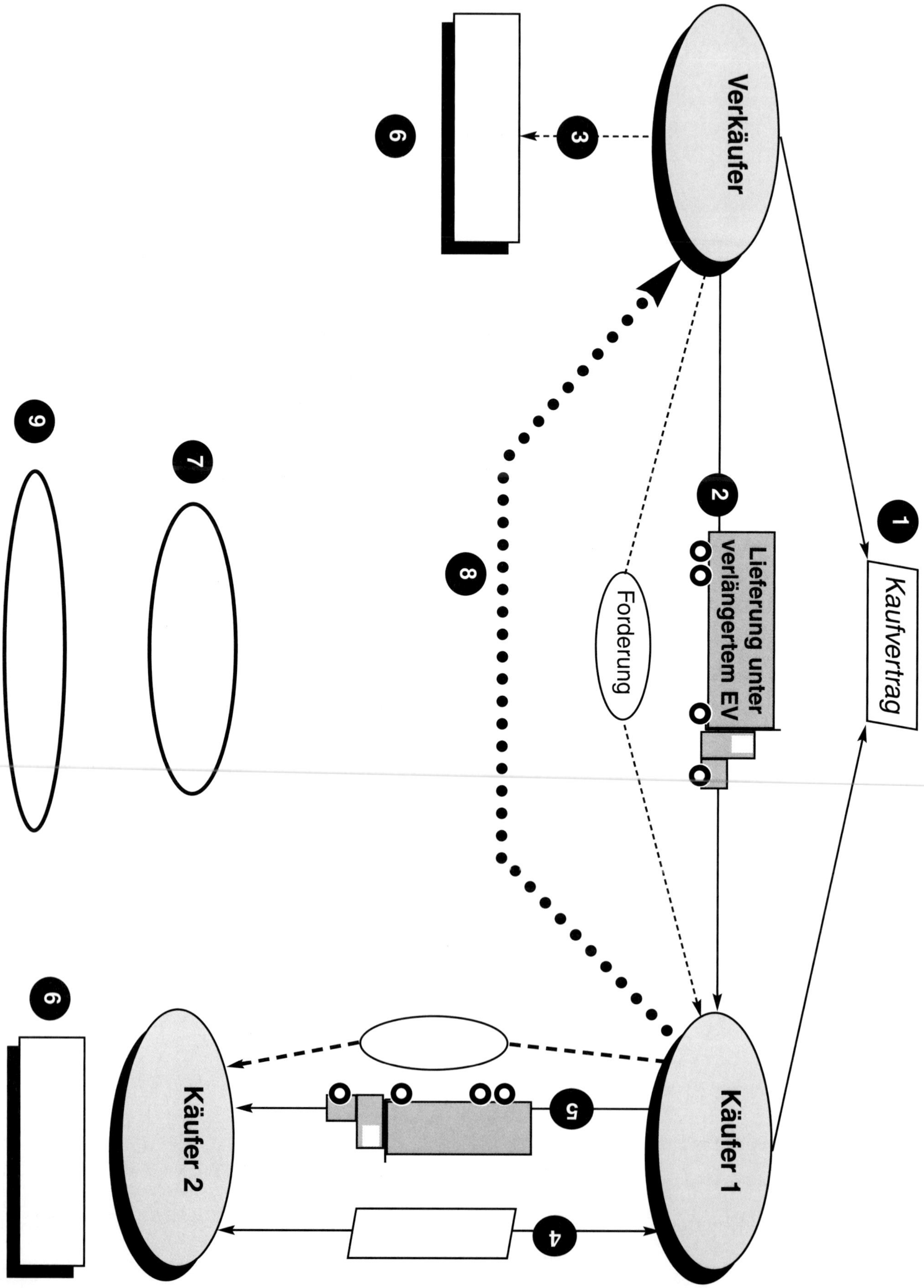

Der verlängerte Eigentumsvorbehalt mit Verarbeitungsklausel

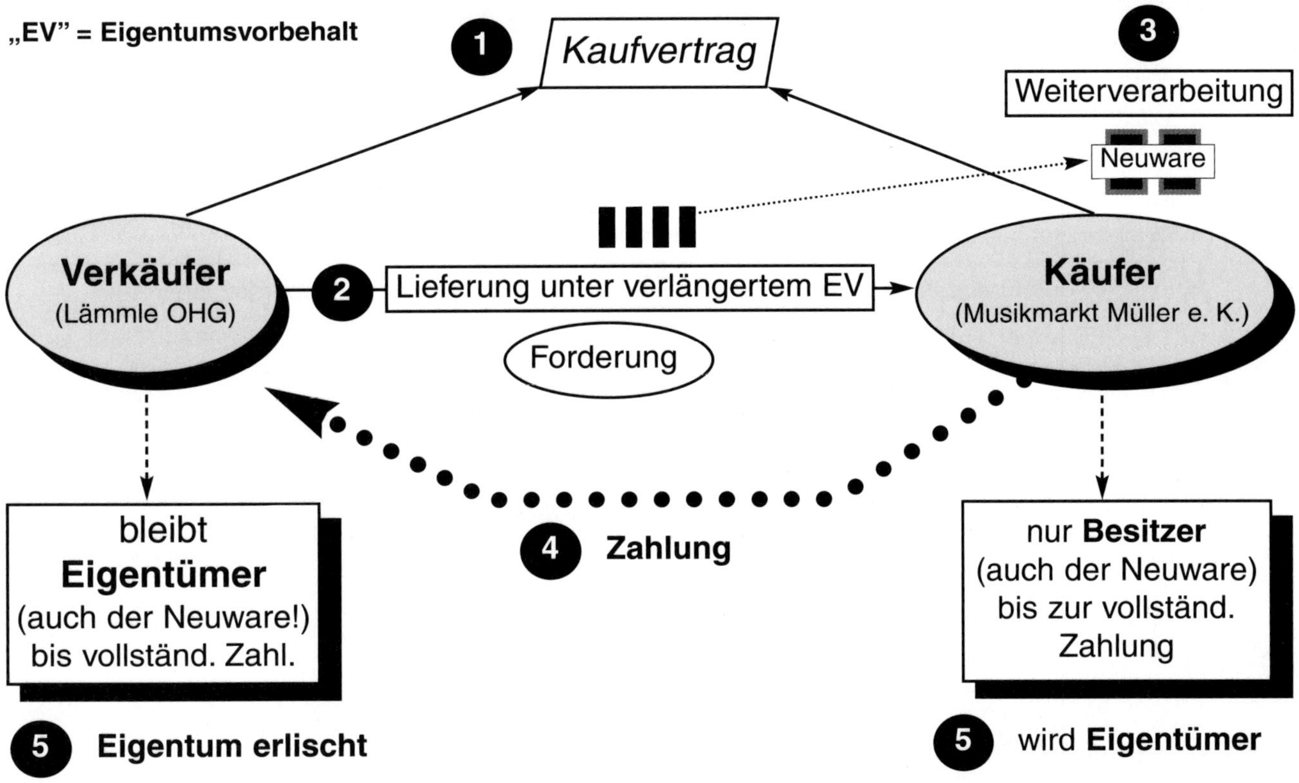

Der verlängerte Eigentumsvorbehalt mit Verarbeitungsklausel

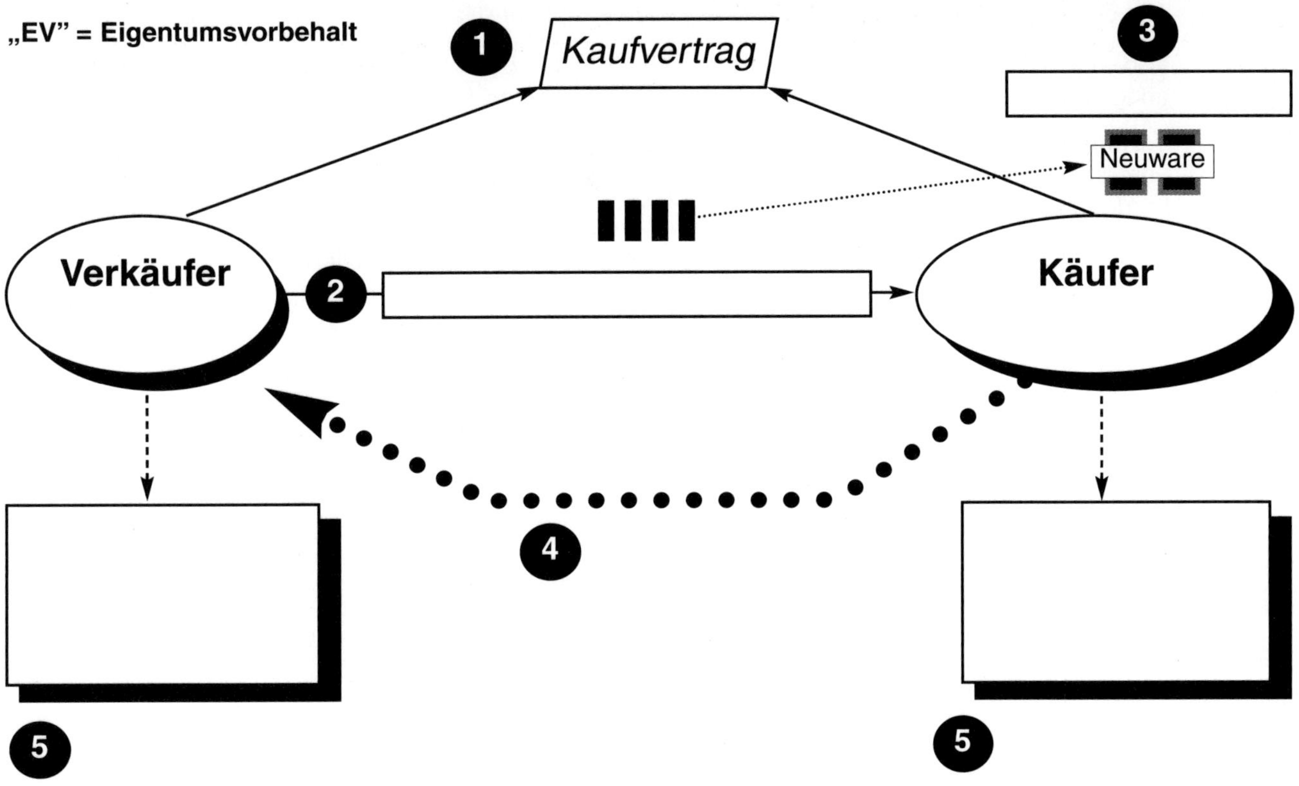

Testfragen: Eigentumsvorbehalt

1.	a) Was versteht man unter einfachem Eigentumsvorbehalt? b) Welche Schwachstellen hat der einfache Eigentumsvorbehalt?	6
2.	a) Was versteht man unter erweitertem Eigentumsvorbehalt? b) Welche Restrisiken verbleiben beim erweiterten Eigentumsvorbehalt?	4
3.	a) Was versteht man unter verlängertem Eigentumsvorbehalt? (Beide Alternativen) b) Welche Restrisiken verbleiben beim verlängerten Eigentumsvorbehalt?	7
4.	Welche Art des Eigentumsvorbehaltes würden Sie in folgenden Fällen vereinbaren? Begründ. a) Die Firma Adidas liefert an das Sportgeschäft Knecht Trainingsanzüge, Laufschuhe, Fußballschuhe und andere Sportartikel im Wert von 150.000,00 €. b) Die Schreinerei Brösel bezieht vom Sägewerk Lämmle ihr Holz, das sie zu Schränken, Stühlen und anderen Möbelstücken weiterverarbeitet. c) Ein Maschinenhersteller beliefert Maschinengroßhändler.	9
5.	Warum wird vor der Vereinbarung eines Eigentumsvorbehaltes häufig eine Kreditwürdigkeitsprüfung vorgenommen?	2
		28

Lösungen

1.	a) • Verkäufer behält sich Eigentum an der beweg. Sache bis zur vollständigen Zahlung vor • Käufer wird bis zur vollständigen Zahlung nur Besitzer • (Typische Formulierung: „Die Ware bleibt bis zur vollständigen Zahlung unser Eigentum.")	2
	b) Der Eigentumsvorbehalt erlischt bei • Weiterverkauf an gutgläubigen Dritten • Verbrauch oder Vernichtung • Verbindung + Vermischung mit beweglicher Sache • feste Verbindung mit Grundstück	4
2.	a) Verkäufer bleibt Eigentümer der beweglichen Sache, Käufer Besitzer, bis alle Forderungen beglichen sind (ausgeglichener Kontokorrentsaldo)	2
	b) Alle gelieferten Sachen sind bei Nicht-Rechtzeitig-Zahlung bereits verkauft, verbraucht ...	2
3.	a) **Verlängerter EV mit Verarbeitungsklausel:** VK bleibt Eigentümer des verkauften Fertigungsmaterials bzw. der neu hergestellten Ware, bis das Fertigungsmaterial bezahlt ist. **Verlängerter EV mit Weiterveräußerungsklausel:** VK erwirbt durch Vorausabtretung die Forderungen aus Weiterverkauf an Dritte; Dritter wird Eigentümer mit Übergabe der Sache; Forderungsabtretung erlischt mit Zahlung	4
	b) ... mit Verarbeitungsklausel: Weiterverkauf der Neuware an gutgläubigen Dritten ... mit Weiterveräuß.klausel: • Geldeingang wird nicht weitergeleitet • Forderung ist bereits anderweitig abgetreten	3
4.	a) Erweiterter EV –> Firma Adidas hat Zugriffsrecht auf alle gelieferten Waren ihres Hauses –> es ist unwahrscheinlich, dass Sport Knecht alle erhaltenen Waren von Adidas auf einmal verkauft. Im Ernstfall kann Adidas daher auf die von ihr gelieferten und noch nicht verkauften Waren zurückgreifen.	3
	b) Verlängerter Eigentumsvorbehalt mit Verarbeitungsklausel –> Holzgroßhandlung Lämmle hat ein Zugriffsrecht auf aus ihrem Holz hergestellte Möbel im Wert ihrer Holzlieferungen	3
	c) Verlängerter EV mit Weiterveräußerungsklausel –> Bei Weiterveräußerung durch den Großhändler wird die Forderung gegenüber dem Dritten an den Hersteller abgetreten	3
5.	Aufgrund der Restrisiken (Forderungsausfall) trotz Eigentumsvorbehalt (vgl. 1 b / 2 b / 3 b)	2
		28

Der Eigentumsvorbehalt (Übersicht)

Arten	einfacher EV	erweiterter EV	verlängerter EV mit ... Verarbeitungsklausel	verlängerter EV mit ... Weiterveräußerungsklausel
Begriff und Eigentumserwerb	VK behält sich das Eigentum an der beweglichen Sache bis zur vollständigen Bezahlung vor; Käufer wird bis zur Zahlung nur Besitzer, erst nach Zahlung Eigentümer	VK bleibt Eigentümer der beweglichen Sache, Käufer Besitzer, bis alle Forderungen beglichen sind (ausgeglichener Kontokorrentsaldo)	VK bleibt Eigentümer des verkauften Fertigungsmaterials bzw. der Neuware, bis Fertigungsmaterial bezahlt ist	• VK erwirbt durch Vorausabtretung die Forderungen aus Weiterverkauf an Dritte • Dritter wird Eigentümer mit Übergabe der Sache • Ford.abtretung erlischt mit Zahlung
Sicherheit	bewegliche Sache	bewegliche Sache	bewegl. Sache –> Neuware	Forderung löst Sache als Sicherheit ab
Rechte Verkäufer bei Nichtzahlung	• Rücktritt v. Vertrag + Herausgabe bei Nicht-Rechtz.-Zahl. • Aussonderung bei Insolvenz • Freigabe bei Pfändung	Zugriffsrecht auf alle vorgenommenen Warenlieferungen	Zugriffsrecht auf Neuware	Zugriffsrecht auf abgetretene Forderung
Risiken	• Weiterverkauf an gutgläub. Dritten • feste Verbindung mit Grundstück • Verbindung + Vermischung mit beweglicher Sache • Verbrauch oder Vernichtung	alle gelieferten Sachen sind verkauft, verbraucht oder vernichtet	Weiterverkauf der Neuware an gutgläubigen Dritten	• Geldeingang wird nicht weitergeleitet • Forderung ist schon anderweitig abgetreten

Der Eigentumsvorbehalt (Übersicht)

Arten

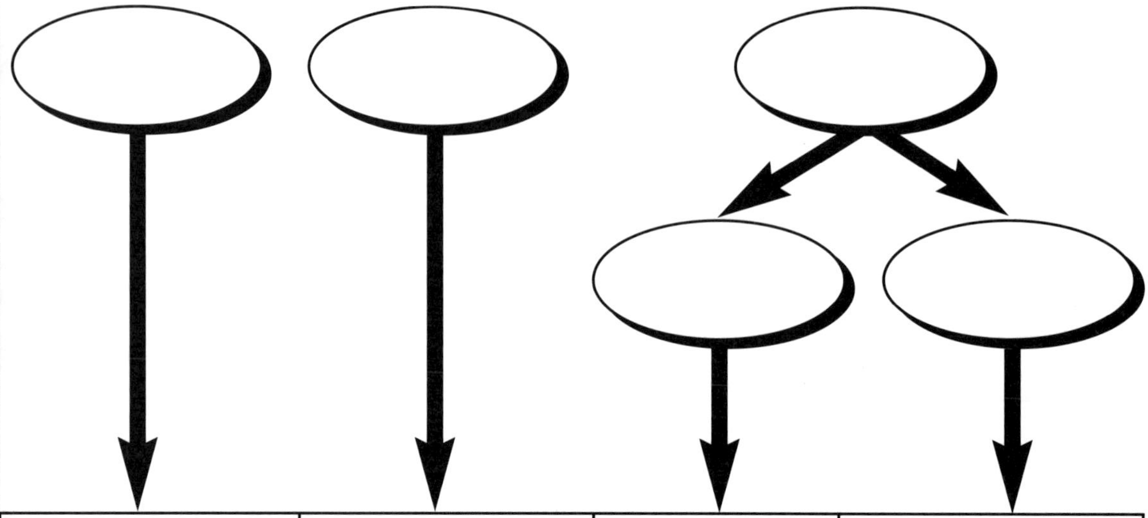

Begriff und Eigentumserwerb				
Sicherheit				
Rechte Verkäufer bei Nichtzahlung				
Risiken				

Zeichnung von Martin Linders

Hinweis (abdecken):

Betr. **Eigentum** (kein Eigentumserwerb an gestohlenen Sachen –> Herausgaberecht)

Zeichnung von Martin Linders

Hinweis (abdecken): Eigentumsvorbehalt

Der Eigentumsvorbehalt erlischt, wenn die Ware ... verbraucht wurde ...

8 DER GESETZLICHE ERFÜLLUNGSORT

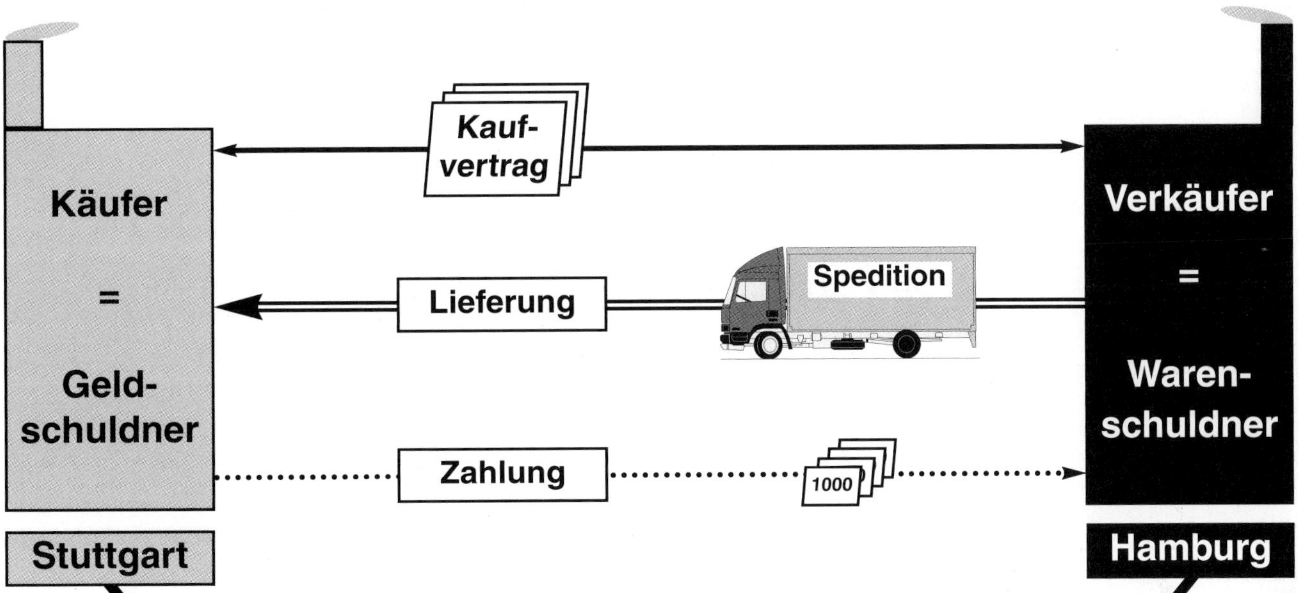

Erfüllungsort Geld	Erfüllungsort Ware
Käufer trägt Gefahr und Kosten des Geldtransports (Geldschuld = Schickschuld)	Verkäufer trägt Gefahr und Kosten des Transports bis zur Übergabe an die Spedition
Käufer muss Geld fristgemäß „abschicken"	Verkäufer muss Ware fristgemäß an Spedition übergeben
Erfüllungsort bestimmt Gerichtsstand (= Stuttgart für die Geldschuld)	Erfüllungsort bestimmt Gerichtsstand (= Hamburg für Warenschuld)

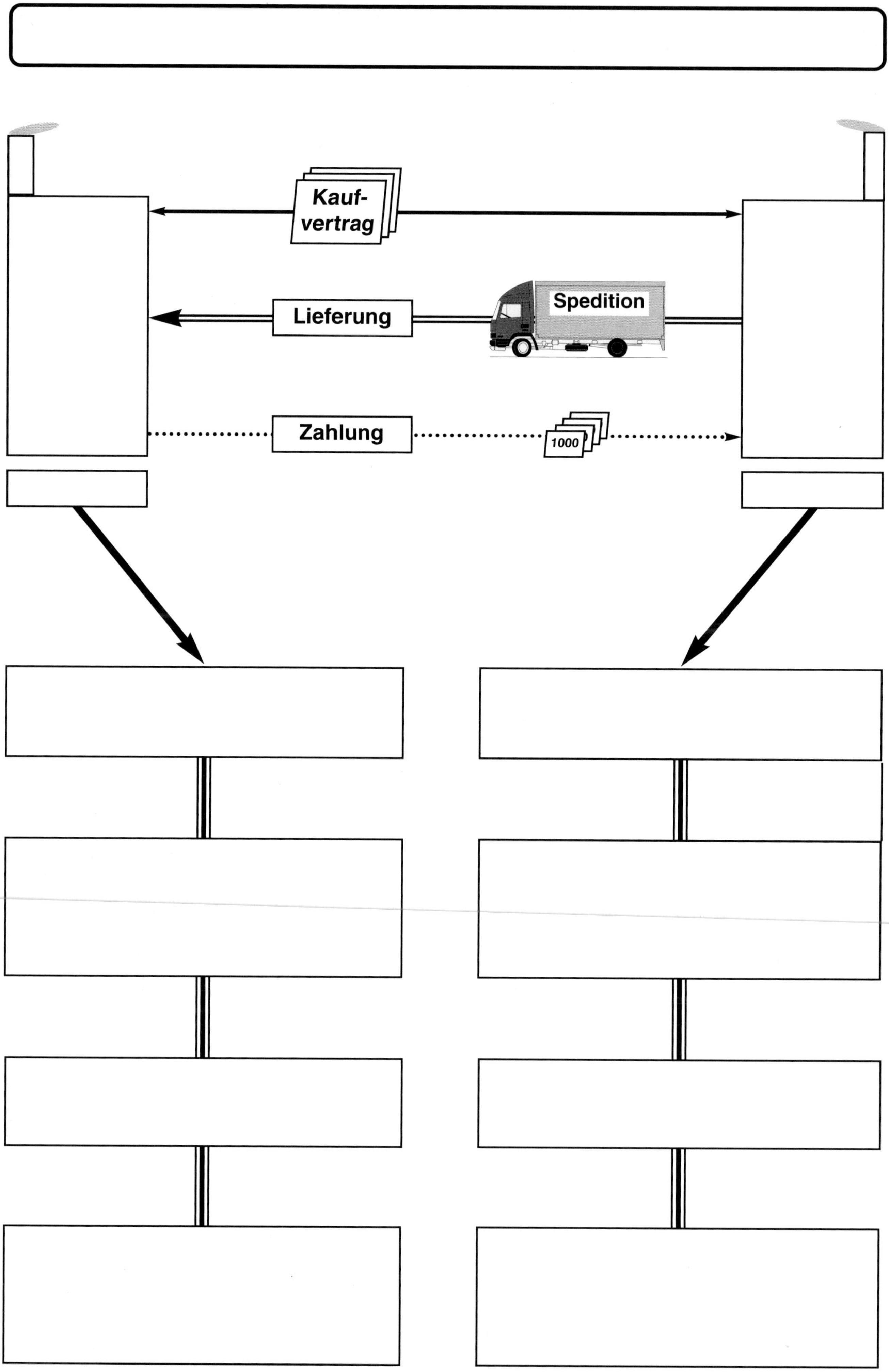
Kauf-
vertrag
Lieferung
Spedition
Zahlung
1000

9 STÖRUNGEN BEIM KAUFVERTRAG

9.1 Allgemeines zur Schuldrechtsreform (Januar 2002)

Gründe für die Reform

Mängel des geltenden Rechts

- Deutsches Schuldrecht über **hundert Jahre** alt!!
- **Veränderungen** u. a.:
  - Absatzstrukturen (Einkauf über Internet),
  - Kaufgegenstände komplizierter als vor 100 Jahren (Bsp.: Kutsche - digitale Motorelektronik) –> zu kurze Verjährungsfristen für Mängelgewährleistungsansprüche (bisher nur sechs Monate)
- **Zweispurigkeit des Leistungsstörungsrechts** (kaufvertragliches Gewährleistungsrecht <–> werkvertragliches Gewährleistungsrecht)
- Uneinheitliche Regelung der Verjährung (**viele Verjährungsfristen**)
- **Zersplitterung** des bürgerlichen Rechts (Verbraucherschutzgesetze außerhalb des BGB: AGB-Gesetz, Haustürwiderrufsgesetz ...)

Pflicht zur Umsetzung europäischer Richtlinien

- **Verbrauchsgüterkaufrichtlinie** (Betr. v. a. die mangelhafte Lieferung)
- **Zahlungsverzugsrichtlinie** (beschleunigter Verzugseintritt)
- **E-Commerce-Richtlinie**

Diese Richtlinien mussten bis 1. Januar 2002 umgesetzt werden.

Die Reform bringt v. a.:

Neuordnung + Vereinfachung des Verjährungsrechts

Weniger Verjährungsfristen
•
Vereinfachung des bestehenden Rechts
•
Völlige Neuordnung des Verjährungsrechts

Integration des Verbraucherschutzes in das BGB

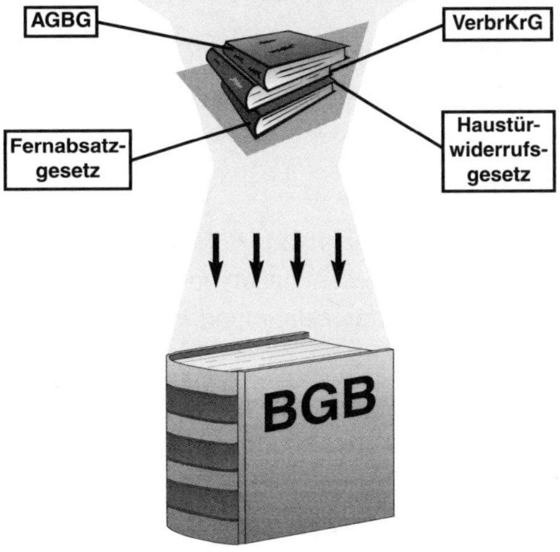

Änderung + Vereinfachung des Leistungsstörungsrechts bei Kauf- und Werkvertrag

kauf- und werkvertragliches Gewährleistungsrecht weitgehend angeglichen
•
erhebliche Änderungen bei den Rechten aufgrund mangelhafter Lieferung (Schlechtleistung)

Die unterrichtsrelevanten Änderungen (Übersicht)

Einige neue Begriffe

Bisher: Lieferungsverzug, Zahlungsverzug	→	**Jetzt**: Nicht-Rechtzeitig-Leistung
Bisher: Schadensersatz wegen Nichterfüllung	→	**Jetzt**: Schadensersatz statt Leistung
Bisher: Unterbrechung der Verjährung	→	**Jetzt**: Neubeginn der Verjährung
Ikea-Klausel (mangelhafte Montageanleitung = Sachmangel)		

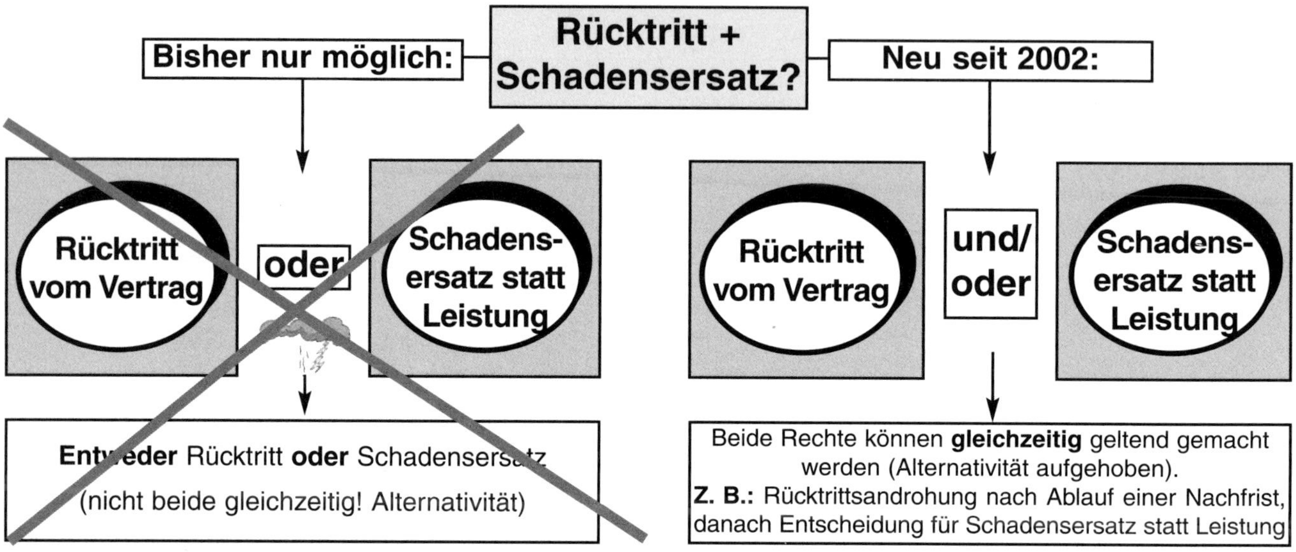

Rücktritt vom Vertrag: Seit 2002 verschuldensunabhängig!

Mangelhafte Lieferung

- **Schadensersatz:** Nicht mehr beschränkt auf arglistig verschwiegene Mängel bzw. Fehlen zugesicherter Eigenschaften
- **Vorrangig**: Nacherfüllungsanspruch (Nachbesserung oder Neulieferung nach Wahl des Käufers)
- **Nachrangig** (i. d. R. erst nach ergebnislosem Ablauf einer Nacherfüllungsfrist): Rücktritt, Minderung, Schadensersatz statt Leistung, Ersatz vergeblicher Aufwendungen
- Neue **Nachfristregelungen** für Rücktritt, Minderung, Schadensersatz ...
- Vereinheitlichung der Rechte bei **Sach- und Rechtsmängeln**
- Sachmängel auch in folgenden Fällen:
  - falsche **Werbeaussagen**
  - fehlerhafte Montageanleitung mit Folge falscher Montage **(Ikea-Klausel)**
  - **Montagefehler** des Verkäufers
- Verstärkung des **Rückgriffsrechtes des Endverkäufers:** Fristsetzung entfällt ...
- **Unerhebliche Mängel:**
  - Käufer hat Recht auf Nacherfüllung und Minderung,
  - nicht jedoch auf Rücktritt oder Schadensersatz statt Leistung
- Neue **Verjährungsfristen für Mängelansprüche**
- Besonderheiten **Verbrauchsgüterkauf:**
  - eingeschränkte Vertragsfreiheit
  - Beweislastumkehr in den ersten sechs Monaten
  - Sonderbestimmungen für Garantien

Nicht-Rechtzeitig-Lieferung

- Rücktritt / Schadensersatz: s. o.

Neue Verjährungsfristen

Nicht-Rechtzeitig-Zahlung

- Rücktritt / Schadensersatz: s. o.
- Neue Verzugszinsregelung
- Für Geldforderungen gilt wieder Mahnsystem

Irritationen zu einigen neuen Begriffen des neuen Schuldrechts

Seit Erscheinen unserer Sonderhot zum neuen Schuldrecht sowie HOT 1 und 2/02 (Schwerpunktthema: Neues Schuldrecht) erhielten wir eine **Vielzahl von Nachfragen** bezüglich einiger neuer Begriffe im Rahmen des neuen Schuldrechts, die offenbar zu Irritationen bzw. Verwirrung bei einigen Kollegen geführt haben.

Hierzu folgende **Erklärung:**

Im Rahmen der Erarbeitung des neuen Schuldrechtes nutzte ich naturgemäß bereits vorliegende Veröffentlichungen namhafter Fachleute. Insbesondere folgende **Bücher + Beiträge** sind m. E. für unsere Zwecke sehr gut geeignet:

- ***Dauner-Lieb*** *(Professorin an der Uni Köln),* ***Arnold, Dötsch, Kitz*** *(alle Universität Köln):* ***Fälle zum Neuen Schuldrecht****, C. F. Müller Verlag Heidelberg, ISBN 3-8114-0835-6*

- ***Schmidt-Räntsch*** *(Ministerialrat im Bundesministerium der Justiz, Berlin; zuständiger Referatsleiter, der entscheidend an der Verwirklichung der Neuregelung mitgewirkt hat):* ***Das neue Schuldrecht,*** *Anwendung und Auswirkungen in der Praxis, Heymanns Verlag, ISBN 3-452-25103-9*

- ***Alpmann-Pieper*** *(Rechtsanwältin und Notarin),* ***Becker*** *(Rechtsanwalt u. Lehrbeauftragter an der Uni Münster):* ***Express, Reform des Schuldrechts,*** *Alpmann u. Schmidt, Juristische Lehrgänge Verlagsgesellschaft, ISBN 3-89476-559-3*

- ***Heinrich*** *(wiss. Assistent an der Uni Tübingen, Juristische Fakultät, Lehrstuhl für Bürgerliches Recht ... Prof. Dr. Hermann Reichold):* ***Die Schuldrechtsreform,*** *Eine Einführung in das neue Recht, www.schuldrechtsmodernisierung.com unter Hinweis auf die Webseite von* ***Prof. Dr. Stephan Lorenz*** *(www.lrz-muenchen.de/~Lorenz/schumod/*

Laut **Heinrich/Lorenz** muss für den Begriff „Verzug“ ein neuer Oberbegriff gefunden werden. Begründung:

„Bei ‘Zu-Spät-Leistung’ kann der Gläubiger künftig auch dann zurücktreten, wenn der Schuldner sie nicht zu vertreten hat. Hier ist künftig aber zu beachten, dass es nicht richtig ist, davon zu sprechen, dass der Rücktritt ‘Verzug’ voraussetzt. Dies liegt daran, dass der alte wie der neue Verzugsbegriff ein technischer Begriff ist:

Verzug liegt vor bei: ***schuldhafter Nichtleistung trotz Fälligkeit + Mahnung.***

Da der Rücktritt nun aber gerade kein ‘Vertreten-Müssen’ mehr voraussetzt, setzt er auch keinen Verzug mehr voraus: Die Voraussetzungen des Rücktritts sind in § 323 Abs. 1 BGB unabhängig vom Verzugsbegriff geregelt. Dies bedeutet, dass ein neuer Oberbegriff für die neben Unmöglichkeit und Schlechtleistung stehende Struktur ‘Verzug’ gefunden werden muss, wobei sich hierfür ‘Verzögerung’, ‘Nicht-Rechtzeitig-Leistung’ oder ‘Zu-Spät-Leistung’ anbieten.“

Heinrich/Lorenz entscheiden sich für den Begriff „Nicht-Rechtzeitig-Leistung". Dieser Argumentation habe ich mich gerne angeschlossen.

Die weiteren Begriffe **„Nicht-Rechtzeitig-Lieferung"** und **„Nicht-Rechtzeitig-Zahlung"** ergeben sich analog und sind m. E. für den Schulgebrauch annehmbar, zumal - streng genommen - die Oberbegriffe „Lieferungsverzug" und „Zahlungsverzug" laut Heinrich/Lorenz juristisch wohl nicht mehr ganz korrekt sind.

Welche neuen Begriffe sich **langfristig durchsetzen** werden, kann momentan niemand prognostizieren. Selbstverständlich bleibt es Ihnen **freigestellt**, die Angelegenheit didaktisch zu reduzieren und im Schulbereich vereinfachungshalber weiter die Begriffe Lieferungs- und Zahlungsverzug zu verwenden. Es bleibt außerdem abzuwarten, wie die Begriffe zukünftig in **Prüfungen** verwendet werden.

Ich denke, mit den Vorschlägen befinden wir uns auf der **fachlich sicheren Seite.** Dennoch können Sie letztendlich für sich die Ihrer Meinung nach sinnvollen Begriffe in Ihren Klassen **individuell** fixieren. Die Kopiervorlagen in HOT 1 und 2/02 geben Ihnen die notwendige Freiheit.

Einige weitere Zitate zu diesem Thema:

Dauner-Lieb:

S. 79: *„Der Verzug im technischen Sinne ist nur noch maßgeblich für den Ersatz von Verzögerungsschaden (§ 280 II) und Verzugszinsen (§ 288) ..."*

S. 80: *„Die §§ 281, 323 setzen keinen Verzug, sondern nur die erfolglose Bestimmung einer angemessenen Nachfrist voraus."*

S. 81: *„Im alten Recht mussten über die bloße Nichtleistung hinaus noch die Voraussetzungen des Verzugs" vorliegen. „Davon muss man sich im Rahmen des § 280 I lösen: Das Merkmal der Pflichtverletzung verlangt nur den objektiven Verstoß gegen eine Pflicht. Der Verzug bildet dann neben der rein objektiven Pflichtverletzung nur ein zusätzliches Erfordernis für den Anspruch des Gläubigers auf Ersatz des Verzögerungsschadens (§§ 280 II, 286)."*

S. 92: *„§ 281 I 1 soll den Eintritt des Schuldnerverzugs gerade nicht voraussetzen."*

S. 99: *„Das Vorliegen der Tatbestandsmerkmale des Verzugs ist anders als nach § 326 alter Fassung keine Rücktrittsvoraussetzung mehr."*
„Da der Rücktritt aber gerade vom Vorliegen des Verzugs und vom Vertretenmüssen abgekoppelt wird, darf damit nicht zu großzügig verfahren werden, um das neue System nicht zu unterlaufen."

Alpmann-Schmidt:

S. 18: *(Betr. § 281 I) „Es ist kein Verzug mit einer Hauptleistungsverpflichtung erforderlich, sondern es reicht aus, dass der Schuldner die fällige Leistung nicht erbringt."*

S. 39: *(Betr. § 323 Abs. 1) „Nicht erforderlich ist, wie bisher bei § 326 BGB, ein Verzug des Schuldners und eine Ablehnungsandrohung, vielmehr reicht es aus, dass die Leistung fällig ist und dem Schuldner eine angemessene Frist zur Leistung gesetzt worden ist, die erfolglos abläuft."*

Schmidt-Räntsch:

S. 117: *(Betr. § 281 I) „Für den Fall des Verzugs ersetzt § 281 Abs. 1 Satz 1 seiner Funktion nach die bisherigen Regelungen über den Schadensersatzanspruch wegen Nichterfüllung bei Verzug, insbesondere also den bisherigen § 326. Anders als dieser verlangt § 281 Abs. 1 Satz 1 aber nicht förmlich die Voraussetzungen des Schuldnerverzugs, wie sie in § 286 aufgestellt werden. Davon wurde bewusst abgesehen. ..."*

S. 168: *„§ 323 Abs. 1 verzichtet darauf, den Verzug des Schuldners als Voraussetzung für das Rücktrittsrecht des Gläubigers ausdrücklich zu nennen. Es kommt deshalb nach dem Wortlaut der Vorschrift nicht darauf an, ob die Voraussetzung des § 286 vorliegen. Die Leistung muss lediglich fällig und zum vertraglich versprochenen Zeitpunkt nicht erbracht worden sein. ... Auf die weiteren Merkmale des Verzugs kann verzichtet werden, weil der Rücktritt erst möglich wird, wenn dem Schuldner eine Frist zur Nacherfüllung gesetzt und diese erfolglos verstrichen ist."*

Der Begriff **„Schlechtleistung"**

wird in der Literatur generell als Synonym für „mangelhafte Lieferung" verwendet. So z. B. auch bei Alpmann-Schmidt, Lorenz, Heinrich.

Ich hoffe, ich konnte Ihnen bei Ihrer Entscheidungsfindung (bzw. Begriffsfindung) weiterhelfen. M. E. sollte man die Behandlung des Verzugssachverhalts im Unterricht nicht übertreiben, denn wir wollen ja unsere Schüler nicht überfordern und den Juristen auch noch ein bisschen Arbeit lassen. Letztere tun sich, wie sich in mehreren Gesprächen mit Rechtsanwälten und sonstigen Juristen gezeigt hat, im Übrigen mit dem neuen Schuldrecht sehr schwer. Sie werden aber letztlich dennoch die Sieger sein, denn eine Flut von Prozessen wird auf sie zukommen. Wir sind also nicht allein!!!

Vgl. Folie 11

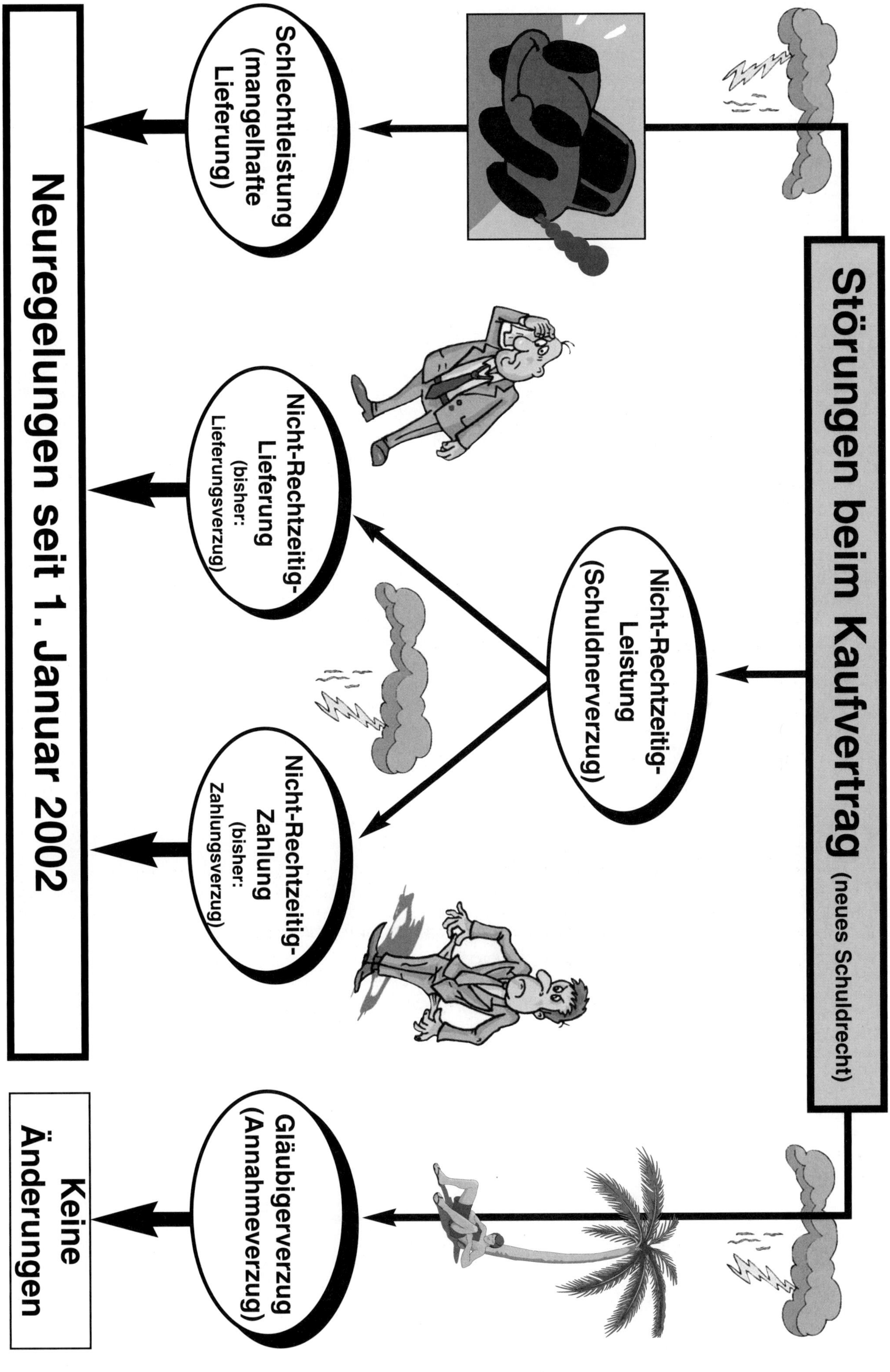
Störungen beim Kaufvertrag (neues Schuldrecht)
Schlechtleistung (mangelhafte Lieferung)
Nicht-Rechtzeitig-Leistung (Schuldnerverzug)
Nicht-Rechtzeitig-Lieferung (bisher: Lieferungsverzug)
Nicht-Rechtzeitig-Zahlung (bisher: Zahlungsverzug)
Gläubigerverzug (Annahmeverzug)
Neuregelungen seit 1. Januar 2002
Keine Änderungen

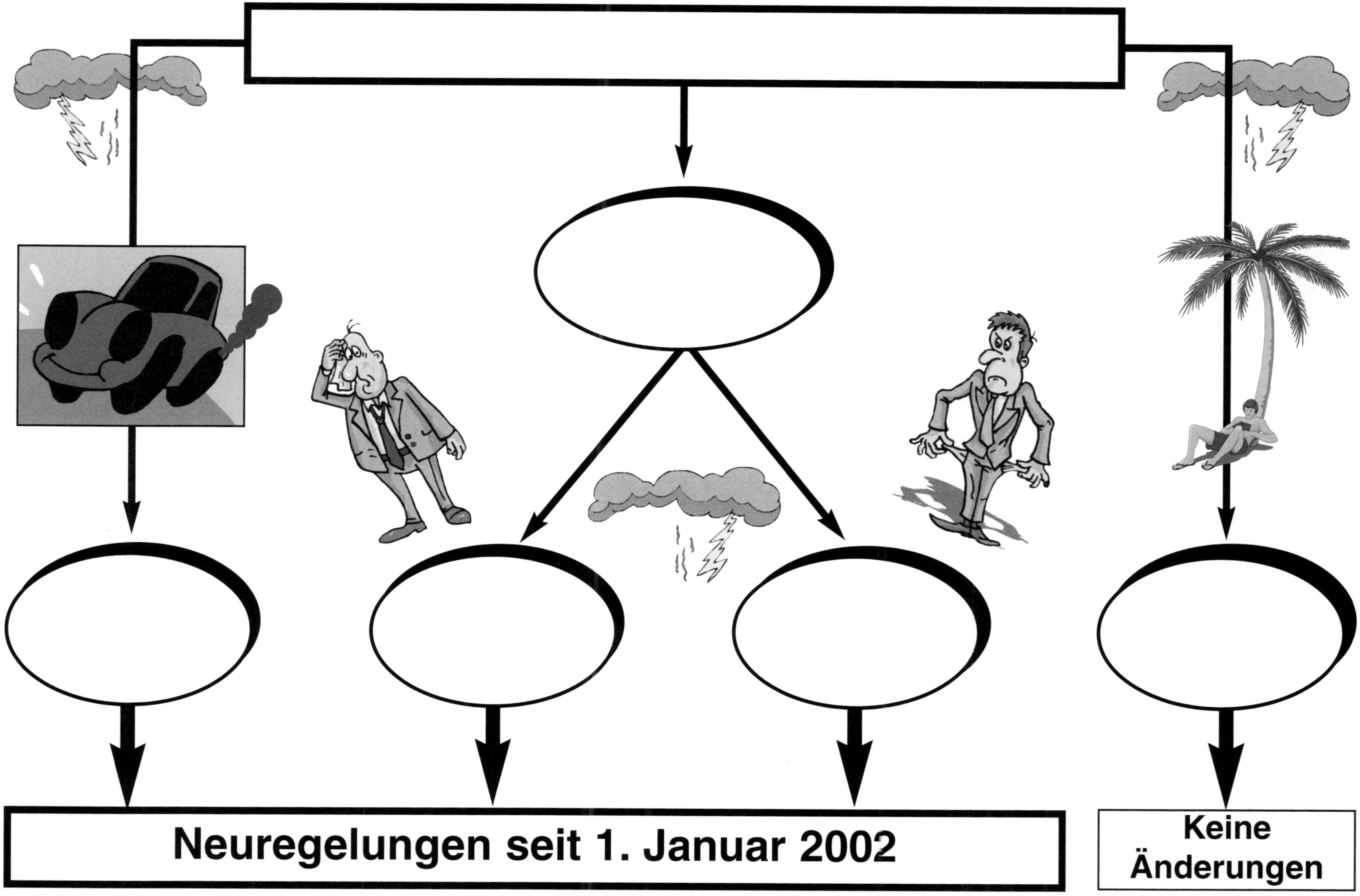
Neuregelungen seit 1. Januar 2002
Keine Änderungen

9.2 Kurzdarstellung

Mangelhafte Lieferung (Schlechtleistung)

Rechte des Käufers:

Vorrangig: Nacherfüllung (Käufer hat Wahlrecht zwischen Nachbesserung oder Neulieferung) gemäß § 439 BGB. Verkäufer kann eine oder beide Arten der Nacherfüllung nur ablehnen, wenn gemäß § 434 Abs. 3 (1) BGB die betreffende Nacherfüllung nur mit unverhältnismäßig hohen Kosten möglich ist.

Nachrangig: (§§ 280, 281, 284, 323, 326, 440, 441 BGB)

- Rücktritt vom Vertrag: Voraussetzungen:
  - angemessene Frist zur Nacherfüllung erfolglos abgelaufen
  - kein unerheblicher Mangel
- Minderung: Voraussetzungen:
  - angemessene Frist zur Nacherfüllung erfolglos abgelaufen
  - auch bei unerheblichen Mängeln möglich
- Schadensersatz statt Leistung: Voraussetzungen:
  - angemessene Frist zur Nacherfüllung erfolglos abgelaufen
  - Pflichtverletzung gemäß § 280 Abs. 1 BGB
  - Verschulden (Vertretenmüssen) des V
  - kein unerheblicher Mangel
- Ersatz vergeblicher Aufwendungen (neben Rücktritt vom Vertrag): Voraussetzungen wie bei Schadensersatz statt Leistung
- Schadensersatz neben Leistung: Voraussetzungen:
  - Pflichtverletzung gemäß § 280 Abs. 1 BGB
  - Verschulden (Vertretenmüssen) des Verkäufers

Mängelarten:

Sachmängel (§ 434 BGB):
- Sache entspricht nicht Werbeaussagen
- Sache hat nicht vereinbarte Beschaffenheit
- Mangelhafte Montageanleitung („Ikea-Klausel")
- Montagemangel
- Zuweniglieferung
- Falschlieferung

Rechtsmängel (§ 435 BGB): Beispiele: Verkäufer ist nicht Eigentümer; Sache mit Pfandrecht belastet

Verjährung der Mängelansprüche (§ 438 BGB):

2 Jahre: = regelmäßige kaufrechtliche Verjährungsfrist für Mängel
3 Jahre: arglistig verschwiegene Mängel (Bauwerksmängel: nicht vor Ablauf der dort geltenden Frist von 5 Jahren!)
5 Jahre: Bauwerksmängel; Mängel an in Gebäuden eingebauten Sachen
30 Jahre: Mangel = dingliches Herausgaberecht bzw. in Grundbuch eingetragenes Recht

Beginn Verjährung:
- Ablieferung (bei Grundstücken: Übergabe)
- arglistig verschwieg. Mängel: Schluss des Jahres, in dem Gläubiger Kenntnis hat

Verbrauchsgüterkauf (Besonderheiten) - § 474 ff BGB -:

Eingeschränkte Vertragsfreiheit: AGB + Individualvereinbarungen dürfen nicht zum Nachteil des Verbrauchers vom allg. Kaufrecht abweichen. Ausnahme: Gebrauchte Sachen (Gewährleistungsfrist auf 1 Jahr verkürzbar).

Beweislastumkehr: Mängel, die innerh. von 6 Monaten gerügt werden: Unterstellung, dass Mangel bereits bei Übergabe bestand. Lehnt Verkäufer Mängelrüge des Verbrauchers ab: Er selbst muss nachweisen, dass Käufer Ware beschädigte. Nach Ablauf von 6 Monaten: Die Beweislast liegt beim Käufer.

Garantieerklärung: einfach, verständlich, bestimmte Inhalte, keine Einschränkung gesetzlicher Rechte

Nicht-Rechtzeitig-Lieferung (Rechte)

Lieferung verlangen und evtl. Schadensersatz (§ 286 BGB)
Voraussetzungen:
- Fälligkeit
- Verschulden
- Mahnung –> entbehrlich, wenn:
  - Verkäufer verweigert Lieferung
  - Liefertermin kalendermäßig bestimmt
  - besondere Gründe (§ 286 [2] 4. BGB)

Schadensersatz statt Leistung (§ 281 BGB)
Voraussetzungen:
- Fälligkeit
- Verschulden
- Nachfrist –> entbehrlich, wenn:
  - Verkäufer verweigert Lieferung
  - besondere Umstände (§ 281 [2] BGB)

Ersatz vergeblicher Aufwendungen (§ 284 BGB)
Voraussetzungen: Vgl. Schadensersatz statt Leistung

Rücktritt vom Vertrag (§ 323 BGB)
Voraussetzungen:
- Fälligkeit
- Nachfrist –> entbehrlich, wenn:
  - Verkäufer verweigert Lieferung
  - Liefertermin kalendermäßig bestimmt
  - besondere Umstände (§ 323 [2] 3. BGB)

Nicht-Rechtzeitig-Zahlung (Rechte)

Zahlung verlangen und evtl. Schadensersatz (§ 286 BGB)
Voraussetzungen:
- Fälligkeit
- Verschulden
- Mahnung –> entbehrlich, wenn:
  - 30 Tage nach Rechnungszugang vergangen
  - Schuldner verweigert Zahlung
  - Zahlungstermin kalendermäßig bestimmt
  - besondere Gründe (§ 286 [2] 4. BGB)

Schadensersatz statt Leistung (§ 281 BGB)
Voraussetzungen:
- Fälligkeit
- Verschulden
- Nachfrist –> entbehrlich, wenn:
  - Käufer verweigert Zahlung
  - besondere Umstände (§ 281 [2] BGB)

Ersatz vergeblicher Aufwendungen (§ 284 BGB)
Voraussetzungen: Vgl. Schadensersatz statt Leistung

Rücktritt vom Vertrag (§ 323 BGB)
Voraussetzungen:
- Fälligkeit
- Nachfrist –> entbehrlich, wenn:
  - Käufer verweigert Zahlung
  - Zahlungstermin kalendermäßig bestimmt
  - besondere Umstände (§ 323 [2] 3. BGB)

Verjährung

Verjährungsfristen

3 J.:
- = regelmäß. Verjährungsfrist, betrifft die meisten Ansprüche
- Beginn: Schluss des Jahres, in dem Anspruch entstand + Gläubiger Kenntnis hat (§ 199 BGB)

10 J.: Rechte an Grundstücken..; Beginn: Entstehung Anspruch („EA")

30 J.:
- Herausgabeansprüche aus Eigentum, Pfandrechten..; Beginn: „EA")
- rechtskräftig festgestellte Ansprüche (Urteil); Beginn: Rechtskraft
- Ansprüche aus vollstreckbaren Urkunden (Vollstreckungsbescheid) Beginn: Errichtung des vollstreckbaren Titels
- vollstreckbare Ansprüche aus Insolvenzen; Beginn: Feststellung im Insolvenzverfahren

Hemmung der Verjährung

Rechtsverfolgung: (§ 203 BGB) Klage, Antrag auf Zustellung Mahnbescheid, Anspruchsanmeldung im Insolvenzverfahren; Veranlassung Schlichtungsverfahrens; Beginn schiedsrichterl. Verfahren; Hemmung endet 6 Monate nach rechtskräftiger Entscheidung bzw. sonst. Beendigung des eingeleiteten Verfahrens
Verhandlungen über den Anspruch: § 203 BGB
Leistungsverweigerungsrecht (§ 205 BGB); **Höhere Gewalt** (§206)

Neubeginn der Verjährung (§ 212 BGB)

Durch Schuldner: Schuldanerkenntnis, Zinszahlung, Bitte um Stundung
Durch Gläubiger: Antrag oder Vornahme einer gerichtlichen oder behördlichen Vollstreckungshandlung

Vgl. Folie 13 (siehe auch Folie 12!)

9.3 Mangelhafte Lieferung (Schlechtleistung)

- Rechte des Käufers gemäß § 437 ff. BGB -

Teil 1

Vorrangig: → **Nacherfüllung** § 439 BGB

- auch bei **geringfügigen Mängeln**
- **verschuldensunabhängig**
- § 439 (3) BGB: Verkäufer kann Nachbesserung und/oder Neulieferung verweigern, wenn **unverhältnismäßig hohe Kosten** anfallen würden.
- § 440 BGB: Nacherfüllung fehlgeschlagen nach **zwei erfolglosen Nachbesserungsversuchen**
- § 275 BGB: Anspruch auf Leistung entfällt, so weit diese **unmöglich**

Nachbesserung ← Käufer hat **Wahlrecht** → **Neulieferung**

zusätzlich möglich, sofern **Verschulden** vorliegt: → **Schadensersatz neben der Leistung**

Fortsetzung siehe Teil 2

Teil 1

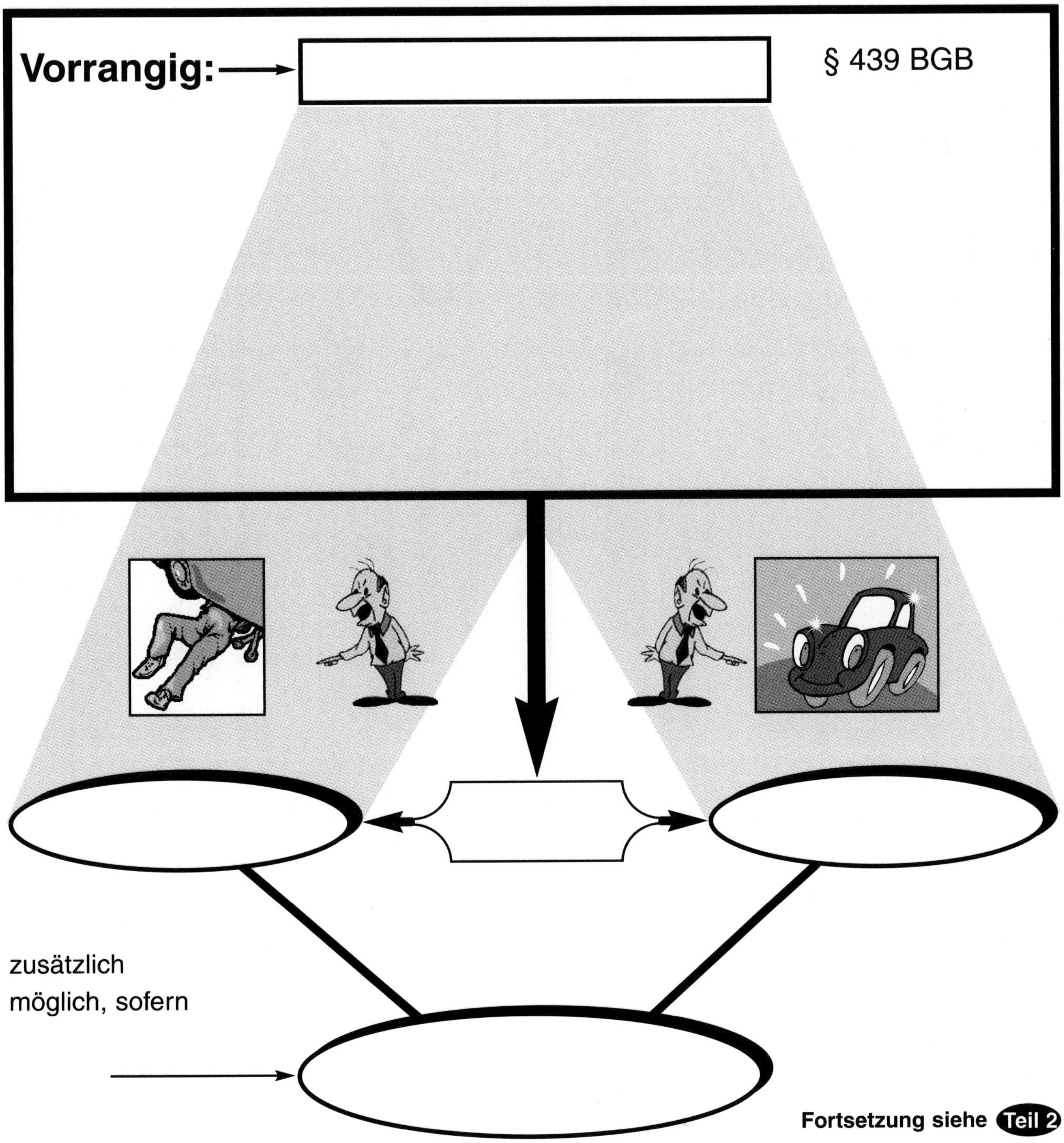

Fortsetzung siehe Teil 2

Vgl. Folie 14

Die mangelhafte Lieferung (Schlechtleistung) - Rechte des Käufers -

Teil 2

Nachrangig (nach erfolglosem Ablauf einer gesetzten **Nachefüllungsfrist**)

Rücktritt vom Vertrag

§§ 440, 323, 326 BGB

nicht bei geringfügigen Mängeln

Minderung

§ 441 BGB

+ evtl. Schadensersatz neben Leistung

Voraussetzungen (Rücktritt vom Vertrag / Minderung)

angemessene ***Nachfrist*** (§ 323 (2), 440, 441 BGB)

entbehrlich in folgenden Fällen:

- Verkäufer **verweigert** Nacherfüllung
- zwei Nacherfüllungsversuche **fehlgeschlagen**
- Nacherfüllung für Verkäufer bzw. Käufer **unzumutbar**
- **Fixgeschäft, Zweckkauf**
- **besondere Umstände** ...

Schadensersatz statt Leistung

§§ 280, 281, 440 BGB

auch neben Rücktritt möglich

Ersatz vergeblicher Aufwendungen

§ 284 BGB

nicht bei geringfügigen Mängeln

Voraussetzungen (Schadensersatz statt Leistung / Ersatz vergeblicher Aufwendungen)

angemessene ***Nachfrist*** (§ 281 (2), 440, 284 BGB)

entbehrlich in folgenden Fällen:

- Verkäufer **verweigert** Nacherfüllung
- zwei Nacherfüllungsversuche **fehlgeschlagen**
- Nacherfüllung für Verkäufer **unzumutbar**
- **besondere Umstände** ...

Verschulden (Vertretenmüssen) → § 280 (1) BGB

Die mangelhafte Lieferung (Schlechtleistung) - Rechte des Käufers -

Teil 2

Nachrangig (..)

§§ 440, 323, 326 BGB

§ 441 BGB

+ evtl.

§§ 280, 281, 440 BGB

§ 284 BGB

Voraussetzungen

§ 323 (2), 440, 441 BGB

entbehrlich in folgenden Fällen:

-
-
-
-
-

Voraussetzungen

§ 281 (2), 440, 284 BGB

entbehrlich in folgenden Fällen:

-
-
-
-

§ 280 (1) BGB

Mängelarten

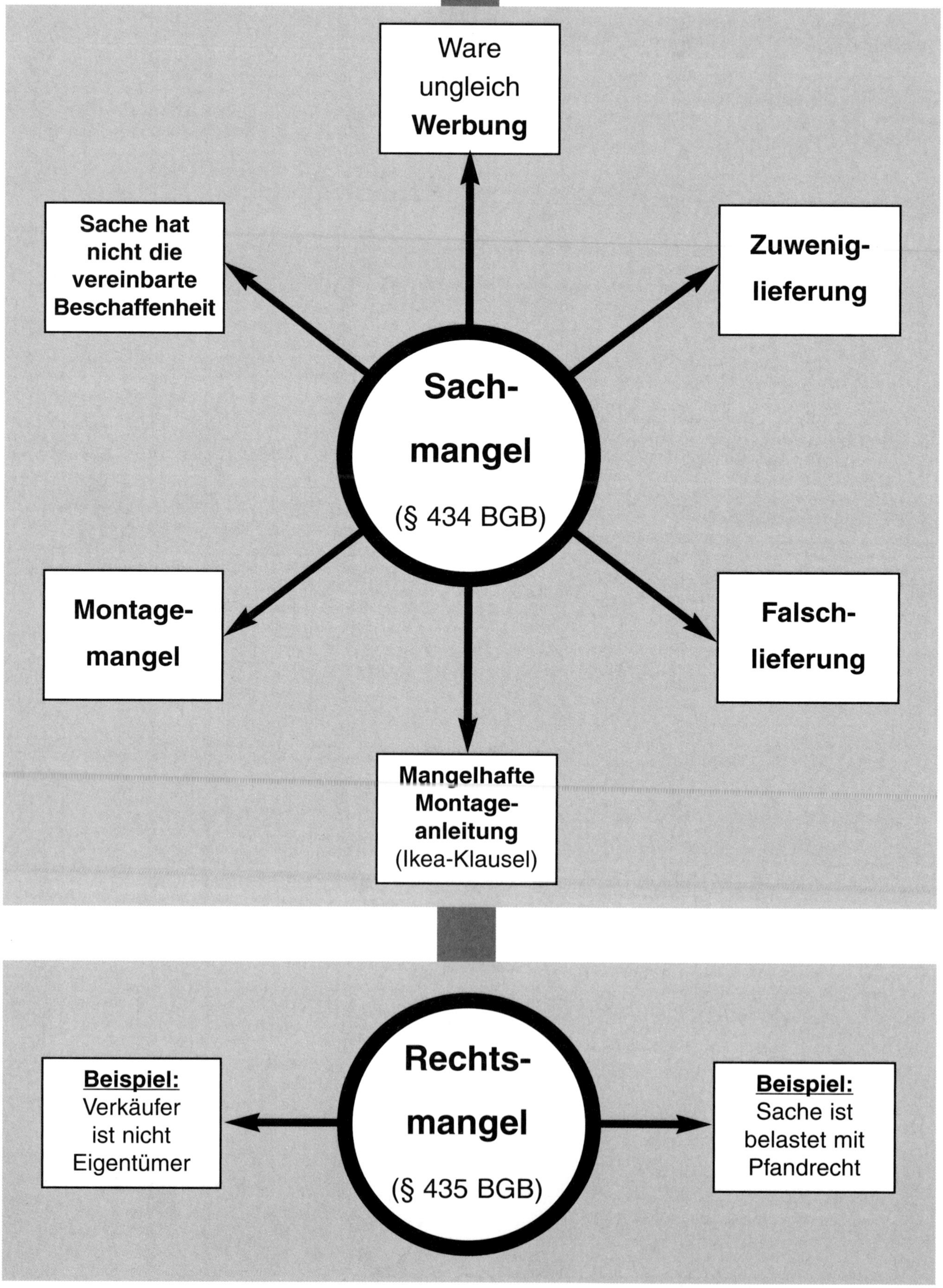

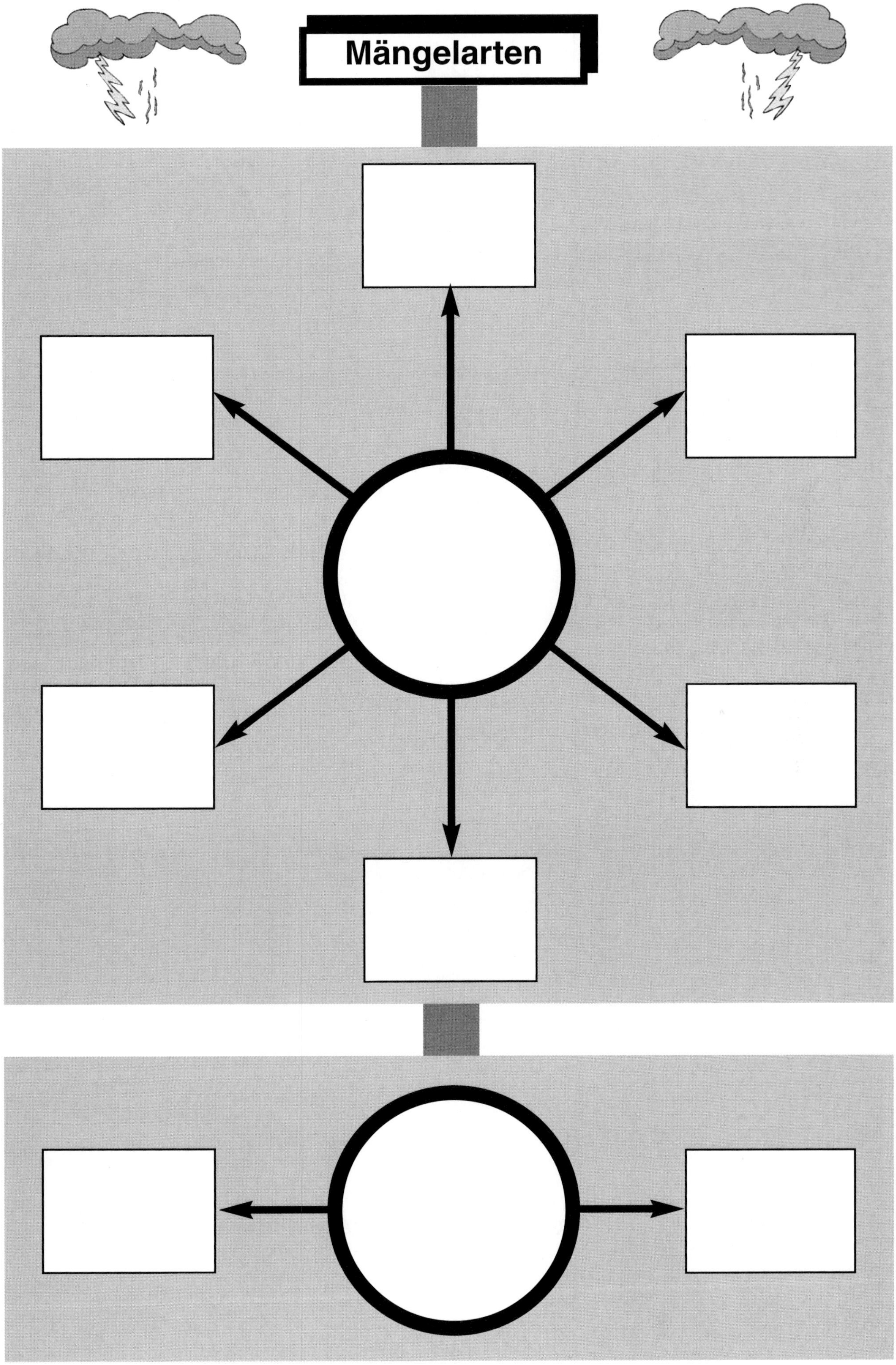
Mängelarten

Verjährung der Mängelansprüche (Gewährleistungsfristen)

(§ 438 BGB)

Verkäufer kann Erfüllung der Rechte, die dem Käufer wegen Mangelhaftigkeit der Kaufsache zustehen, **verweigern, wenn sie verjährt sind (Verjährungseinrede)**.

2 Jahre

Regelmäßige kaufrechtliche Verjährungsfrist für Mängel

3 Jahre

Arglistig verschwiegene Mängel

(Verjährung bei Bauwerken ... jedoch nicht vor Ablauf der dort bestimmten Frist von 5 Jahren)

5 Jahre

- **Bauwerksmängel**
- Mängel an in Gebäuden eingebauten Sachen

30 Jahre

Mangel =

- **dingliches Herausgaberecht** eines Dritten bzw.
- in **Grundbuch** eingetragenes Recht

Beginn der Verjährung:
- Mit **Ablieferung** (**Grundstücke:** mit **Übergabe**)
- **arglistig verschwiegene Mängel**: Schluss des Jahres, in dem Gläubiger **Kenntnis** erlangte

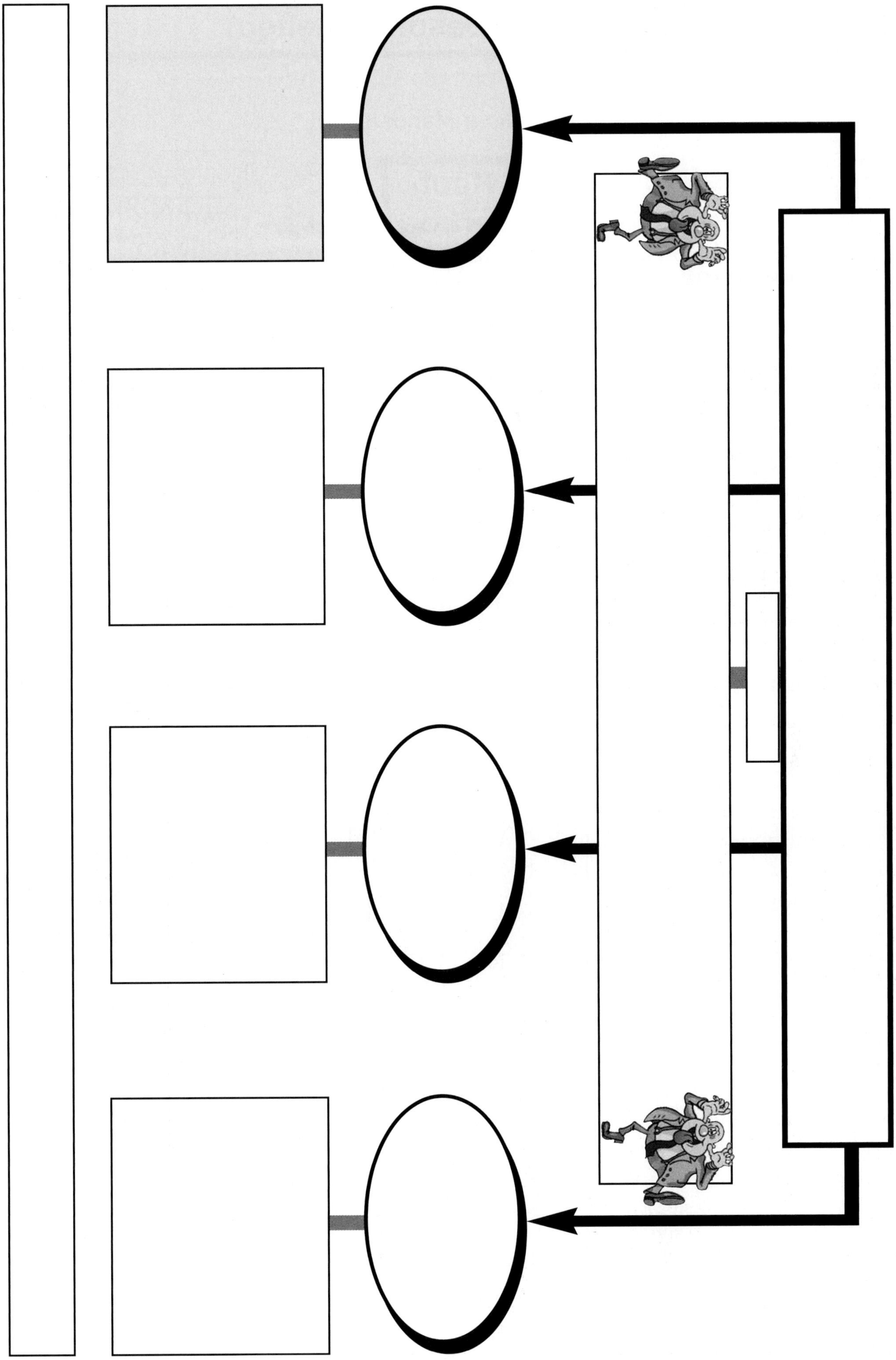

Verbrauchsgüterkauf (Besonderheiten) - § 474 ff BGB -

Einseitiger Handelskauf

Sport-Fuchs

Unternehmer (Verkäufer) ← **Kaufvertrag** ~~~~~ → **Verbraucher/in**

Eingeschränkte Vertragsfreiheit (§ 475 BGB)

- §§§ im allg. Kaufvertragsrecht **zwingend**
- **AGB + Individualvereinbarung:**

  keine Abweichung zum Nachteil des Verbrauchers!

Ausnahmen:

1. Gebrauchte Sachen

Gewährleistungsfrist auf ein Jahr verkürzbar.

Verbotene Formulierungen, z. B.: *„gekauft wie gesehen", „unter Ausschluss jeder Gewährleistung"...*

2. Schadensersatz (§ 475 Abs. 3 BGB)

Beweislastumkehr (§ 476 BGB)

- Mängel, die innerh. von **sechs Monaten** gerügt werden:

  Unterstellung, dass Mangel bereits bei Übergabe bestand.

  Lehnt Verkäufer die Mängelrüge des Verbrauchers ab, muss **er** nachweisen, dass Käufer die Ware beschädigt hat.

- **Nach Ablauf von sechs Monaten:**

  Beweislast liegt beim Käufer

Sonderbestimmungen für Garantien (§ 477 BGB)

Garantieerklärung

- einfach/verständlich!
- Inhalte:
  - Hinweis, dass Garantie gesetzliche Rechte nicht einschränkt
  - Inhalt + Dauer der Garantie sowie alle wesentl. Angaben, die für Geltendmachung der Garantie erforderlich sind
- Garantie darf gesetzliche Rechte nicht einschränken.

Sport-Fuchs
Unternehmer (Verkäufer)
Kauf-vertrag
~~~~~
Verbrau-cher/in
~~~~~

Rückabwicklung einer bereits mangelhaft hergestellten Sache entlang der Lieferkette (§ 478 I BGB)

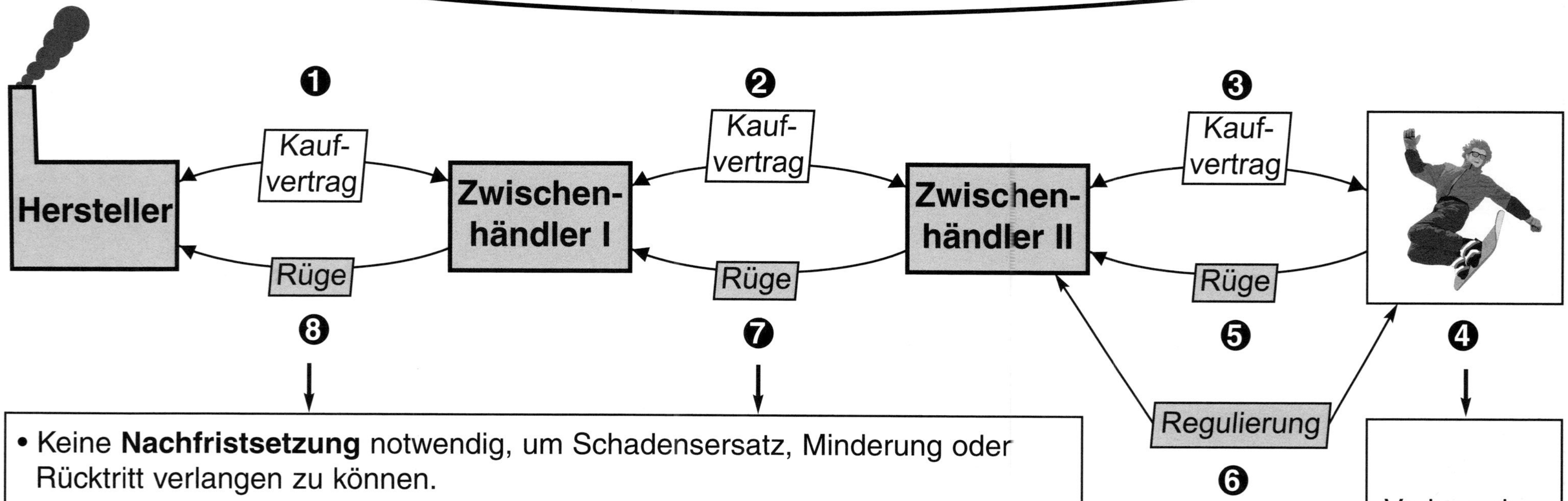

- Keine **Nachfristsetzung** notwendig, um Schadensersatz, Minderung oder Rücktritt verlangen zu können.

  Begründung: Angenommen, Verbraucher macht Rechte erst kurz vor Ablauf der 2-Jahres-Frist geltend –> Das Durchlaufen der Lieferkette kann nun so viel Zeit kosten, dass die Rechte des Lieferers gegen den Hersteller bereits verjährt sein können, wenn er sie geltend machen will. –> § 479 (2) BGB: Jedem Lieferer bleiben für die Geltendmachung seiner Rechte mindestens **zwei Monate** Zeit nach Regulierung (Erfüllung der Ansprüche des Verbrauchers). Frühestens danach tritt die Verjährung ein (= **Verjährung von Rückgriffsansprüchen**)

  (**Hinweis**: Diese Ablaufhemmung endet spätestens fünf Jahre nach Ablieferung der Sache - vgl. § 479 Absatz 2 Satz 2)

- Alle **Rückabwicklungskosten** trägt der Hersteller.

Verbraucher stellt Mangel fest

Rückabwicklung einer bereits mangelhaft hergestellten Sache entlang der Lieferkette (§ 478 f BGB)

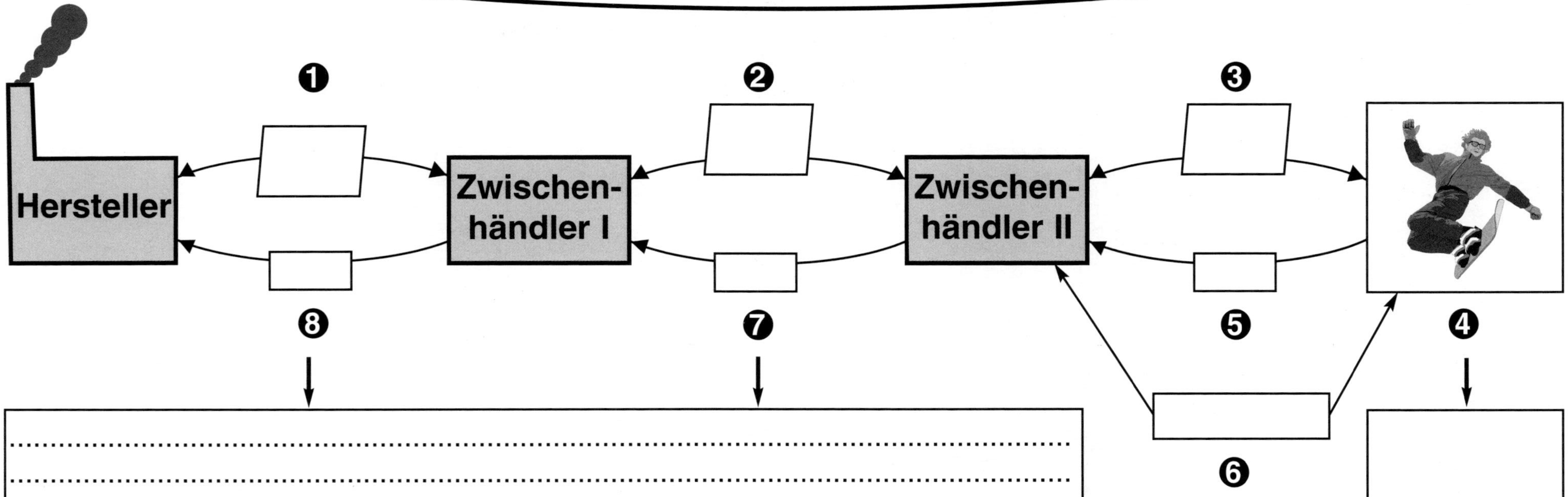

....

....

....

....

....

....

....

....

....

....

....

....

....

....

....

....

Fälle zum Thema mangelhafte Lieferung (Schlechtleistung)

1. Käufer Karg kauft von Autohändler Vogel einen Neuwagen. Vier Wochen nach Übergabe funktioniert die **Klimaanlage** auf langen Fahrten nicht ordnungsgemäß. Der Mangel war für Vogel trotz intensiver Prüfung des PKW nicht zu erkennen.
   Welche Rechte kann Karg gegen Vogel geltend machen und welche Voraussetzungen sind dabei zu beachten?

2. Käufer König kauft von Elektrohändler Voss ein Videogerät. Beim Anschluss an sein Fernsehgerät stellt König **kleinere Farbflecken** fest, die auch Voss nicht aufgefallen waren.
   Kann König Nachbesserung und/oder Neulieferung verlangen? Begründung.

3. Kunze kauft von Autohändler Vogel einen Neuwagen. Nach einigen Wochen stellt Kunze **erhebliche Mängel** fest. Außerdem ist ihm durch die Mängel ein **Schaden** in Höhe von 200,00 € entstanden.
   Unter welchen Voraussetzungen kann Kunze im Normalfall das Recht „**Schadensersatz statt Leistung**" geltend machen?

4. Herr Kögel kauft von Autohändler Vogel einen neuen PKW (Marke „SX") des Produzenten P, der in **Werbebroschüren** mit dem Slogan „Mit durchschnittlich fünf Litern pro 100 km sind Sie bei SX dabei" wirbt. Nach Übergabe stellt Kögel fest, dass der tatsächliche Verbrauch des „SX" bei sieben Litern liegt.
   Welche Rechte stehen Kögel zu?

5. Der normalgewichtige Rainer Karg kauft von Händler Vetter das neue Mountainbike „Biky". Schon des Öfteren gab es Reklamationen bei Vetter hinsichtlich Bruch von „Biky"-Pedalen. Bei der ersten Ausfahrt bricht ein **Pedal**, Karg stürzt und verletzt sich. Ein Taxi bringt ihn ins nächste Dorf zum Arzt.
   Taxikosten: 40,00 € ; **Arztkosten**: 70,00 €.
   Welche Rechte kann Karg geltend machen?

6. Gerd Krug kauft von der Fit GmbH ein Fitnessgerät für den Selbstaufbau. Aufgrund der fehlerhaften **Montageanleitung** baut er das Gerät falsch zusammen.
   Welche Rechte kann er geltend machen?

7. Juwelier Völkner verkauft einen 30 Jahre alten Ohrring aus „echtem Gold" an Herrn Kamps. Letzterer entdeckt später, dass der Ring nicht aus Gold, sondern nur aus vergoldetem Messing war. Völkner konnte hiervon nichts wissen.
   Welche Rechte stehen Kamps zu?

8. K (Privatmann) kauft von Händler V ein neues Motorrad. Drei Monate nach Übergabe streikt der Motor. Es ist nicht feststellbar, ob der Mangel aufgrund eines Materialfehlers bereits bei **Übergabe** programmiert war oder auf **fehlerhafte Bedienung** des K zurückzuführen ist.
   Kann K Gewährleistungsrechte geltend machen? Begründung.

9. Klein kauft am 10. Mai 2002 von Firma Valentin einen Rasenmäher, der am gleichen Tag geliefert wird. Infolge eines Produktionsfehlers versagt am 10. November 2003 der Motor. Klein verlangt einen neuen Rasenmäher, Valentin beruft sich auf **Verjährung**.
   Klären Sie die Rechtslage.

10. K kauft am 10. Mai 2002 von V eine Maschine, die am gleichen Tag geliefert wird. V verschweigt **arglistig** einen Mangel. K entdeckt den Mangel am 10. Juli 2005 und macht Gewährleistungsansprüche geltend.
    Klären Sie die Rechtslage.

11. Am 10. Mai 2002 lässt K von V eine Dachsanierung durchführen. Am 20. Mai 2007 stellt K erhebliche Mängel - bedingt durch fehlerhafte Sanierungsarbeit - fest.
    Sind seine Mängelansprüche **verjährt**? Begründung.

12. Privatmann K kauft von Händler V einen Gebrauchtwagen. Vertraglich wird vereinbart, dass die Mängelgewährleistungsansprüche gemäß § 437 BGB ein Jahr nach Ablieferung verjähren. Nach 15 Monaten stellt K einen Mangel fest.
    Sind seine Gewährleistungsansprüche **verjährt**?

Lösungen

1. **Vorrangig**: Nacherfüllung (Nachbesserung oder Neulieferung) gemäß § 439 BGB

   - Gemäß § 434 BGB liegt ein Sachmangel vor –> K steht Nacherfüllungsanspruch zu
   - K hat Wahlrecht zwischen Nachbesserung und Neulieferung
   - V kann eine oder beide Arten der Nacherfüllung nur ablehnen, wenn gemäß § 434 Abs. 3 (1) BGB die betreffende Nacherfüllung nur mit unverhältnismäßig hohen Kosten möglich ist. Dies ist hier nicht der Fall.

   Nachrangig: (§§ 280, 281, 284, 323, 326, 440, 441 BGB)

   - Rücktritt vom Vertrag: Voraussetzungen:
     - angemessene Frist zur Nacherfüllung erfolglos abgelaufen
     - kein unerheblicher Mangel
   - Minderung: Voraussetzungen:
     - angemessene Frist zur Nacherfüllung erfolglos abgelaufen
     - auch bei unerheblichen Mängeln möglich
   - Schadensersatz statt Leistung: Voraussetzungen:
     - angemessene Frist zur Nacherfüllung erfolglos abgelaufen
     - Pflichtverletzung gemäß § 280 Abs. 1 BGB
     - Verschulden (Vertretenmüssen) des V
     - kein unerheblicher Mangel

   Im Sachverhalt liegt kein Verschulden vor, sodass das Recht „Schadensersatz statt Leistung“ nicht geltend gemacht werden kann.

   - Ersatz vergeblicher Aufwendungen (neben Rücktritt vom Vertrag):

   Voraussetzungen wie bei Schadensersatz statt Leistung; das Recht kann also hier mangels Verschulden nicht geltend gemacht werden.

   - Schadensersatz neben Leistung: Voraussetzungen:
     - Pflichtverletzung gemäß § 280 Abs. 1 BGB
     - Verschulden (Vertretenmüssen) des Verkäufers

   Da kein Verschulden vorliegt, kann dieses Recht nicht in Anspruch genommen werden.

2. Nachbesserung und / oder Neulieferung möglich auch bei geringfügigen Mängeln; verschuldensunabhängig

3. - K muss dem V zunächst eine angemessene Frist zur Nacherfüllung einräumen.
   - Nach erfolglosem Fristablauf kann K Schadensersatz statt Leistung verlangen, sofern Verschulden des V vorliegt.

4. Es liegt ein Sachmangel vor, weil der Neuwagen nicht den Werbeaussagen entspricht.

   Vorrangig **Nacherfüllung**:
   - Nachbesserung (falls durch Nachrüstung des Motors der Benzinverbrauch gedrosselt werden kann) oder
   - Neulieferung, sofern nicht unverhältnismäßig hohe Kosten anfallen

   Nachrangig, sofern angemessene Nacherfüllungsfrist erfolglos abgelaufen:

   Rücktritt vom Vertrag bzw. **Minderung**

5. Vorrangig **Nacherfüllung**: Nachbesserung (Reparatur des Fahrrads) oder Neulieferung + Schadensersatz neben der Leistung (110,00 €)

   Nachrangig, sofern angemessene Nacherfüllungsfrist erfolglos abgelaufen:

   Rücktritt vom Vertrag + **Schadensersatz statt Leistung** (Verschulden liegt aufgrund der Kenntnis der Bruchgefahr vor; Mangel nicht unerheblich) bzw. **Minderung** + **Schadensersatz neben der Leistung**

6. Es liegt ein Sachmangel vor (mangelhafte Montageanleitung + Falschmontage = Ikea-Klausel)

Vorrangig: Nacherfüllung –> Nachbesserung: • korrekte Montageanleitung liefern

• Die Fit GmbH muss altes Gerät evtl. abbauen

–> Neulieferung mit brauchbarer Montageanleitung. Die Fit GmbH muss altes Gerät abbauen und abholen.

Nachrangig, sofern angemessene Nacherfüllungsfrist erfolglos abgelaufen:

Rücktritt vom Vertrag bzw. **Minderung**

7. K kann keine Nacherfüllung verlangen, weil ein Stückkauf vorliegt. „Unmöglichkeit" gemäß § 275 Abs. 1 BGB

Rücktritt vom Vertrag: Möglich ohne Nachfristsetzung (§ 326 Abs. 5 BGB), da Nachfrist hier sinnlos

Minderung: Möglich ohne Nachfristsetzung, da Nachfrist hier sinnlos

Schadensersatz: Nein, da kein Verschulden (Vertretenmüssen) vorliegt.

8. • Verbrauchsgüterkauf liegt vor.

• Somit gilt für die ersten sechs Monate die Beweislastumkehr (§ 476 BGB): Verkäufer muss nachweisen, dass die Ware bei Übergabe noch nicht mangelhaft war.

• Erbringt V diesen Gegenbeweis nicht, wird vermutet, dass die Sache bereits bei Übergabe mangelhaft war. K kann dann also sämtliche Gewährleistungsansprüche geltend machen.

9. Regelmäßige kaufrechtliche Verjährungsfrist für Mängel: 2 Jahre ab Ablieferung

Verjährung: 10. Mai 2002 + 2 Jahre = 10. Mai 2004

K kann die Lieferung eines neuen Rasenmähers verlangen, weil die Verjährung noch nicht eingetreten ist.

10. Verjährungsfrist bei arglistig verschwiegenen Mängeln: 3 Jahre nach Kenntnis des Mangels, Beginn Jahresende

Verjährung: 31. 12. 2005 + 3 Jahre = 31. 12. 2008

K kann seine Gewährleistungsansprüche geltend machen, weil sie noch nicht verjährt sind.

11. Verjährung von Bauwerksmängeln: 5 Jahre nach Übergabe.

Verjährung: 10. Mai 2002 + 5 Jahre = 10. Mai 2007

Die Mängelansprüche sind verjährt. V kann sich auf Verjährung berufen.

12. Die Gewährleistungsfrist (Verjährungsfrist für Mängel) kann bei gebrauchten Sachen auf ein Jahr verkürzt werden. Seine Ansprüche sind daher verjährt.

Hinweise zur Farbfolie 8

Situation 1: Der Käufer hat im Rahmen seines Nacherfüllungsanspruches i. d. R. ein Wahlrecht zwischen Nachbesserung und Neulieferung. Er kann daher hier auf Neulieferung bestehen. Ausnahme: unverhältnismäßig hohe Kosten fallen an.

Situation 2: Der Käufer kann erst vom Vertrag zurücktreten, nachdem er dem Verkäufer die Chance der Nacherfüllung innerhalb einer angemessenen Frist gegeben hat (vorrangig). Erst nach erfolglosem Ablauf der Frist kann er Rücktritt vom Vertrag verlangen (nachrangig).

Situation 3: Ein werbebedingter Sachmangel liegt vor, wenn die aufgrund der in der Werbung genannten bestimmten Eigenschaften nicht vorhanden sind. Überzogene subjektive Versprechungen sind weiterhin erlaubt. Letzteres ist hier der Fall: Es liegt kein Sachmangel vor. Alternativbeispiele: „Weißer kann Wäsche nicht sein"; „Red Bull verleiht Flügel"

Kreuzworträtsel (Thema: Mangelhafte Lieferung = Schlechtleistung)

Das Lösungswort (von oben nach unten gelesen) beginnt ebenso wie der Beginn einer neuen Woche und spielt eine Rolle beim vorliegenden Thema.

(Doppelwörter ohne Leerstelle)

1. Nachrangiges Recht bei einer Schlechtleistung - auch bei geringfügigen Mängeln
2. Nachrangiges Recht bei einer Schlechtleistung - nicht bei geringfügigen Mängeln
3. Eine Nacherfüllung entfällt, wenn unverhältnismäßig hohe ... anfallen würden.
4. Nachrangiges Recht bei einer Schlechtleistung: Schadensersatz statt ...
5. Verkäufer Bös ist nicht Eigentümer der Kaufsache. Es liegt ein ... vor.
6. Eine Nachfristsetzung ist entbehrlich, wenn der Verkäufer die Nacherfüllung ...
7. Vorrangiges Recht bei einer Schlechtleistung
8. Bedeutendes Recht statt und neben der Leistung
9. Im Zusammenhang mit einer Schlechtleistung kann der Käufer unter bestimmten Voraussetzungen auch Vertragskosten zurückverlangen. Es handelt sich um Ersatz vergeblicher ...
10. Vorrangiges Recht bei einer Schlechtleistung
11. Überbegriff für vorrangige Rechte bei der Schlechtleistung
12. Die Nacherfüllung gilt als fehlgeschlagen nach ... erfolglosen Nachbesserungsversuchen.
13. Nachrangige Rechte können i. d. R. erst nach Ablauf einer angemessenen ... gefordert werden.
14. Auch falsche Aussagen in der ... können einen Sachmangel verursachen.
15. Stets notwendige Voraussetzung für die Geltendmachung von Schadensersatz
16. Ein Kaufmann laut HGB muss die Ware ... prüfen und (bei Mängeln) rügen.

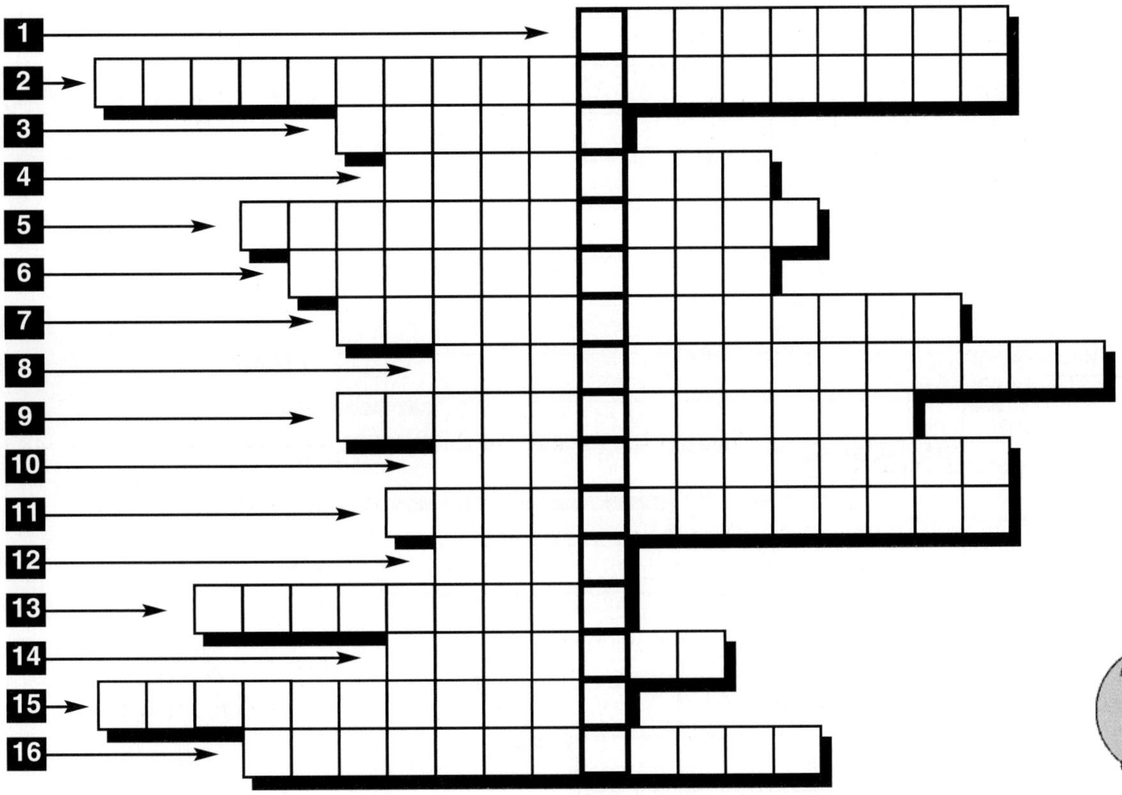

Lösungen: **(Lösungswort: MONTAGEANLEITUNG)**

1. Minderung
2. Rücktritt vom Vertrag
3. Kosten
4. Leistung
5. Rechtsmangel
6. verweigert
7. Nachbesserung
8. Schadensersatz
9. Aufwendungen
10. Neulieferung
11. Nacherfüllung
12. zwei
13. Nachfrist
14. Werbung
15. Verschulden
16. unverzüglich

Kreuzworträtsel (Thema: Mangelhafte Lieferung = Schlechtleistung)

Lösungswort (von oben nach unten gelesen): Alternativbegriff zum Thema

1. Bei den nachrangigen Rechten ist üblicherweise vorab eine ... Nachfrist zu setzen.
2. Das Recht „Rücktritt vom Vertrag“ kann ohne Nachfristsetzung u. a. in Anspruch genommen werden, wenn ein ... vorliegt.
3. Übliche Form eines Mangels
4. Ist der Käufer ein Verbraucher, gilt in den ersten sechs Monaten die ...
5. Mangelart mit „Aufbaucharakter“
6. Bei ... Sachen kann die Gewährleistungsfrist auf ein Jahr verkürzt werden.
7. Fachausdruck für einen Kauf zwischen einem Unternehmer und einem privaten Käufer
8. Unabdingbare Voraussetzung für die Geltendmachung des Rechts auf Schadensersatz
9. Klingt nach Möbelgeschäft und hat etwas mit Montageanleitungen zu tun.
10. Die Rechte Rücktritt vom Vertrag, Schadensersatz statt Leistung sowie Ersatz vergeblicher Aufwendungen können nicht beansprucht werden, wenn es sich um ... Mängel handelt.
11. Regelmäßige kaufrechtliche Verjährungsfrist für Mängel: ... Jahre
12. Für ... gilt die fünfjährige Verjährungsfrist.
13. Die Setzung einer Nacherfüllungsfrist entfällt, wenn die Leistung ... ist.
14. Unabdingbare Voraussetzung für die Geltendmachung des Rechts auf Schadensersatz (Alternativbegriff zu 8.)
15. Das Recht auf Nacherfüllung ist ...,
16. die anderen Rechte sind ...

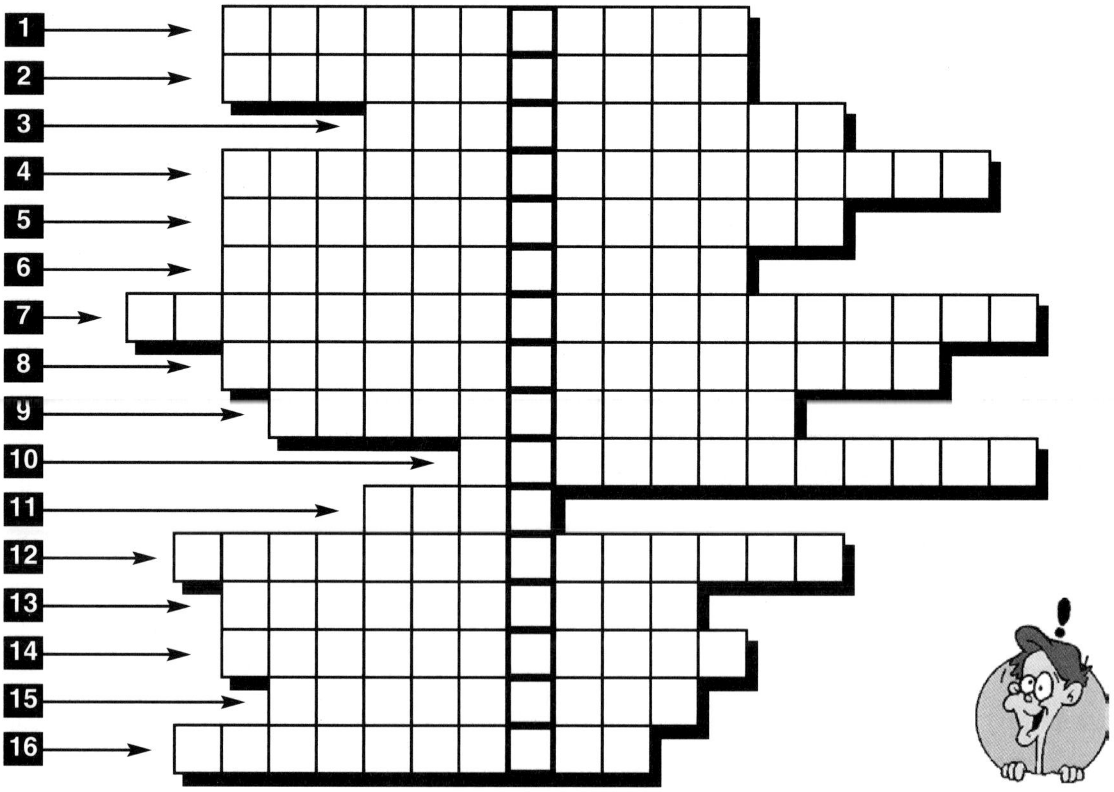

Lösungen: **(Lösungswort: SCHLECHTLEISTUNG)**

1. angemessene	5. Montagemangel	9. Ikeaklausel	13. unzumutbar
2. Fixgeschäft	6. gebrauchten	10. geringfügige	14. Verschulden
3. Sachmangel	7. Verbrauchsgüterkauf	11. zwei	15. vorrangig
4. Beweislastumkehr	8. Vertretenmüssen	12. Bauwerksmängel	16. nachrangig

Neues Schuldrecht: Weitere Infos zum Thema
Mangelhafte Lieferung (Schlechtleistung)

➤ **Neulieferung?**

➤ **Nachbesserrung?**

➤ **Sonstiges?**

- **Nacherfüllungsanspruch** vorrangig; erst nach zwei erfolglosen Nachbesserungsversuchen gilt die Nacherfüllung nach § 440 BGB als fehlgeschlagen. Folge: Die anderen Rechte (**Rücktritt vom Vertrag, Minderung, Schadensersatz statt Leistung**) können in Anspruch genommen werden.

- Die Neuregelungen zur mangelhaften Lieferung weichen in einem entscheidenden Punkt vom geltenden Recht ab, das dem Käufer die sofortige Wandelung gestattete.

  Der Verkäufer erhält so eine **letzte Chance**, den mit der Rückabwicklung des Vertrages verknüpften wirtschaftlichen Nachteil abzuwenden. Diese Möglichkeit des Verkäufers, die Rückabwicklung durch fristgerechte **Nachbesserung** oder **Neulieferung** abzuwenden, ist i. d. R. auch für den Käufer interessengerecht. Er bekommt das, was er vertraglich zu beanspruchen hat.

- Beispiel: Defekter PC –> **Nachbesserung** (einschicken ...) dauert möglicherweise recht lange –> ab 2002 kann der Käufer sofort ein neues Produkt (**Neulieferung**) verlangen! Wenn Verkäufer Letzteres ablehnt: **Rücktrittsrecht oder Preisminderung**.

- Verkäufer haftet künftig auch für falsche **Werbeaussagen**, z. B.:

  - *„Drei-Liter-Auto“* –> wirklicher Spritverbrauch ist höher
  - *„Verbrauch nur 1 Kilowattstunde / Tag!“* –> wirklicher Verbrauch: 5 kwh!
  - *„extrem umweltverträglich“* –> Produkt unterscheidet sich in keiner Weise von den anderen auf dem Markt befindlichen Produkten.

  Wichtig: Es muss sich um eine konkrete Produkteigenschaft handeln. Ein Sachmangel liegt also vor, wenn die aufgrund der in der Werbung genannten bestimmten Eigenschaften nicht vorhanden sind.

  Überzogene subjektive Versprechen sind weiterhin erlaubt und bewirken daher keinen Sachmangel.

  Beispiele:
  - *„Weißer kann Wäsche nicht sein!“*
  - Abschleppen eines Öltankers mit einem Auto-Abschleppseil

- Ein Sachmangel liegt ebenfalls vor, wenn **Montageanleitung** fehlerhaft und die Sache daher falsch montiert wird. („Lasche durch den Nippel zieh'n!“) = sog. **„Ikea-Klausel“**. Kauderwelsch-Anleitungen dürften daher der Vergangenheit angehören. Ein Durchschnittsbürger muss die Texte verstehen können.

- Ebenfalls Sachmangel: **Montagefehler** des Verkäufers

  Beispiel: Beschädigung einer Waschmaschine infolge fehlerhaften Wasseranschlusses durch Verkäufer, wodurch Wasser in Teile der Maschine eindringt, die eigentlich trocken bleiben sollten.

- Die **Rechtsprechung** wird einiges klären müssen.

  Beispiele:
  - Es ist wenig einsichtig, warum der Käufer noch nach fast zwei Jahren durch Wahl einer Ersatzlieferung in den Genuss einer neuen Sache kommen soll.
  - Bei **„unverhältnismäßig hohen Kosten“** kann der Verkäufer die Nachbesserung und/oder Neulieferung verweigern. Streitfälle sind vorprogrammiert.

  Häufig wird die Nachbesserung als unverhältnismäßig anzusehen sein.

  Beispiele:
  - Schraube mit Gewindefehler –> Nur Ersatzlieferung (Neulieferung) kommt in Frage.
  - Der Mangel an einer Waschmaschine kann durch einfaches Auswechseln einer Schraube behoben werden –> eine vom Käufer verlangte Lieferung einer neuen Waschmaschine könnte vom Verkäufer wegen der damit verbundenen unverhältnismäßigen Aufwendungen verweigert werden.
  - An einem Fahrzeug ist lediglich eine Glühbirne defekt.

- Bei einer **gebrauchten Sache** oder einem Unikat (z. B. Gemälde) ist Ersatzlieferung ausgeschlossen. Umgekehrt scheidet die Nachbesserung aus, wenn der Mangel z. B. an einem PKW zum Totalschaden führt.

- **Verbrauchsgüterkauf**: Jede von den gesetzlichen Regelungen zum Nachteil des Verbrauchers abweichende Vereinbarung ist unwirksam. Insbesondere kann die Gewährleistungsfrist nicht verkürzt werden - § 475 (2) BGB. Ausnahme: gebrauchte Waren (Verkürzung auf ein Jahr erlaubt).

- **Zweiseitiger Handelskauf**: Die Zwei-Jahres-Frist für Sachmängel kann per Vertrag verkürzt oder unter Umständen ganz ausgeschlossen werden.

- **Kauf zwischen Privaten:** Die Haftung für Sachmängel kann wie bisher grundsätzlich ausgeschlossen werden.

- **Keine Haftung des Verkäufers z. B. in folgenden Fällen:**

  - **natürlicher Verschleiß oder Abnutzung**

    Beispiele: - Bei einem PKW ist nach 20 000 km der Bremsbelag „fertig".
    - Abgenutzte Dichtungen bei einem acht Jahre alten Auto

    Ein echter **„Mangel"** liegt demgegenüber vor, wenn nach zwölf Monaten eine Bremsscheibe bricht oder ein Getriebeschaden auftritt.

  - Käufer **kennt den Mangel** bei Vertragsabschluss.

- **Betr. Verjährung der Mängelansprüche:**

  - **Lebensmittel**: Nach Ablauf des Haltbarkeitsdatums keine Rechte mehr

  - Der Käufer einer **gestohlenen Sache** kann 30 Jahre lang vom Eigentümer auf Herausgabe in Anspruch genommen werden. Damit der Käufer in diesem Fall gegen den Verkäufer vorgehen kann, gilt in diesem Fall die 30-jährige Verjährungsfrist für Rechtsmängel.

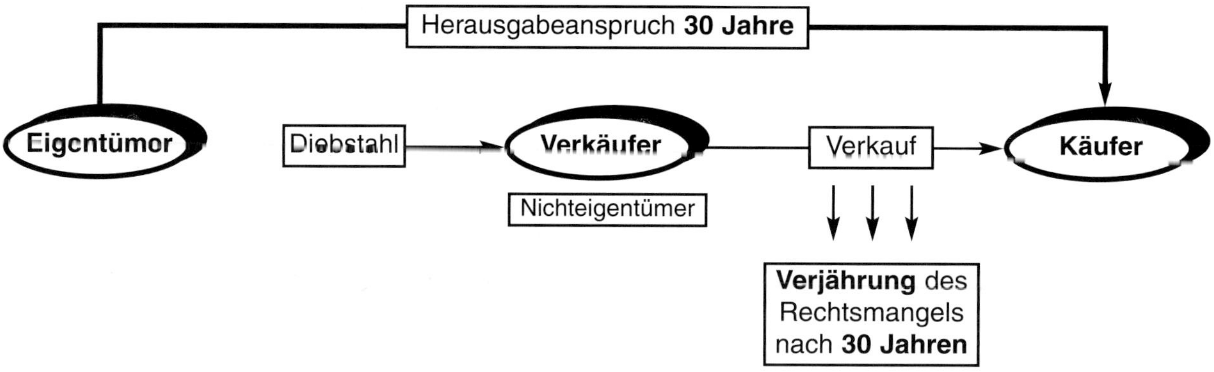

- **Verschulden (Vertreten müssen):** Schuldner hat Vorsatz und Fahrlässigkeit zu vertreten. Fahrlässig handelt, wer die im Verkehr erforderliche Sorgfalt außer Acht lässt. (§ 276 BGB)

  Beispiel: Nicht ordnungsgemäße Untersuchung der verkauften Sache durch Verkäufer (Fahrlässigkeit)

- **„Angemessene Nachfrist":** Frist muss so lang sein, dass Schuldner die Leistung auch erbringen kann. Jedoch muss es dem Schuldner nicht ermöglicht werden, die Leistung womöglich erst anzufangen und zu erbringen. Da der Schuldner seine ursprüngliche Leistungspflicht nicht hinreichend erfüllt hat, können von ihm jetzt auch größere Anstrengungen und somit schnelleres Handeln erwartet werden.

Betr.: Sachmängel gemäß § 434 Abs. 1 BGB

§ 434 (1) Satz 1 → **Sache hat nicht die <u>vereinbarte</u> Beschaffenheit**

Beispiele:

- Vereinbarte Druckgeschwindigkeit eines Druckers: 10/Min.
  Tatsächliche Druckgeschwindigkeit: 6/Min.

- Vereinbarte Farbe des PKW: rot
  Tatsächliche Farbe: blau

§ 434 (1) Satz 2 → **Falls <u>keine Vereinbarung</u> über Beschaffenheit:**

Nr. 1 Sache eignet sich nicht für die nach dem Vertrag vorausgesetzte Verwendung

Beispiele:

- Ein Sportgeschäft verkauft rote Surfanzüge. Beim ersten Wasserkontakt sind die Surfanzüge grau, der Körper des Surfers rot.

- Ein Geländewagen ist nicht geländetauglich.

Nr. 2 Sache eignet sich nicht für die gewöhnliche Verwendung und hat nicht die übliche erwartete Beschaffenheit

Beispiele:

- Gelieferte Bananen sind schwarz.

- Im Fass geliefertes Weizenbier schäumt nicht.

- Ein Hotelbett besteht aus einer Luftmatratze.

- Auf einem neunstündigen Flug nach Miami wird weder Essen noch Trinken serviert.

Neues Schuldrecht:

Mangelhafte Lieferung (Schlechtleistung)

- Übersicht: Die Bedeutung von Verschulden und Geringfügigkeit -

Aufgabe: Kreuzen Sie jeweils an, welche Rechte bei den verschiedenen Ausgangssituationen in Anspruch genommen werden können. Unterstellen Sie hierbei, dass eine Nacherfüllung keine unverhältnismäßig hohen Kosten verursachen würde.

	Ausgangssituation		Rechte					
			Vorrangig		Nachrangig			
	Verschulden?	Mangel geringfügig?	Nacherfüllung	Schadensersatz neben Leistung	Rücktritt vom Vertrag	Minderung	Schadensersatz statt Leistung	Ersatz vergeblicher Aufwendungen
1.	Nein	Nein	X		X	X		
2.	Nein	Ja	X			X		
3.	Ja	Ja	X	X		X		
4.	Ja	Nein	X	X	X	X	X	X

Hinweis: Sollte die Nacherfüllung unverhältnismäßig hohe Kosten verursachen, kann der Verkäufer diese verweigern. - § 439 (3) BGB

Neues Schuldrecht:

Mangelhafte Lieferung (Schlechtleistung)

- Übersicht: Die Bedeutung von Verschulden und Geringfügigkeit -

Aufgabe: Kreuzen Sie jeweils an, welche Rechte bei den verschiedenen Ausgangssituationen in Anspruch genommen werden können. Unterstellen Sie hierbei, dass eine Nacherfüllung keine unverhältnismäßig hohen Kosten verursachen würde.

	Ausgangssituation		Rechte					
			Vorrangig		Nachrangig			
	Verschulden?	Mangel geringfügig?	Nacherfüllung	Schadensersatz neben Leistung	Rücktritt vom Vertrag	Minderung	Schadensersatz statt Leistung	Ersatz vergeblicher Aufwendungen
1.	Nein	Nein						
2.	Nein	Ja						
3.	Ja	Ja						
4.	Ja	Nein						

Hinweis:

Test → **Mangelhafte Lieferung (Schlechtleistung) I**

Punkte

1 Käufer K kauft von Händler H einen neuen PKW. Nach zwei Tagen stellt K fest, dass eine Glühbirne der Innenbeleuchtung defekt ist. Er verlangt von H die Lieferung eines neuen PKW. H lehnt ab und ist lediglich bereit, nachzubessern.

Klären Sie die Rechtslage. **2**

2 Käufer K kauft von Händler H einen neuen PKW. Nach vier Wochen stellt K fest, dass bei langen Fahrten häufig die Heizung ausfällt. Er möchte sofort vom Vertrag zurücktreten. H ist jedoch lediglich bereit, den PKW gegen einen neuen einzutauschen.

Klären Sie die Rechtslage. **2**

3 Händler H liefert an Käufer K einen neuen PKW (Cabrio). Bei der ersten langen „offenen" Ausfahrt stellt K bei einsetzendem Regen fest, dass sich das elektronisch zu bedienende Verdeck aufgrund mehrerer Mängel nicht schließen lässt. Er muss daher das Cabrio in einem Parkhaus abstellen (Kosten 20,00 €) und sich ein Taxi nehmen (Kosten 60,00 €), um einen wichtigen Geschäftstermin nicht zu verpassen. Der Mangel war für H trotz intensiver Prüfung des PKW vor dem Verkauf nicht zu erkennen gewesen.

Prüfen Sie, welche Rechte K geltend machen kann und welche Voraussetzungen dabei zu beachten sind. **9**

4 Erklären kurz Sie den Begriff „Ikea-Klausel". **2**

5 Welche Bedeutung haben Werbeaussagen im Kaufvertragsstörungsrecht? **2**

6 Käufer K (Privatmann) kauft von Händler H einen gebrauchten PKW. Drei Monate nach Übergabe streikt der Motor. Es ist nicht feststellbar, ob der Mangel aufgrund eines Materialfehlers bereits bei Übergabe programmiert war oder auf fehlerhafte Bedienung des K zurückzuführen ist.

Kann K Gewährleistungsrechte geltend machen? Begründung. **3**

Punktesumme → **20**

Punkte:	20	19	18	17	16	15	14	13	12	11	10	9	8	7	6	5	4	3	
Note:	1,0	1,3	1,6	1,9	2,2	2,5	2,7	3,0	3,3	3,6	3,9	4,2	4,5	4,8	5,1	5,4	5,7	6,0	
1. Versuch:																			
2. Versuch:																			
3. Versuch:																			

Test → **LÖSUNGEN**

Aufgabe	Lösung	Punkte	1., 2., 3. Versuch	Erzielte Punkte
1	• H kann Neulieferung **verweigern**,	0,5	1. 2	
	weil sie mit **unverhältnismäßig hohen Kosten** verbunden wäre.	1	2. 2	
	• K muss sich mit **Nachbesserung** begnügen.	0,5	3. 2	
2	Rücktritt vom Vertrag erst möglich nach **erfolglosem Ablauf einer angemessenen Frist zur Nacherfüllung** (Nachbesserung oder Neulieferung). Sofortiger Rücktritt vom Vertrag somit nicht möglich.	2	1. 2 / 2. 2 / 3. 2	
3	Vorrangig: **Nacherfüllung** (Nachbesserung oder Neulieferung)	1	1. 9	
	Nachrangig: • **Rücktritt vom Vertrag;** Voraussetzungen:	0,5	2. 9	
	- angemessene Frist zur Nacherfüllung abgelaufen	0,5	3. 9	
	- kein unerheblicher Mangel	0,5		
	Rücktritt vom Vertrag **möglich**, da Voraussetzungen hier erfüllt	0,5		
	• **Minderung;** Voraussetzungen:	0,5		
	- angemessene Frist zur Nacherfüllung abgelaufen	0,5		
	- auch bei unerheblichen Mängeln	0,5		
	Minderung **möglich**, da Voraussetzungen erfüllt	0,5		
	• **Schadensersatz statt Leistung;** Voraussetzungen:	0,5		
	- angemessene Frist zur Nacherfüllung abgelaufen	0,5		
	- kein unerheblicher Mangel	0,5		
	- Verschulden des Verkäufers	0,5		
	Schadensersatz nicht möglich, da kein Verschulden	0,5		
	• **Schadensersatz neben Leistung;** Voraussetzung:	0,5		
	Verschulden des Verkäufers	0,5		
	Schadensersatz nicht möglich, da kein Verschulden	0,5		
4	• Mangelhafte Montageanleitung = Sachmangel,	0,5	1. 2	
	sofern Käufer hierdurch falsch montiert.	0,5	2. 2	
	• Alle Rechte aus mangelhafter Lieferung können geltend gemacht werden.	1	3. 2	
5	• Falsche Werbeaussagen bedingen einen Sachmangel.	1	1. 2	
	• Alle Rechte aus mangelhafter Lieferung können geltend gemacht werden.	1	2. 2	
			3. 2	
6	• **Verbrauchsgüterkauf** liegt vor	1	1. 3	
	• Somit gilt für die ersten sechs Monate die **Beweislastumkehr** (§ 476 BGB): Verkäufer muss nachweisen, dass Ware bei Übergabe noch nicht mangelhaft war.	1	2. 3	
	• Erbringt V Gegenbeweis nicht, wird **vermutet**, dass die Sache bereits bei Übergabe mangelhaft war. K kann dann alle **Gewährleistungsansprüche** geltend machen.	1	3. 3	

Tragen Sie Ihre Punktesumme ein und ermitteln Sie auf dem Aufgabenblatt Ihre Note.

Punktesumme 1. 20 | **Punktesumme** 2. 20 | **Punktesumme** 3. 20

Test

Mangelhafte Lieferung II (Verjährung der Mängelansprüche)

Punkte

1 K kauft am 15. Juni 2002 von Händler H einen neuen PKW. Am 20. Juni 2005 reklamiert K bei H einen erheblichen Mangel am PKW, der nachweisbar bereits bei Übergabe bestand, am 20. Juni 2005 jedoch erst von K erkannt wurde.

Trotz gewissenhafter Prüfung des PKW vor dem Verkauf war der Mangel für H nicht erkennbar.

K besteht auf Lieferung eines neuen PKW. H verweigert dies und beruft sich auf die Verjährung.

Klären und begründen Sie die Rechtslage. **3**

2 Wie wäre Fall 1 zu beurteilen, wenn H den Mangel arglistig verschwiegen hätte? Begründen Sie Ihre Ausführungen. **3**

3 K lässt von der Baufirma B einen Wintergarten anbauen. Fertigstellung: 12. Juli 2002.

Am 17. Januar 2007 stellt K fest, dass bei starkem Regenfall an einer Stelle Wasser eindringt. K fordert von B kostenlose Nachbesserung. B lehnt ab, da seines Erachtens die Angelegenheit bereits verjährt sei.

Klären und begründen Sie die Rechtslage. **3**

4 Privatmann P kauft von Händler H einen gebrauchten Drucker. Vertraglich wird vereinbart, dass die Mängelgewährleistungsansprüche nach einem halben Jahr nach Ablieferung verjähren.

Nach zehn Monaten stellt P einen Mangel fest. Sind seine Gewährleistungsansprüche verjährt? Begründung. **3**

Notenermittlung: Kreuzen Sie Ihr Ergebnis an (Korrekturanleitung: siehe Lösung).

Punkte →	12	11	10	9	8	7	6	5	4	3	2	1
Note →	1,0	1,5	2,0	2,5	3,0	3,5	4,0	4,5	5,0	5,5	6,0	6,0
1. Versuch →												
2. Versuch →												
3. Versuch →												

Test → **LÖSUNGEN**

1., 2., 3. Versuch	Erzielte Punkte

1

- Regelmäßige Verjährungsfrist für Mängel: 2 Jahre nach Ablieferung --> ❶
- Verjährung: 15. Juni 2002 + 2 Jahre = 15. Juni 2004 --> ❶
- Verjährung bereits eingetreten: K kann keine Rechte mehr geltend machen. --> ❶

Versuch	Punkte	Erzielte Punkte
1.	3	
2.	3	
3.	3	

2

- Verjährungsfrist bei arglistig verschwiegenen Mängeln: 3 Jahre nach Mangelkenntnis, Beginn Jahresende --> ❶
- Verjährung: 31. Dezember 2005 + 3 Jahre = 31. Dez. 2008 --> ❶
- Verjährung noch nicht eingetreten: K kann Nacherfüllung verlangen. --> ❶

Versuch	Punkte	Erzielte Punkte
1.	3	
2.	3	
3.	3	

3

- Verjährungsfrist bei Bauwerksmängeln: 5 Jahre nach Übergabe --> ❶
- Verjährung: 12. Juli 2002 + 5 Jahre = 12. Juli 2007 --> ❶
- Verjährung noch nicht eingetreten: K kann kostenlose Nachbesserung verlangen. --> ❶

Versuch	Punkte	Erzielte Punkte
1.	3	
2.	3	
3.	3	

4

- Gewährleistungsansprüche von Privatleuten können auf ein Jahr verkürzt werden. --> ❶
- Eine Verkürzung auf ein halbes Jahr ist daher nicht möglich. --> ❶
- Die Ansprüche des K sind folglich noch nicht verjährt. --> ❶

Versuch	Punkte	Erzielte Punkte
1.	3	
2.	3	
3.	3	

Tragen Sie Ihre Punktesumme ein und ermitteln Sie auf dem Aufgabenblatt Ihre Note.

	Versuch	Punkte	Erzielte Punkte
Punktesumme	1.	12	
Punktesumme	2.	12	
Punktesumme	3.	12	

Weitere Fälle zum Thema mangelhafte Lieferung

1. K kauft von V eine mannshohe, wertvolle, neue Skulptur, die in größeren Mengen hergestellt wird. Nach kurzer Zeit stellt er fest, dass die Skulptur einige **kleinere Risse** aufweist, die eindeutig schon bei der Übergabe vorlagen.

   K stellt V eine Frist von 14 Tagen zur Neulieferung. Nach erfolglosem Fristablauf möchte der „autolose“ K die Skulptur zurückgeben und den Kaufpreis erstattet erhalten. Hierfür mietet er einen PKW für 40,00 €, die er V in Rechnung stellen möchte.

   Klären und begründen Sie die Rechtslage.

2. Elektrohändler K kauft von V eine Stereoanlage, die er mit Gewinn an X weiterverkaufen will. Erst nach der Übergabe und Zahlung stellt sich heraus, dass die Anlage erhebliche Schäden aufweist. K setzt eine angemessene Frist zur Nachbesserung. V reagiert nicht.

   X dauert die Angelegenheit zu lange. Er kauft anderweitig ein, worauf K von V die Rückzahlung des Kaufpreises sowie den Eratz des ihm **entgangenen Gewinns** fordert.

   Klären und begründen Sie die Rechtslage.

3. Würstchenbrater W kauft von V einen Grill. Aufgrund unsachgemäßer Überprüfung bemerkt V bei der Übergabe nicht, dass der Grill beim Einsatz nicht genügend „aufheizt“. W stellt V eine angemessene Frist zur Nachbesserung. Er muss seinen Würstchenstand zwei Tage schließen und erleidet einen **Gewinnausfall** in Höhe von 300,00 €.

   Kann W den entgangenen Gewinn in Rechnung stellen? Begründung.

4. K kauft von Händler H einen Neuwagen, wobei H **arglistig** einen Mangel verschweigt. K erleidet durch die mangelhafte Lieferung einen Schaden. Er ist nicht bereit, H eine Frist zur Nacherfüllung zu geben und verlangt sofortigen Schadensersatz statt Leistung.

   Klären und begründen Sie die Rechtslage.

5. K kauft von Händler H eine Stereoanlage. Bei Anlieferung erkennt er, dass der Lautstärkeregler defekt ist. Dennoch nimmt er die Anlage **vorbehaltlos** an. Verliert er damit seine Gewährleistungsansprüche?

6. Der **Dieb** D stiehlt dem Juwelier J am 02. Januar 2002 eine wertvolle, einmalige Goldkette. Er verkauft sie zehn Jahre später an den gutgläubigen G, der sie wiederum am 15. Januar 2014 an den Juwelier X verkauft.

   Am 20. Juli 2026 erfährt J, dass sich die Goldkette bei X befindet, der die Kette folglich herausgeben muss. X möchte daraufhin gegenüber G vom Vertrag zurücktreten. G beruft sich auf die Verjährung.

   Klären und begründen Sie die Rechtslage.

Lösungen

1. • Rücktritt vom Vertrag nach Fristablauf möglich, da es sich offenbar nicht um einen geringfügigen Mangel handelt.

   • Ersatz vergeblicher Aufwendungen (§ 284 BGB) in Höhe von 40,00 € ebenfalls möglich, da:

   - kein geringfügiger Mangel

   - Verschulden des V (hätte die wertvolle Skulptur vor Verkauf auch auf kleine Risse überprüfen müssen)

2. Rücktritt vom Vertrag: Möglich, da die Nachfrist verstrichen und der Mangel nicht unerheblich ist

   Schadensersatz statt Leistung (entgangener Gewinn): Möglich, da

   - Nachfrist verstrichen
   - Verschulden vermutet werden kann
   - Mangel nicht unerheblich

3. • Verschulden liegt vor

   • Da K weiterhin Nacherfüllung verlangt, kommt Schadensersatz **statt** Leistung (mit entsprechenden Nachfristerfordernissen) nicht in Frage.

   • Es handelt sich demnach um Schadensersatz **neben** der Leistung. Eine Fristsetzung ist hier naturgemäß nicht notwendig.

4. • Schadensersatz statt Leistung hier ohne Nachfristsetzung möglich, weil es für K unzumutbar ist, einem Betrüger einen Nacherfüllungsversuch zu gestatten.

   • Es liegen demnach **„besondere Umstände“** gemäß § 323 (2) 3 bzw. 281 (2) 2 bzw. 440 S. 1 vor.

5. Nein. Das vorbehaltlose Annehmen einer mangelhaften Sache ist nach neuem Schuldrecht unschädlich. Er kann also sämtliche Rechte weiterhin geltend machen.

   Hinweis: Laut § 440 BGB sind die Rechte des K nur ausgeschlossen, „wenn er bei **Vertragsabschluss** den Mangel kennt.“ Hier war dies nicht der Fall.

6. • Die Goldkette gehörte nicht G, sodass ein **Rechtsmangel** vorlag (§ 435 BGB).

   • Dingliche Herausgaberechte Dritter verjähren 30 Jahre nach Ablieferung.

   • Verjährung: 15. Januar 2014 + 30 Jahre = 15. Januar 2044

   –> Mangelanspruch am 20. Juli 2026 noch nicht verjährt

   –> X kann Rücktritt vom Vertrag gegenüber G verlangen

Neues Schuldrecht:
Die mangelhafte Lieferung

Eine handlungsorientierte Unterrichtsskizze von **Frank Nierath**

Unterrichtsverlaufsplan

Unterrichts-phase	Geplantes Lehrerverhalten Erwartetes Schülerverhalten	Methoden/Medien/ Sozialformen
Einstieg	L. spielt den ersten Teil des Einstiegsdialogs auf Kassettenrekorder vor und bittet die S., den Inhalt kurz mit eigenen Worten wiederzugeben.	Kassettenrekorder, L-S-Gespräch
Erarbeitungs-phase I	L. teilt das Informationsblatt aus, legt die Einstiegsfolie auf und erarbeitet mit den S. anhand des Arbeitsblatts Nr. 1 die verschiedenen Mängelarten und die Rechte des Käufers.	Info-Blatt; AB Nr. 1; Folie; L-S-Gespräch
Erarbeitungs-phase II	L. spielt den zweiten Teil des Dialogs vor, kündigt die Gruppenarbeit an und erläutert die Arbeitsaufträge. L. teilt die Arbeitsblätter aus und bittet die S., sie in Gruppenarbeit zu bearbeiten. Die themendifferenzierten Gruppen wurden bereits vorher nach dem Auswahlprinzip zusammengesetzt. S. führen die Arbeitsaufträge in Gruppenarbeit aus, L. als Berater verfügbar.	Kassettenrekorder; Info-Blatt; Arbeitsblätter Nr. 2 bis 5; Gruppenarbeit
Ergebnis-sicherung	L. beendet die Gruppenarbeit und bittet die S., die Arbeitsergebnisse auf Folie zu präsentieren. S. tragen die Arbeitsergebnisse auf Folien vor. L. stellt ggf. Impuls- oder Verständnisfragen. S. diskutieren einige vorgebrachte Argumente. L. legt das Info-Blatt als Folie auf und fasst das Ergebnis der Stunde nochmals zusammen.	Folien L-S-Gespräch S-Vortrag S-S-Gespräch L-S-Gespräch

Eingangsdialog: „Alles durcheinander und verkehrt!"

Frau Ressmann: Das kann doch nicht wahr sein! (Es raschelt im Hintergrund.) Nun packe ich die Ware aus und stelle fest, dass nur 5 statt der 55 bestellten Sweatshirts von der Natur Pur GmbH geliefert wurden!

Frau Schmidt (Schritte): Was gibt es denn, Frau Ressmann?

Frau Ressmann: Gut, dass Sie kommen, Frau Schmidt! Die Natur Pur GmbH hat viel zu wenige Sweatshirts geliefert. Dabei fiel der Einstandspreis extrem günstig aus, denn der Lieferer hat uns in seinem Angebot 10 % Rabatt gewährt.

Frau Schmidt: Ich kann mich ebenfalls ärgern. Eben packe ich die zweite Lieferung aus und stelle fest, dass statt der roten T-Shirts nur diese blauen T-Shirts zu 9,89 € je Stück geliefert wurden. Als ich beim Lieferer Natur Pur GmbH anrief, erfuhr ich, dass die roten T-Shirts nicht mehr lieferbar sind.

Frau Ressmann: Diese T-Shirts, Frau Schmidt? Da kann ich sie beruhigen, das ist nicht so schlimm. Wir haben in der letzten Saison sehr viele dieser blauen T-Shirts verkaufen können, auch wenn sie eine nicht so gute Qualität aufweisen.

Herr Gieseler (Schritte): Frau Ressmann, eben verließ unser bester Kunde, der Golf-Spieler Herr Dr. Lüdenscheid, wütend unser Geschäft, da wir keine Baumwoll-Poloshirts mehr haben. Statt der bestellten 50 Baumwoll-Poloshirts bester Qualität sind nur 50 schlecht verkäufliche Poloshirts aus Mischgewebe geliefert worden. Die Begründung auf dem Lieferschein lautet: Die Baumwoll-Poloshirts werden schon seit längerer Zeit nicht mehr hergestellt.

Frau Ressmann: Das ist sehr ärgerlich. Dadurch sind uns bestimmt über 100,00 € Gewinn entgangen, und wir haben noch dazu einen guten Kunden verloren.

Herr Waldmann (Schritte): Auch ich habe keine guten Nachrichten, Frau Ressmann. Die vierte Lieferung der Natur Pur GmbH enthält Poloshirts ohne Knöpfe. Und diese Knöpfe besitzt nur die Natur Pur GmbH in Erfurt. Außerdem weisen die fünf extra bestellten T-Shirts immer noch die bekannten Ölflecke auf. Schon zweimal hat die Natur Pur GmbH versucht, die Ölflecken zu entfernen, alles erfolglos.

Frau Ressmann: Die Poloshirts ohne Knöpfe haben wir ebenfalls zu einem äußerst günstigen Preis erhalten, Herr Waldmann. Die fünf extra bestellten T-Shirts weisen dagegen einen äußerst hohen Listenpreis auf, den die Konkurrenzfirma Sporttextilien Keller GmbH auf jeden Fall unterbieten kann. Dies habe ich heute Morgen in einem Gespräch mit Herrn Keller zufällig erfahren. Herr Waldmann, ich gebe Ihnen hier die fünf Reklamationszettel. Bitte überlegen Sie sich bis heute Nachmittag, welche Rechte wir im Zusammenhang mit diesen fünf fehlerhaften Lieferungen in Anspruch nehmen können, und verfassen Sie bitte hierzu die entsprechenden Geschäftsbriefe.

Herr Waldmann: Gern, Frau Ressmann. Dieses Thema haben wir gerade gestern in der Berufsschule behandelt...

Thema: Rechte des Käufers bei mangelhafter Lieferung

Arbeitsblatt Nr. 1: „Statt 55 Sweatshirts nur 5!"

Bearbeitungsdauer: 12 Minuten

Frau Ressmann: Das kann doch nicht wahr sein! *(Es raschelt im Hintergrund.)* Nun packe ich die Ware aus und stelle fest, dass nur 5 statt der 55 bestellten Sweatshirts von der Firma Natur Pur GmbH geliefert wurden!

Frau Schmidt (Schritte): Was gibt es denn, Frau Ressmann?

Frau Ressmann: Gut, dass Sie kommen, Frau Schmidt! Die Natur Pur GmbH hat viel zu wenig Sweatshirts geliefert. Dabei fiel der Einstandspreis extrem günstig aus, denn der Lieferer hat uns in seinem Angebot 10 % Rabatt gewährt.

REKLAMATIONSZETTEL

Lieferant:	*Fa. Natur Pur GmbH Marienstraße 11-17 21334 Lüneburg*	**Ware**: *5 Sweatshirts „green-fields", Art.-Nr. 5685*	
		angenommen von: *Ressmann*	**angenommen am:** *22-10-02*
Lieferschein-Nr.:	*1905*	**kontrolliert von:** *Ressmann*	**kontrolliert am:** *22-10-02*
Geliefert durch:	*Fa. Natur Pur GmbH*	**Reklamationsgrund**: *Statt 55 Sweatshirts nur 5 geliefert*	

Versetzen Sie sich in Holger Waldmanns Situation.

1. Halten Sie in Form einer Verbindungslinie zwischen den Kästchen auf dem Informationsblatt fest, um welche Art des Mangels es sich handelt!
2. Diskutieren Sie in der Gruppe mit Hilfe des Informationsblatts, welches Recht er gegenüber der Firma Natur Pur GmbH geltend machen soll.
3. Halten Sie Ihre Entscheidung auf dem nachfolgenden Briefblattvordruck fest, den Sie Frau Ressmann zur Unterschrift vorlegen.
4. Begründen Sie Ihre Entscheidung kurz.

Briefblattvordruck zu Arbeitsblatt Nr. 1

Sports World GmbH
Wagnerstraße 159
01109 Dresden

Sports World GmbH, Wagnerstraße 159, 01109 Dresden

Fa. Natur Pur GmbH
z. H. Frau Müller
Marienstraße 11-17

21334 Lüneburg

Ihr Zeichen, Ihre Nachricht vom	Unser Zeichen, unsere Nachricht vom	Telefon	Datum
		0351 72169	22-10-02

Mängelrüge: Lieferung vom 22-10-02, Lieferschein-Nr. 1905

Sehr geehrte Frau Müller,

am 22. Oktober 2002 lieferten Sie uns lediglich 5 Sweatshirts „green-fields", Art.-Nr. 5685, obwohl wir 55 hiervon bestellt hatten. Entsprechend der gesetzlichen Vorschriften

....

....

....

....

Mit freundlichen Grüßen

i. V. Waldmann

Begründung der Entscheidung:

....

....

....

Thema: Rechte des Käufers bei mangelhafter Lieferung

Arbeitsblatt Nr. 2: „Statt roter T-Shirts blaue T-Shirts!"

Bearbeitungsdauer: 12 Minuten

Frau Schmidt: Ich kann mich ebenfalls ärgern. Eben packe ich die zweite Lieferung aus und stelle fest, dass statt der roten T-Shirts nur diese blauen T-Shirts zu 9,89 € je Stück geliefert wurden. Als ich beim Lieferer Natur Pur GmbH anrief, erfuhr ich, dass die roten T-Shirts nicht mehr lieferbar sind.

Frau Ressmann: Diese T-Shirts, Frau Schmidt? Da kann ich Sie beruhigen, das ist nicht so schlimm. Wir haben in der letzten Saison sehr viele dieser blauen T-Shirts verkaufen können, auch wenn sie eine nicht so gute Qualität aufweisen.

REKLAMATIONSZETTEL

Lieferant:	*Fa. Natur Pur GmbH* *Marienstraße 11-17* *21334 Lüneburg*	**Ware**: *55 T-Shirts „blue dreams", Art.-Nr. 5658*
		angenommen von: *Schmidt* — **angenommen am**: *22-10-02*
Lieferschein-Nr.:	*1906*	**kontrolliert von**: *Schmidt* — **kontrolliert am**: *22-10-02*
Geliefert durch:	*Fa. Natur Pur GmbH*	**Reklamationsgrund**: *Statt 55 roter T-Shirts nur 55 blaue geliefert*

Versetzen Sie sich in Holger Waldmanns Situation.

1. Halten Sie in Form einer Verbindungslinie zwischen den Kästchen auf dem Informationsblatt fest, um welche Art des Mangels es sich handelt!
2. Diskutieren Sie in der Gruppe mit Hilfe des Informationsblatts, welches Recht er gegenüber der Firma Natur Pur GmbH geltend machen soll.
3. Halten Sie Ihre Entscheidung auf dem nachfolgenden Briefblattvordruck fest, den Sie Frau Ressmann zur Unterschrift vorlegen.
4. Begründen Sie Ihre Entscheidung kurz.

Briefblattvordruck zu Arbeitsblatt Nr. 2

Sports World GmbH
Wagnerstraße 159
01109 Dresden

Sports World GmbH, Wagnerstraße 159, 01109 Dresden

Fa. Natur Pur GmbH
z. H. Frau Müller
Marienstraße 11-17

21334 Lüneburg

Ihr Zeichen, Ihre Nachricht vom	Unser Zeichen, unsere Nachricht vom	Telefon	Datum
		0351 72169	22-10-02

Mängelrüge: Lieferung vom 22-10-02, Lieferschein-Nr. 1906

Sehr geehrte Frau Müller,

am 22. Oktober 2002 lieferten Sie uns 55 T-Shirts „blue dreams", Art.-Nr. 5658, obwohl wir 55 rote T-Shirts „red summer“, Art.-Nr. 6558 bestellt hatten. Entsprechend der gesetzlichen Vorschriften

....

....

....

....

Mit freundlichen Grüßen

i. V. Waldmann

Begründung der Entscheidung:

....

....

....

Thema: Rechte des Käufers bei mangelhafter Lieferung

Arbeitsblatt Nr. 3: „Statt Baumwolle nur Mischgewebe!"

Bearbeitungsdauer: 12 Minuten

Herr Gieseler (Schritte): Frau Ressmann, eben verließ unser bester Kunde, der Golf-Spieler Herr Dr. Lüdenscheid, wütend unser Geschäft, da wir keine Baumwoll-Poloshirts mehr haben. Statt der bestellten 50 Baumwoll-Polo-Shirts bester Qualität sind nur 50 schlecht verkäufliche Poloshirts aus Mischgewebe geliefert worden. Die Begründung auf dem Lieferschein lautet: Die Baumwoll-Poloshirts werden schon seit längerer Zeit nicht mehr hergestellt.

Frau Ressmann: Das ist sehr ärgerlich. Dadurch sind uns bestimmt über 100,00 € Gewinn entgangen, und wir haben noch dazu einen guten Kunden verloren.

REKLAMATIONSZETTEL

Lieferant:	*Fa. Natur Pur GmbH* *Marienstraße 11-17* *21334 Lüneburg*	**Ware**: *50 Poloshirts „Golf Sport", Art.-Nr. 9985*	
		angenommen von: *Gieseler*	**angenommen am**: *22-10-02*
Lieferschein-Nr.:	*1907*	**kontrolliert von**: *Gieseler*	**kontrolliert am**: *22-10-02*
Geliefert durch:	*Fa. Natur Pur GmbH*	**Reklamationsgrund**: *Statt 50 Baumwoll-Poloshirts nur 50 Poloshirts aus Mischgewebe geliefert*	

Versetzen Sie sich in Holger Waldmanns Situation.

1. Halten Sie in Form einer Verbindungslinie zwischen den Kästchen auf dem Informationsblatt fest, um welche Art des Mangels es sich handelt!
2. Diskutieren Sie in der Gruppe mit Hilfe des Informationsblatts, welches Recht er gegenüber der Firma Natur Pur GmbH geltend machen soll.
3. Halten Sie Ihre Entscheidung auf dem nachfolgenden Briefblattvordruck fest, den Sie Frau Ressmann zur Unterschrift vorlegen.
4. Begründen Sie Ihre Entscheidung kurz.

Briefblattvordruck zu Arbeitsblatt Nr. 3

Sports World GmbH
Wagnerstraße 159
01109 Dresden

Sports World GmbH, Wagnerstraße 159, 01109 Dresden

Fa. Natur Pur GmbH
z. H. Frau Müller
Marienstraße 11-17

21334 Lüneburg

Ihr Zeichen, Ihre Nachricht vom	Unser Zeichen, unsere Nachricht vom	Telefon	Datum
		0351 72169	22-10-02

Mängelrüge: Lieferung vom 22-10-02, Lieferschein-Nr. 1907

Sehr geehrte Frau Müller,

am 22. Oktober 2002 lieferten Sie uns 50 Poloshirts „Golf Sport" aus Mischgewebe, Art.-Nr. 9985, obwohl wir 50 Baumwoll-Poloshirts, Art.-Nr. 9958 bestellt hatten. Entsprechend der gesetzlichen Vorschriften

....

....

....

....

Mit freundlichen Grüßen

i. V. Waldmann

Begründung der Entscheidung:

....

....

....

Thema: Rechte des Käufers bei mangelhafter Lieferung

Arbeitsblatt Nr. 4: „Poloshirts ohne Knöpfe!"

Bearbeitungsdauer: 12 Minuten

Herr Waldmann (Schritte): Auch ich habe keine guten Nachrichten, Frau Ressmann. Die vierte Lieferung der Natur Pur GmbH enthält Poloshirts ohne Knöpfe. Und diese Knöpfe besitzt nur die Natur Pur GmbH in Erfurt.

Frau Ressmann: Die Poloshirts ohne Knöpfe haben wir ebenfalls zu einem äußerst günstigen Preis erhalten, Herr Waldmann.

REKLAMATIONSZETTEL

Lieferant:	*Fa. Natur Pur GmbH* *Marienstraße 11-17* *21334 Lüneburg*	**Ware**: *25 Poloshirts „red world", Art.-Nr. 9986*	
		angenommen von: *Waldmann*	**angenommen am**: *22-10-02*
Lieferschein-Nr.:	*1908*	**kontrolliert von**: *Waldmann*	**kontrolliert am**: *22-10-02*
Geliefert durch:	*Fa. Natur Pur GmbH*	**Reklamationsgrund**: *Poloshirts ohne Knöpfe geliefert*	

Versetzen Sie sich in Holger Waldmanns Situation.

1. Halten Sie in Form einer Verbindungslinie zwischen den Kästchen auf dem Informationsblatt fest, um welche Art des Mangels es sich handelt!
2. Diskutieren Sie in der Gruppe mit Hilfe des Informationsblatts, welches Recht er gegenüber der Firma Natur Pur GmbH geltend machen soll.
3. Halten Sie Ihre Entscheidung auf dem nachfolgenden Briefblattvordruck fest, den Sie Frau Ressmann zur Unterschrift vorlegen.
4. Begründen Sie Ihre Entscheidung kurz.

Briefblattvordruck zu Arbeitsblatt Nr. 4

Sports World GmbH
Wagnerstraße 159
01109 Dresden

Sports World GmbH, Wagnerstraße 159, 01109 Dresden

Fa. Natur Pur GmbH
z. H. Frau Müller
Marienstraße 11-17

21334 Lüneburg

Ihr Zeichen, Ihre Nachricht vom	Unser Zeichen, unsere Nachricht vom	Telefon	Datum
		0351 72169	22-10-02

Mängelrüge: Lieferung vom 22-10-02, Lieferschein-Nr. 1908

Sehr geehrte Frau Müller,

am 22. Oktober 2002 lieferten Sie uns 25 Poloshirts „red world", Art.-Nr. 9986. Leider mussten wir feststellen, dass die Poloshirts keine Knöpfe aufweisen. Entsprechend der gesetzlichen Vorschriften

....

....

....

....

Mit freundlichen Grüßen

i. V. Waldmann

Begründung der Entscheidung:

....

....

....

Thema: Rechte des Käufers bei mangelhafter Lieferung

Arbeitsblatt Nr. 5: „T-Shirts mit Ölflecken!"

Bearbeitungsdauer: 12 Minuten

Herr Waldmann: ... Außerdem weisen die fünf extra bestellten T-Shirts immer noch die bekannten Ölflecke auf. Schon zwei Mal hat die Natur Pur GmbH versucht, die Ölflecken zu entfernen, alles erfolglos.

Frau Ressmann: ... Die fünf extra bestellten T-Shirts weisen... einen äußerst hohen Listenpreis auf, den die Konkurrenzfirma Sporttextilien Keller GmbH auf jeden Fall unterbieten kann. Dies habe ich heute Morgen in einem Gespräch mit Herrn Keller zufällig erfahren.

REKLAMATIONSZETTEL

Lieferant:	*Fa. Natur Pur GmbH* *Marienstraße 11-17* *21334 Lüneburg*	**Ware**: *5 T-Shirts „New York",* *Art.-Nr. 4532*	
		angenommen von: *Waldmann*	**angenommen am**: *22-10-02*
Lieferschein-Nr.:	*1909*	**kontrolliert von**: *Waldmann*	**kontrolliert am**: *22-10-02*
Geliefert durch:	*Fa. Natur Pur GmbH*	**Reklamationsgrund**: *T-Shirts weisen immer noch Ölflecken auf*	

Versetzen Sie sich in Holger Waldmanns Situation.

1. Halten Sie in Form einer Verbindungslinie zwischen den Kästchen auf dem Informationsblatt fest, um welche Art des Mangels es sich handelt!
2. Diskutieren Sie in der Gruppe mit Hilfe des Informationsblatts, welches Recht er gegenüber der Firma Natur Pur GmbH geltend machen soll.
3. Halten Sie Ihre Entscheidung auf dem nachfolgenden Briefblattvordruck fest, den Sie Frau Ressmann zur Unterschrift vorlegen.
4. Begründen Sie Ihre Entscheidung kurz.

Briefblattvordruck zu Arbeitsblatt Nr. 5

Sports World GmbH
Wagnerstraße 159
01109 Dresden

Sports World GmbH, Wagnerstraße 159, 01109 Dresden

Fa. Natur Pur GmbH
z. H. Frau Müller
Marienstraße 11-17

21334 Lüneburg

Ihr Zeichen, Ihre Nachricht vom	Unser Zeichen, unsere Nachricht vom	Telefon	Datum
		0351 72169	22-10-02

Mängelrüge: Lieferung vom 22-10-02, Lieferschein-Nr. 1909

Sehr geehrte Frau Müller,

am 22. Oktober 2002 lieferten Sie uns 5 T-Shirts „New York", Art.-Nr. 4532. Leider mussten wir feststellen, dass die T-Shirts trotz Ihrer zweimaligen Nachbesserungen immer noch die von uns bereits beanstandeten Ölflecke aufweisen. Entsprechend der gesetzlichen Vorschriften

....

....

....

....

Mit freundlichen Grüßen

i. V. Waldmann

Begründung der Entscheidung:

....

....

....

Folie

Rechte des Käufers bei mangelhafter Lieferung

Vorrangiges Recht = Nacherfüllung

Nachbesserung (Mängelbeseitigung) oder **Ersatzlieferung** (Lieferung mangelfreier oder fehlender Ware)

§

Nachrangige Rechte, wenn:

- zwei Nachbesserungsversuche erfolglos verlaufen sind
- gesetzte Nacherfüllungsfrist abgelaufen ist
- Verkäufer nicht nacherfüllen kann oder will

Wahlrecht des Käufers		
Rücktritt	**Minderung**	**Schadensersatz**
Käufer verzichtet auf die Sache und bekommt sein Geld zurück	Käufer behält die Sache u. verlangt Preisreduzierung	Dem Käufer entsteht ein Schaden, für den er Ersatz verlangen kann

Mangelhafte Lieferung: Mängelarten

Mangel in der **Menge**	Mangel in der **Art**	Mangel in der **Beschaffenheit** (geringfügig)	Mangel in der **Beschaffenheit** (erheblich)	Mangel in der **Qualität**
Statt roter T-Shirts blaue T-Shirts	Statt 55 Sweat-shirts nur 5	Poloshirts ohne Knöpfe	Statt Baumwolle nur Mischgewebe	T-Shirts mit Ölflecken

Mängelrüge: Benachrichtigung des Lieferanten über

- die mangelhafte Lieferung mit Angabe über die Art des Mangels
- das geforderte Gewährleistungsrecht

Lösungen

Obiges Bild

Mangel in der **Menge**	Mangel in der **Art**	Mangel in der **Beschaffenheit** (geringfügig)	Mangel in der **Beschaffenheit** (erheblich)	Mangel in der **Qualität**
Statt roter T-Shirts blaue T-Shirts	Statt 55 Sweatshirts nur 5	Poloshirts ohne Knöpfe	Statt Baumwolle nur Mischgewebe	T-Shirts mit Ölflecken

Ergänzungen auf Briefblattvordrucken (BV)

BV zu Arbeitsblatt Nr. 1	**Textergänzung oben:**	*bitten wir Sie, die restlichen 50 Sweatshirts nachzuliefern.*
	Begründung:	*Vorrangiges Recht; günstigeres Angebot als Konkurrenz*
BV zu Arbeitsblatt Nr. 2	**Textergänzung oben:**	*schlagen wir vor, dass wir die Ware behalten und als Ausgleich hierfür den vereinbarten Preis von 9,89 € je T-Shirt auf 8,89 € mindern.*
	Begründung:	*Nachrangiges Recht, da weder Nachbesserung noch Ersatzlieferung möglich; Rücktritt unwirtschaftlich, da T-Shirts gut verkäuflich*
BV zu Arbeitsblatt Nr. 3	**Textergänzung oben:**	*verlangen wir 100,00 € Schadensersatz, weil uns durch Ihre fehlerhafte Lieferung ein guter Kunde unseres Hauses verloren gegangen ist. Die Ware senden wir an Sie zurück.*
	Begründung:	*Nachrangiges Recht, da weder Nachbesserung noch Ersatzlieferung möglich; Minderung und Rücktritt unwirtschaftlich, da in erster Linie ein mittelbarer Schaden (entgangener Gewinn) entstanden und zu ersetzen ist. Ware lässt sich nicht gut verkaufen.*
BV zu Arbeitsblatt Nr. 4	**Textergänzung oben:**	*bitten wir Sie, kostenlos die fehlenden Knöpfe an den Poloshirts anzubringen und uns die Ware erneut zuzusenden.*
	Begründung:	*Vorrangiges Recht; geringfügiger Mangel, der ohne besonderen Aufwand beseitigt werden kann; äußerst günstiger Preis*
BV zu Arbeitsblatt Nr. 5	**Textergänzung oben:**	*treten wir vom Kaufvertrag zurück und senden Ihnen hiermit die mangelhafte Ware zurück.*
	Begründung:	*Nachrangiges Recht, da bereits zwei Nachbesserungsversuche erfolglos verlaufen sind; Minderung unwirtschaftlich und unzweckmäßig, da die T-Shirts bei der Konkurrenz günstiger zu beziehen sind.*

Die Fälle

Kakerlaken & Co. im Urlaub

Einige Beispiele aus der Reiserechtsprechung hinsichtlich unliebsamem Getier:

- **Kakerlaken** im Hotel in Tunesien
- **Flöhe** im Bett auf Kuba
- **Geckos** im Hotel (Hawaii)
- **Ameisen** auf Mallorca
- **Ratte** im Hotelzimmer
- **Filzläuse** auf Kreuzfahrtschiff
- **Raupen**plage im Hotel

§

Urteile

- i. d. R. zumutbar ! (Kakerlaken, Flöhe, Geckos, Ameisen)
- (teilweise) Reisepreiserstattung (Ratte, Filzläuse, Raupenplage)

Der Fall

Polonaise mit Folgen: Ziegenangriff in der Algarve

Ein Ehepaar reihte sich auf der Terrasse ihres Urlaubshotels in eine Polonaise ein. Plötzlich kletterten einige Ziegen durch ein Loch in der Mauer, die das Hotelgelände umgab. Ein Ziegenbock griff die Frau an, traf sie an der Hüfte und warf sie zu Boden.
Folge: Ihr linkes Bein wurde ausgekugelt, Bänder in linkem Knie und Bein rissen. Die Ärzte rieten zu sechs Wochen Bettruhe. Eine Woche musste die Frau in einer Privatklinik in Faro verbringen.

Wieder in Deutschland verlangte die Frau vom Reiseveranstalter die Rückzahlung des Reisepreises, Erstatttung von Auslagen (Telefon, Übersetzungskosten...) sowie ein Schmerzensgeld von 5.250,00 €. Der Veranstalter lehnte ab, die Frau klagte.

§

Urteil

Das Loch in der Mauer stellt keinen Reisemangel dar. Die Mauer sei nicht als Schutzeinrichtung gedacht, sondern nur als Sichtschutz. Sie könne daher auch Löcher aufweisen. Die Ziegenattacke sei ihr persönliches Pech. Mit dem Eindringen der Ziegen habe niemand rechnen können. Den Veranstalter trifft keine Schuld.

LG Frankfurt/M., Az.: 2/21 O 60/99

Der Fall

HOT 1/02

Rühreier-Manko in der Türkei

Türkei-Urlauber buchten ein Sonderangebot in einem Fünf-Sterne-Hotel in der Türkei. Vor Ort reklamierten sie folgende Punkte:
- Beim **Frühstück** gäbe es nur einmal pro Woche Rühreier.
- Kleiderordnung: Urlauber erschienen in Badekleidung beim Essen.

Sie klagten auf Reisepreisminderung.

§

Urteil

Keine Reisepreisminderung

Begründung:
- Im Reisekatalog war lediglich von „landesüblichem Frühstück mit nationalen Speisen“ die Rede. Rühreier gehörten hier offenbar nicht dazu.
- Eine „besondere Kleiderordnung“ wurde für das Hotel nirgends mitgeteilt. Es sei somit davon auszugehen, dass einige Gäste diese Freiheit nutzen.
- Bei Sonderangeboten muss damit gerechnet werden, dass Gäste anwesend sind, die normalerweise kein Fünf-Sterne-Hotel buchen und auch nicht bereit gewesen wären, sich einer Kleiderordnung anzupassen.

Landgericht Düsseldorf, Az.: 22 S 54/00

Der Fall

HOT 1/02

Keine Panik auf der Titanic

Ein Ehepaar nahm an einer Kreuzfahrt teil. Durch den starken Seegang schaukelte das Schiff ständig - das Paar kämpfte mit Übelkeit und klagte auf Reisepreisminderung.

§

Urteil

Keine Reisepreisminderung, da Reiseveranstalter auf Wetter keinen Einfluss nehmen kann.

Amtsgericht München, Az.: 274 C 234427/00

9.4 Nicht-Rechtzeitig-Lieferung

§ § § § § § § §

Betr.: Wirkungen des Rücktritts vom Vertrag (§ 346 ff)

Ziel des Rücktritts: Wiederherstellung der Rechtslage vor Vertragsschluss

Rückgewähr der empfangenen Leistungen → alternativ bei Unmöglichkeit der Rückgewähr → **Wertersatz leisten**

Voraussetzungen: Unmöglichkeit der Rückgewähr, weil:

- Rückgewährung naturgemäß ausgeschlossen
- Sache ist
  - verbraucht
  - untergegangen
  - verschlechtert
  - veräußert
  - verarbeitet
  - umgestaltet
  - belastet

Herausgabe gezogener Nutzungen →

- auch Gebrauchsvorteile (z. B. Nutzung)
- je nach Abnutzung (Wertminderung)

Schadensersatz: Der Schlüsselparagraf –> § 280 BGB

§ 280 BGB
Schadensersatz wegen Pflichtverletzung

Pflichtverletzung (PV) –> Schadensersatz möglich, wenn Schuldner PV zu **vertreten** hat

Abs. 1

Präzisierung notwendig → **Abs. 2**

Verzögerungsschaden
(Nicht-Rechtzeitig-Lieferung bzw. -Zahlung)

Zusätzliche Voraussetzungen **§ 286 BGB**

Mahnung!!

Präzisierung notwendig → **Abs. 3**

Schadensersatz statt Leistung

Zusätzliche Voraussetzungen **§ 281 BGB**

Nachfrist!!

Nicht-Rechtzeitig-Lieferung • Rechte des Käufers

Lieferung verlangen + evtl. Schadensersatz (Verzögerungsschaden)

§ 286 BGB

Voraussetzungen

- **Fälligkeit**
- **Verschulden**
- **Mahnung** → **entbehrlich**, wenn: (§ 286 (2) BGB)
  - Verkäufer verweigert Lieferung
  - Liefertermin kalendermäßig bestimmt, Zweckkauf
  - Besondere Gründe, z. B.:
    - Selbstmahnung des Schuldners mit eigener Ankündigung des Lieferungstermins
    - Eilbedürftige Pflichten (z. B. Reparatur Wasserrohrbruch; Warnpflichten, die sofort erfüllt werden müssen, um drohende Schäden zu verhindern)

Schadensersatz statt Leistung (Nichterfüllungsschaden)

§ 281 BGB

Voraussetzungen

- **Fälligkeit**
- **Verschulden**
- angemess. **Nachfrist** → **entbehrlich**, wenn: (§ 281 (2) BGB)
  - Verkäufer verweigert Lieferung
  - Besondere Umstände ...

Anstelle Sch'ersatz statt Lief. möglich:

Ersatz vergeblicher Aufwendungen (§ 284 BGB)

z. B. Vertragskosten

Beide Rechte gleichzeitig anwendbar!

Rücktritt vom Vertrag

§ 323 BGB

Voraussetzungen

- **Fälligkeit**
- angemess. **Nachfrist** → **entbehrlich**, wenn: (§ 323 (2) BGB)
  - Verkäufer verweigert Lieferung
  - Liefertermin kalendermäßig bestimmt, Zweckkauf
  - Besondere Umstände ...

Nicht-Rechtzeitig-Lieferung • Rechte des Käufers

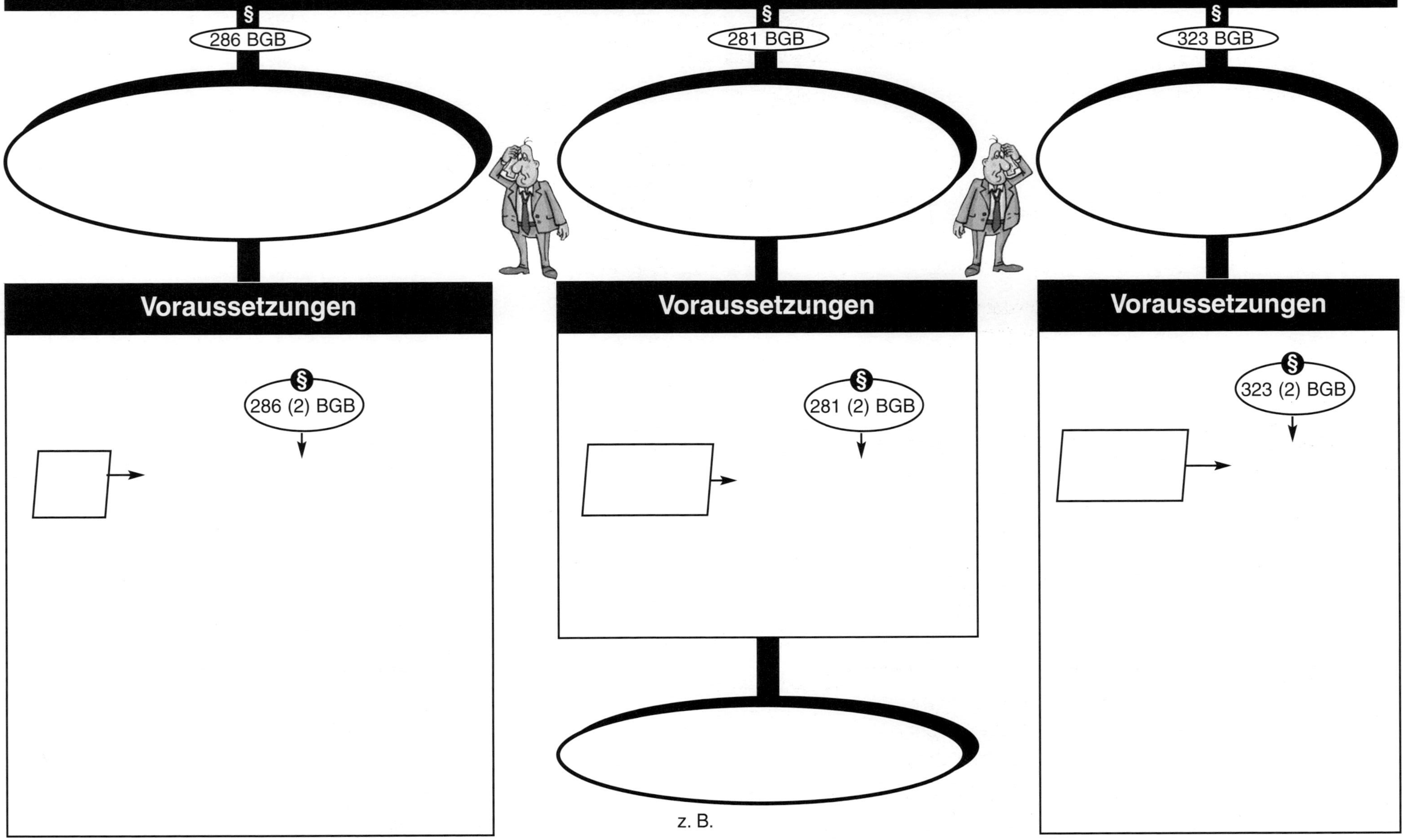

Fälle zum Thema Nicht-Rechtzeitig-Lieferung

1. Verkäufer V liefert nicht rechtzeitig.

   Welche **Rechte** hat der Käufer K und welche **Voraussetzungen** sind zu beachten?

2. K verlangt aufgrund Nicht-Rechtzeitig-Lieferung des V weiterhin Lieferung sowie Ersatz des **Verzögerungsschadens**.

   In welchen Fällen kann K auf eine **Mahnung** verzichten?

3. K verlangt aufgrund Nicht-Rechtzeitig-Lieferung des V **Schadensersatz statt Leistung**.

   In welchen Fällen kann K auf Setzung einer angemessenen **Nachfrist** verzichten?

4. K möchte aufgrund Nicht-Rechtzeitig-Lieferung des V vom Vertrag **zurücktreten**.

   In welchen Fällen kann er auf Setzung einer **Nachfrist** verzichten?

5. K möchte seine Rechte aufgrund Nicht-Rechtzeitig-Lieferung des V geltend machen und verlangt nach Ablauf einer angemessenen Nachfrist **Rücktritt vom Vertrag und Schadensersatz statt Leistung**. Ein Verschulden des V liegt vor.

   Kann K beide Rechte gleichzeitig beanspruchen?

6. Käufer K vereinbarte im Kaufvertrag mit Verkäufer V die Lieferung von zehn PCs. Ein Liefertermin wurde nicht vereinbart. Nachdem V mit einem anderen Käufer einen höheren Preis ausgehandelt hat, weigert er sich, die Lieferung vorzunehmen.

   Kann K seine erlittene **Gewinneinbuße** von V ersetzt verlangen? Begründung.

7. Der Inhaber einer Pizzeria, P, entdeckt um 15:00 Uhr einen **Wasserrohrbruch**, der zur Überschwemmung eines Teils des Restaurants führte. Telefonisch teilt er dem Klempner X mit, dass er um 18:00 Uhr öffnen müsse, um keine Umsatzeinbußen zu erleiden. Klempner X sagt sofortige Reparatur zu. Ärgerlicherweise erscheint X erst um 19:00 Uhr. **Entgangener Gewinn** für die Pizzeria: 1.000,00 €. P verlangt **Schadensersatz**.

   Klären Sie die Rechtslage.

8. Unternehmer K hat mit Verkäufer V einen **Just-in-time-Vertrag** geschlossen. V muss demzufolge zu bestimmten Zeitpunkten liefern, um die Produktion nicht zu gefährden. Als eine Lieferung ausbleibt, kommt es zum vorübergehenden Produktionsstillstand.

   Kann K ohne Nachfristsetzung **Schadensersatz statt Leistung** verlangen? Begründung.

9. Händler V verkauft telefonisch einen einzigartigen Anzug des ehemaligen Beatles-Schlagzeugers Ringo Starr für 5.000,00 €. K möchte den Anzug am nächsten Morgen abholen.
   Der nicht im Laden tätige Sohn des Händlers holt unbemerkt und ohne zu fragen am Abend den Anzug aus dem verschlossenen Schrank im Laden und nimmt ihn auf eine 14-tägige Reise nach Mallorca mit.
   K setzt V eine Nachfrist von acht Tagen und verlangt bei ergebnislosem Ablauf **Schadensersatz statt Leistung** in Höhe von 3.000,00 €, weil er den Anzug einem Beatles-Fan zum Preis von 8.000,00 € versprochen habe. Zusätzlich **trete er vom Vertrag zurück**.
   V ist nicht einverstanden und besteht weiterhin auf Abnahme und Zahlung.

   Klären Sie die Rechtslage.

10. K bestellt bei V 50 Kisten Champagner. V liefert nicht. Zwischenzeitlich sind die Champagnerpreise stark gefallen. K deckt sich daher bei X mit erheblich preisgünstigerem Champagner ein und informiert V. Letzterer verlangt Abnahme und Zahlung, weil K keine Nachfrist gesetzt habe.

    Klären Sie die Rechtslage.

Lösungen

1. **Lieferung verlangen und evtl. Schadensersatz (§ 286 BGB)**

Voraussetzungen:
- Fälligkeit
- Verschulden
- Mahnung –> entbehrlich, wenn:
  - Verkäufer verweigert Lieferung
  - Liefertermin kalendermäßig bestimmt
  - besondere Gründe (§ 286 [2] 4. BGB) vorliegen

Schadensersatz statt Leistung (§ 281 BGB)

Voraussetzungen:
- Fälligkeit
- Verschulden
- Nachfrist –> entbehrlich, wenn:
  - Verkäufer verweigert Lieferung
  - besondere Umstände (§ 281 [2] BGB) vorliegen

Ersatz vergeblicher Aufwendungen anstelle von Schadensersatz statt Leistung (§ 284 BGB)
Voraussetzungen: Vgl. Schadensersatz statt Leistung

Rücktritt vom Vertrag (§ 323 BGB)

Voraussetzungen:
- Fälligkeit
- Nachfrist –> entbehrlich, wenn:
  - Verkäufer verweigert Lieferung
  - Liefertermin kalendermäßig bestimmt
  - besondere Umstände (§ 323 [2] 3. BGB) vorliegen

2. Mahnung entbehrlich, wenn:
- Verkäufer verweigert Lieferung
- Liefertermin kalendermäßig bestimmt
- Besondere Gründe gem. § 286 (2) 4. BGB liegen vor

3. Nachfrist entbehrlich, wenn:
- Verkäufer verweigert Lieferung
- Besondere Umstände gem. § 281 (2) BGB liegen vor

4. Nachfrist entbehrlich, wenn:
- Verkäufer verweigert Lieferung
- Liefertermin kalendermäßig bestimmt
- Besondere Umstände gem. § 323 (2) 3. BGB liegen vor

5. Ja. Beide Rechte können gleichzeitig in Anspruch genommen werden.

6.
- Fälligkeit und Verschulden gem. § 281 BGB liegen vor
- Nachfristsetzung entbehrlich, weil Verkäufer die Lieferung verweigert

–> K kann Schadensersatz statt Leistung verlangen

7.
- Fälligkeit und Verschulden gem. § 286 BGB liegen offensichtlich vor
- Mahnung entbehrlich, da „besondere Gründe“ gem. § 286 (2) 4. BGB vorliegen

–> K kann Verzögerungsschaden verlangen

8.
- Fälligkeit und Verschulden gem. § 281 BGB liegen offensichtlich vor
- Nachfristsetzung entbehrlich, weil „besondere Umstände“ gem. § 281 (2) BGB vorliegen (Just-in-time-Lieferung)

–> K kann Schadensersatz statt Leistung verlangen

9. Voraussetzungen für Schadensersatz statt Leistung:
- Fälligkeit: ja
- Verschulden: nein
- angemessene Nachfrist: erfolglos abgelaufen

Schadensersatz statt Leistung nicht möglich, weil die Voraussetzung „Verschulden“ fehlt.

Rücktritt vom Vertrag möglich, da verschuldensunabhängig.

10. V hat Anspruch auf Abnahme und Zahlung, weil die Fristsetzung hier nicht entbehrlich war. K wollte sich aus wirtschaftlichen Gründen aus dem Vertrag herausschleichen und nicht aus Gründen der Verzögerung der Leistung.

Test → **Nicht-Rechtzeitig-Lieferung**

Punkte

1 Laut Kaufvertrag vom 10. Mai 2002 sollte V an K 10 Kopierer liefern. Vereinbarter Liefertermin: schnellstmöglich. **5**

Am 25. Mai ist die Lieferung immer noch nicht eingetroffen. K ist sauer, weil er die Kopierer dringend braucht. Er möchte jedoch auf keinen Fall auf einen anderen Lieferanten ausweichen.

Welche Rechte kann er geltend machen und welche Voraussetzungen sind dabei zu beachten?

2 Laut Kaufvertrag sollte V an K 20 Drucker liefern. Vereinbarter Liefertermin: spätestens 20. November 2002. **4**

Nachdem die Lieferung am 26. November immer noch nicht eingetroffen ist, teilt K mit, dass er sofort vom Vertrag zurücktrete und auch nicht bereit sei, eine Nachfrist einzuräumen.

V lehnt dies ab mit der Begründung, dass die Lieferverzögerung durch einen Streik in seinem Betrieb bedingt sei. Er werde in den nächsten zwei Tagen in jedem Falle liefern.

Klären und begründen Sie die Rechtslage.

3 Unterstellen Sie im Fall 2, dass K durch die zu späte Lieferung nachweislich einen Kunden verloren hat und daher zusätzlich Schadensersatz statt Leistung geltend machen möchte. **3**

Klären und begründen Sie die Rechtslage.

Notenermittlung: Kreuzen Sie Ihr Ergebnis an (Korrekturanleitung: siehe Lösung).

Punkte →	12	11	10	9	8	7	6	5	4	3	2	1
Note →	1,0	1,5	2,0	2,5	3,0	3,5	4,0	4,5	5,0	5,5	6,0	6,0
1. Versuch →												
2. Versuch →												
3. Versuch →												

Test → **LÖSUNGEN**

	Erzielte Punkte	1., 2., 3. Versuch

1 Lieferung verlangen und evtl. Schadensersatz → 2

Voraussetzungen:
- Fälligkeit → 0,5
- Verschulden des V (kann unterstellt werden) → 0,5
- Mahnung hier nicht entbehrlich, weil → 0,5
  - keine Verweigerung durch V → 0,5
  - Liefertermin kalendermäßig nicht bestimmt → 0,5
  - besondere Gründe offenbar nicht vorliegen → 0,5

Versuch	Punkte	Erzielte Punkte
1.	5	
2.	5	
3.	5	

2

- Fälligkeit liegt vor → 1
- Rücktritt vom Vertrag ist verschuldensunabhängig, → 1 kann somit selbst dann geltend gemacht werden, wenn der Verkäufer die Lieferverzögerung nicht zu vertreten hat. → 0,5
- Nachfristsetzung hier entbehrlich, da Liefertermin kalendermäßig bestimmt ist → 1

–> Käufer kann ohne Nachfristsetzung vom Vertrag zurücktreten → 0,5

Versuch	Punkte	Erzielte Punkte
1.	4	
2.	4	
3.	4	

3

- Rücktritt vom Vertrag und Schadensersatz statt Leistung können generell gleichzeitig in Anspruch genommen werden. → 1
- Weitere Voraussetzungen für Schadensersatz statt Leistung:
  - Verschulden des V (hier nicht der Fall) → 1
  - Nachfristsetzung entfällt hier nicht → 0,5

–> Schadensersatz statt Leistung hier also nicht möglich → 0,5

Versuch	Punkte	Erzielte Punkte
1.	3	
2.	3	
3.	3	

Tragen Sie Ihre Punktesumme ein und ermitteln Sie auf dem Aufgabenblatt Ihre Note.

Punktesumme	1.	12		Punktesumme	2.	12		Punktesumme	3.	12	

9.5 Nicht-Rechtzeitig-Zahlung

Nicht-Rechtzeitig-Zahlung • Rechte des Gläubigers

Zahlung verlangen + evtl. Schadensersatz (Verzögerungsschaden)

§ 286 BGB

Voraussetzungen

- **Fälligkeit**
- **Verschulden**
- **Mahnung** → **entbehrlich**, wenn: (§ 286 (2) BGB)
  - 30 Tage nach Rechnungszugang vergangen sind
  - Schuldner verweigert Zahlung
  - Zahlungstermin kalendermäßig bestimmt
  - Besondere Gründe, z. B.:
    Selbstmahnung des Schuldners mit eigener Ankündigung des Zahlungstermins;
    Schuldner entzieht sich einer Mahnung

Schadensersatz statt Leistung (Nichterfüllungsschaden)

§ 281 BGB

Voraussetzungen

- **Fälligkeit**
- **Verschulden**
- angemess. **Nachfrist** → **entbehrlich**, wenn: (§ 281 (2) BGB)
  - Schuldner verweigert Zahlung
  - Besondere Umstände ...

Anstelle Sch'ersatz statt Leist. möglich:

Ersatz vergeblicher Aufwendungen (§ 284 BGB)

z. B. Vertragskosten

Beide Rechte gleichzeitig anwendbar!

Rücktritt vom Vertrag

§ 323 BGB

Voraussetzungen

- **Fälligkeit**
- angemess. **Nachfrist** → **entbehrlich**, wenn: (§ 323 (2) BGB)
  - Schuldner verweigert Zahlung
  - Zahlungstermin kalendermäßig bestimmt
  - Besondere Umstände ...

Verzugszinsen (§ 288 BGB)	Basiszinssatz = BZ
Grundsatz:	BZ (9/2003) 1,22 % + 5 % = **6,22 %**
Unternehmer:	BZ (9/2003) 1,22 % + 8 % = **9,22 %**

Nicht-Rechtzeitig-Zahlung • Rechte des Gläubigers

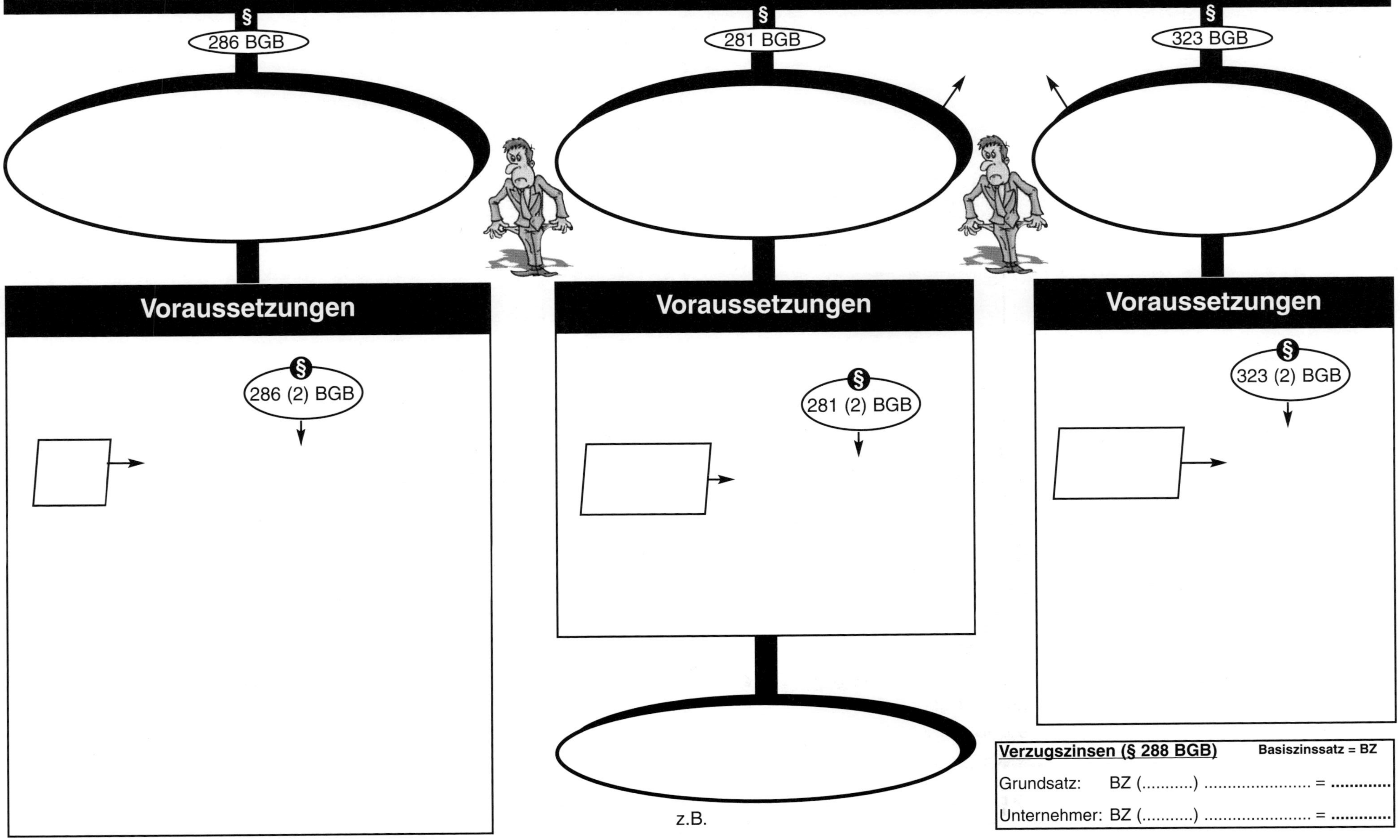

Verzugszinsen (§ 288 BGB) — Basiszinssatz = BZ

Grundsatz: BZ (..........) .... = ...

Unternehmer: BZ (..........) .... = ...

Fälle zum Thema Nicht-Rechtzeitig-Zahlung

1. Käufer K zahlt nicht rechtzeitig. Welche **Rechte** hat der Verkäufer und welche **Voraussetzungen** sind zu beachten?
2. Privatmann Wetzel kauft von Privatmann Bauer ein Auto. Wie viel Prozent **Verzugszinsen** kann Bauer verlangen, wenn Wetzel nicht rechtzeitig zahlt?
3. Privatmann Wetzel kauft von Firma Schnorr ein Fernsehgerät. Wie viel Prozent **Verzugszinsen** kann Firma Schnorr verlangen, wenn Wetzel nicht rechtzeitig zahlt?
4. Firma Schnorr kauft bei der Elek-GmbH zehn Fernsehgeräte. Wie viel Prozent **Verzugszinsen** kann die Elek-GmbH verlangen, wenn Firma Schnorr nicht rechtzeitig zahlt?
5. Die Elek-GmbH liefert an Firma Schnorr zehn Fernsehgeräte. Firma Schnorr erhält die Rechnung am **10. Januar**.
   a) Es wurde **kein Zahlungsziel** vereinbart. Ab wann befindet sich Firma Schnorr in Verzug, wenn **keine Mahnung** versandt wurde?
   b) Es wurde **kein Zahlungsziel** vereinbart. Ab wann befindet sich Firma Schnorr in Verzug, wenn am 20. Januar eine **Mahnung** versandt wurde?
   c) Zahlungsziel: Zahlung bis spätestens 24. Januar. Ab wann befindet sich Firma Schnorr in Verzug?
6. Die Elek-GmbH liefert an **Privatmann** Wetzel ein Fernsehgerät. Wetzel erhält die Rechnung am 10. Januar. Über Zahlungsmodalitäten wurde nichts vereinbart. Ab wann befindet sich Wetzel in Verzug?

Lösungen

1. **Zahlung verlangen u. evtl. Schadensersatz (§ 286 BGB)**
   Voraussetzungen:
   - Fälligkeit
   - Verschulden
   - Mahnung –> entbehrlich, wenn:
     - 30 Tage nach Rechnungszugang vergangen sind
     - Schuldner verweigert Zahlung
     - Zahlungstermin kalendermäßig bestimmt
     - Besondere Gründe (§ 286 [2] 4. BGB)

   Schadensersatz statt Leistung (§ 281 BGB)
   Voraussetzungen:
   - Fälligkeit
   - Verschulden
   - Nachfrist –> entbehrlich, wenn:
     - Käufer verweigert Zahlung
     - Besondere Umstände (§ 281 [2] BGB)

   Ersatz vergeblicher Aufwendungen anstelle von Schadensersatz statt Leistung (§ 284 BGB)
   Voraussetzungen: Vgl. Schadensersatz statt Leistung

   Rücktritt vom Vertrag (§ 323 BGB)
   Voraussetzungen:
   - Fälligkeit
   - Nachfrist –> entbehrlich, wenn:
     - Käufer verweigert Zahlung
     - Zahlungstermin kalendermäßig bestimmt
     - Besondere Umstände (§ 323 [2] 3. BGB)
2. Basiszinssatz (Stand September 2003: 1,22 %) + 5 % = 6,22 %
3. Basiszinssatz (Stand September 2003: 1,22 %) + 5 % = 6,22 %
4. Basiszinssatz (Stand September 2003: 1,22 %) + 8 % = 9,22 %
5. a) Verzug spätestens 30 Tage nach Zugang der Rechnung, also ab 10. Februar
   b) Verzug tritt durch Mahnung ein, also ab 20. Januar
   c) Ab 25. Januar Verzug. Mahnung hier entbehrlich, da kalendermäßig bestimmt.
6. **Verbrauchsgüterkauf**. Besonderheit hier gemäß § 286 (3) BGB: Die Regelung, dass der Schuldner spätestens in Verzug kommt, wenn er nicht innerhalb von 30 Tagen nach Fälligkeit und Zugang einer Rechnung leistet, gilt nur unter der Voraussetzung, dass der Verbraucher auf diese Folgen in der Rechnung hingewiesen wurde. Dies ist hier offenbar nicht geschehen, sodass der Schuldner erst durch eine Mahnung in Verzug gesetzt werden kann.

Test → Nicht-Rechtzeitig-Zahlung

Punkte

1 Firma A liefert an Firma B eine Maschine. Firma B erhält die Rechnung (Rechnungsdatum: 4. April 2002) am 5. April 2002. Firma B zahlt nicht rechtzeitig. Ab wann kann Firma A in folgenden Fällen Verzugszinsen in Rechnung stellen? Begründungen. — 7

a) Es wurde kein Zahlungsziel vereinbart. Firma A verschickte keine Mahnung.
b) Es wurde kein Zahlungsziel vereinbart. Firma A schickte am 30. April 2002 eine Mahnung.
c) Es wurde kein Zahlungsziel vereinbart. Firma A schickte am 20. Mai 2002 eine Mahnung.
d) Vereinbartes Zahlungsziel: „Zahlung spätestens 20 Tage nach Rechnungsdatum."

2 Ein Gläubiger einer Geldforderung möchte die Rechte Rücktritt vom Vertrag und Schadensersatz statt Leistung geltend machen. Er setzte dem Schuldner eine angemessene Nachfrist zur Zahlung. In welchem Fall kann der Gläubiger nur das Recht „Rücktritt vom Vertrag" durchsetzen? — 1

3 In welchem Fall gilt die 30-Tage-Regelung bei der „Nicht-Rechtzeitig-Zahlung" nicht? — 2

4 Wie viel Prozent Verzugszinsen können bei Zahlungsverzug verlangt werden? — 2

Notenermittlung: Kreuzen Sie Ihr Ergebnis an (Korrekturanleitung: siehe Lösung).

Punkte →	12	11	10	9	8	7	6	5	4	3	2	1
Note →	1,0	1,5	2,0	2,5	3,0	3,5	4,0	4,5	5,0	5,5	6,0	6,0
1. Versuch →												
2. Versuch →												
3. Versuch →												

LÖSUNGEN

1., 2., 3. Versuch | Erzielte Punkte

1
a) Verzug spätestens 30 Tage nach Zugang der Rechnung, also ab 6. Mai → 2
b) Verzug tritt durch Mahnung ein, also ab 30. April → 2
c) Verzug spätestens 30 Tage nach Zugang der Rechnung, also ab 6. Mai → 2
d) Verzug ab 26. April → 1

Versuch	Punkte	Erzielte Punkte
1.	7	
2.	7	
3.	7	

2 Wenn der Schuldner die Nichtzahlung nicht zu vertreten hat (kein Verschulden) → 1

Versuch	Punkte	Erzielte Punkte
1.	1	
2.	1	
3.	1	

3 Wenn der Geldschuldner Verbraucher ist und in der Rechnung nicht ausdrücklich auf die 30-Tage-Regelung hingewiesen wurde. → 2

Versuch	Punkte	Erzielte Punkte
1.	2	
2.	2	
3.	2	

4
- Schuldner = Privater: Basiszinssatz + 5 % (9/2003: 1,22 % + 5 % = 6,22 %) → 1
- Schuldner = Firma: Basiszinssatz + 8 % (9/2003: 1,22 % + 8 % = 9,22 %) → 1

Versuch	Punkte	Erzielte Punkte
1.	2	
2.	2	
3.	2	

Tragen Sie Ihre Punktesumme ein und ermitteln Sie auf dem Aufgabenblatt Ihre Note.

Punktesumme → 1. 12 | **Punktesumme** → 2. 12 | **Punktesumme** → 3. 12

Kreuzworträtsel (Themen: Nicht-Rechtzeitig-Leistung - Lieferungs- u. Zahlungsverzug)

Das Lösungswort (von oben nach unten gelesen):
Dieser Termin hat eine erhebliche Bedeutung bei der Nicht-Rechtzeitig-Zahlung

(Doppelwörter ohne Leerstelle)

1. Dieses Recht kann auch ohne Verschulden in Anspruch genommen werden.
2. „Besondere Gründe" können eine Mahnung entbehrlich machen. Beispiel: ... Pflichten.
3. Sie muss immer angemessen sein.
4. Innerhalb der 30-Tagesfrist ist eine ... erforderlich, um den Schuldner zur Zahlung zu „ermuntern".
5. Der Zinssatz für Verzugszinsen liegt beim einseitigen Handelskauf um ... % über dem Basiszinssatz.
6. Neben dem Recht „Lieferung verlangen" kann auch der ... in Rechnung gestellt werden.
7. Eine Mahnung ist entbehrlich, wenn der Liefertermin (Zahlungstermin) ... bestimmt ist.
8. Eine Mahnung ist entbehrlich, wenn der Verkäufer die Lieferung ...
9. Voraussetzung bei Schadensersatzansprüchen
10. Die Rechte Schadensersatz statt Leistung und Rücktritt vom Vertrag können ... in Anspruch genommen werden.
11. Übergeordneter Begriff für Nicht-Rechtzeitig-Lieferung und -Zahlung: „Nicht-Rechtzeitig-..."
12. Recht bei Leistungsstörungen: „Ersatz ... Aufwendungen"
13. Der Zinssatz für Verzugszinsen liegt beim zweiseitigen Handelskauf um ... % über dem Basiszinssatz.
14. Bei „besonderen Umständen" ist die Setzung einer Nachfrist zur Geltendmachung der Rechte .....
15. Stets Voraussetzung für das Vorliegen einer Nicht-Rechtzeitig-Leistung: ...

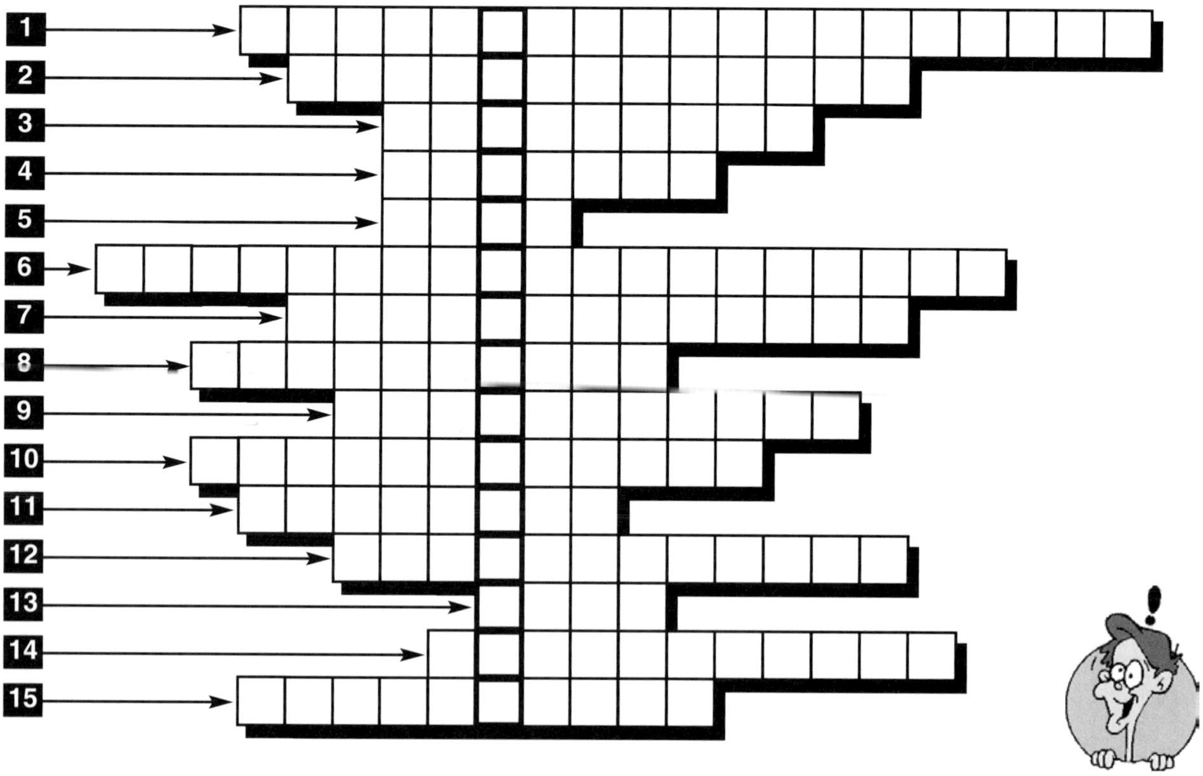

Lösungen: **(Lösungswort: RECHNUNGSZUGANG)**

1. Rücktritt vom Vertrag
2. eilbedürftige
3. Nachfrist
4. Mahnung
5. fünf
6. Verzögerungsschaden
7. kalendermäßig
8. verweigert
9. Verschulden
10. gleichzeitig
11. Leistung
12. vergeblicher
13. acht
14. entbehrlich
15. Fälligkeit

Hinweise zum Einsatz der Farbfolie „Schwarzer Mann"

Betr.: Thema Nicht-Rechtzeitig-Zahlung

Die Farbfolie könnte als Einstieg in das Thema Nicht-Rechtzeitig-Zahlung (bzw.: Möglichkeiten des Geldeinzugs) eingesetzt werden. Die Karikatur hat insofern Praxisbezug, als dieser Fall tatsächlich aufgetreten ist.

Eine verbotene Marktlücke

„So hätte die Anzeige einer Firma aussehen können, die sich darauf spezialisiert hat, Gläubigern beim Eintreiben von Forderungen zu helfen:

Nicht-Rechtzeitig-Zahlung ??? Wir helfen !!!

schnell - unbürokratisch - erfolgreich

Erfolgsrezept:

Eine auffällig gekleidete Person (Schwarzer Anzug, schwarze Fliege, schwarze Melone, schwarzer Schirm) begleitet pausenlos den Schuldner in angemessenem Abstand, stellt sich vor seiner privaten bzw. geschäftlichen Adresse auf, parkt einen auffällig beschrifteten PKW möglichst nahe und wartet darauf, vom immer nervöser werdenden Schuldner angesprochen zu werden. Dem Schuldner wird eine Karte mit der Telefonnummer des Gläubigers, den er anrufen möge, übergeben. Die Zahlung erfolgte i. d. R. unverzüglich.

Erfolgsquote:

Ca. 80 % (ca. 100 % bei Einsätzen in Gebieten mit Einfamilienhäusern und vor Einzelhandelsgeschäften)

Urteil des LG Leipzig vom 31.08.94 sowie Landgericht Köln:

Die Tätigkeit des „Schwarzen Mannes" = Rückfall ins Mittelalter und Verstoß gegen die guten Sitten des Wettbewerbs sowie rechtswidriger Eingriff in das durch Art. 2 GG geschützte allgemeine Persönlichkeitsrecht des Schuldners. Der Schuldner wird durch öffentliche Bloßstellung und psychologischen Druck (soziale Ächtung und öffentliche Schande als Mittel eingesetzt) in eine persönliche Ausnahme- und Zwangssituation gebracht. Konsequenz: Derartige Inkassounternehmen sind ***verboten.****"*

Einstiegsmotivation:

- Lehrer: Erklären Sie die auf der Folie dargestellte Situation.
  –> Schüler erklären die Situation möglicherweise unterschiedlich, erkennen letztlich, dass es sich um Nicht-Rechtzeitig-Zahlung handelt.

- Lehrer: Wie beurteilen Sie eine derartige Vorgehensweise des Gläubigers?
  –> Schüler diskutieren über die Problematik einer derartigen Vorgehensweise (s. o.)

- Lehrer: Die Situation entstammt der Praxis. Mehrere Schuldner verklagten jedoch die Inkassofirma. Wie ist Ihrer Ansicht nach der Prozess ausgegangen?
  –> Schüler spekulieren über Prozessausgang.

- Lehrer: Vorlesen des Gesamtfalles nebst Urteil (s. o.). Wie geht man in der Praxis gegen säumige Zahler vor? ...

Zunehmende Selbstjustiz bei Nicht-Rechtzeitig-Zahlung - rabiate Methoden

- Probleme der gerichtlichen Zwangsvollstreckung: teuer, langsam und oft erfolglos
- Gerichtsvollzieher sind häufig bis zu 200 % überlastet.
- In den neuen Bundesländern sinken inzwischen die Eingangszahlen bei den Gerichten, weil die Leute die Erfahrung gemacht haben, dass es nichts bringt, sich einen Vollstreckungstitel geben zu lassen.

Typischer Spruch: ***„Ich schmeiße doch für den Vollstreckungstitel meinem schlechten Geld nicht noch gutes hinterher."***

- Viele Bürger sind frustriert über die Tatsache, dass man zwar Recht bekomme, dieses aber nicht durchsetzen könne.

Folge: Immer mehr Gläubiger greifen zur Selbstjustiz und verkaufen ihre Forderungen an zweifelhafte Inkasso-Unternehmen, die mit rabiaten Methoden zu Werke gehen.

Beispiele:
- Verkauf von Vollstreckungstiteln für 50 % an die **Mafia**
- Auf Rügen wurde kürzlich ein Schuldner nackt und kopfüber an einem Baum **aufgehängt** und gerade noch rechtzeitig lebend aufgefunden.

- Ein Schuldner erhielt ein Polaroid-Foto von einer Mauer mit Einschusslöchern und der Aufschrift:

„Wir gehen davon aus, dass Sie und Ihre Familie solidarisch für die Schuld haften."

- Auch in der Baubranche geht's zur Sache: Ein kräftiger Bauarbeiter wird mit einigen Büchsen **Bauschaum** losgeschickt und schäumt zunächst am Auto des Schuldners den Auspuff aus. Nützt dies noch nichts, kommt die Steigerung: In die Haustür des Schuldners wird ein Loch gebohrt und der ganze Innenraum ausgeschäumt. Die Zahlung erfolgt daraufhin i. d. R. umgehend.
- Weit verbreitete Methode: Nachts wird das Haus des Schuldners mit folgender Aufschrift versehen: ----------------> ***„Hier wohnt ein Schuldner"***
- Der Ehemann von **Katrin Krabbe**, Michael Zimmermann, ließ sich seine Villa in Mecklenburg renovieren und zahlte aufgrund von Mängeln nicht. Der Bauunternehmer erschien persönlich, zog die Waffe und schoss dem Rechtsanwalt zweimal ins Bein. Vor Gericht sagte er, er sei durch Außenstände vom Ruin bedroht gewesen. Er wurde zu zwei Jahren Haft auf Bewährung verurteilt.

Quelle: Handelsblatt-Artikel vom 3. August 2000, der sich auf diverse andere Quellen beruft

HOT 1/02

Der Fall

Nicht-Rechtzeitig-Zahlung: Schadensersatz für entgangenen Kursgewinn?

Aufgrund der Nicht-Rechtzeitig-Zahlung seines Schuldners konnte der Gläubiger nur 100 SAP- und Dresdner-Bank-Aktien kaufen statt wie beabsichtigt je 1 000 Stück. Ihm entging daher ein höherer Gewinn, den er als Schadensersatz geltend machte. Der Schuldner lehnte ab, der Gläubiger klagte.

§

Urteil

Der entgangene Kursgewinn ist dem Gläubiger zu ersetzen.

Begründung:
- Aktiengeschäfte sind mittlerweile im privaten Bereich verbreitet, ein entsprechender Schaden sei daher für den Schuldner vorhersehbar.
- Der Gläubiger muss allerdings gute Gründe dafür nennen, warum er die Aktien bei rechtzeitiger Zahlung gekauft hätte.

BGH, Az.: II ZR 355/00

9.6 Gerichtliches Mahnverfahren (Siehe auch Folie 16)

Hinweis: Auf den Abdruck des **Mahnbescheidvordruckes** haben wir aus Platzgründen verzichtet. Der Vordruck kann im Zeitschriften- bzw. Buchhandel erworben werden. Er ist mittlerweile auf den Euro umgestellt.

Mögliches Rollenspiel zum gerichtlichen Mahnverfahren

Ort der Handlung: Büro der Möbelfabrik Schupp KG
Beteiligte Personen: Gesellschafter Schupp **(S)** und Kolb **(K)** = Schuldner sowie Gläubigerin Glatt **(G)**

S: Langsam werden die Gläubiger ungeduldig. Lesen Sie mal diesen Brief! Der wird Ihnen nicht gefallen! (Übergabe)

K: Eine Mahnung der Firma Maier. Der schreibt aber böse! ... Kein freundliches Wort! Nicht einmal mehr eine Anrede! Und unten steht „Hochachtungsvoll" ... Früher schrieb er „mit freundlichem Gruß"! Aber es dreht sich ja nur um 1.200,00 € - die kratzen wir immer noch zusammen.

S: Dann fangen Sie schon mal an zu kratzen! ... Hier ist noch ein Fall: Die Baufima Mager mahnt 31.000,00 € für den Umbau an! ... Wenn der Mager ernst macht, hat sich´s bald ausgekratzt!

K: Schlecht, schlecht, schlecht! Aber wir haben doch sicher noch Außenstände. Vielleicht können wir da schnell noch was holen! Könnten Sie sich mal darum kümmern?

S: OK! Ich gehe in die Buchhaltung und hole die Liste der nicht bezahlten Rechnungen. **(Verlässt den Raum)**

K: (Telefon klingelt, K hebt ab, die Sekretärin aus dem Vorzimmer ist am Apparat) Ja? ... Frau Glatt, die Chefin der Spanplattenfabrik möchte mich sprechen? Ach du Schande! Der schulden wir doch noch 8.500,00 €, oder?
... Gut, dann verbinden Sie mich wohl oder übel mit ihr! ... Ach, die ist gar nicht am Telefon? Die ist bei Ihnen im Vorraum? Um Gottes willen! Hören Sie, mit der wollte ich eigentlich doch nicht so gerne sprechen! Schicken Sie sie doch einfach rüber in die Buchhaltung! Herr Schupp soll mit ihr reden! Danke! (Legt Hörer auf)
Das fehlt mir gerade noch! Habe schon Ärger genug!! Soll der Schupp sich drum kümmern! Der kann die besser beschwichtigen!

S und G kommen zur Tür herein.

S: Frau Glatt hat ein kleines Problem mit uns! Irgend etwas ist da offensichtlich schief gelaufen. Darüber möchte sie mit Ihnen reden. Ich darf mich ansonsten entschuldigen. (S verlässt den Raum)

K: Hallo, Frau Glatt! Das ist aber nett, dass sie uns mal besuchen! Bitte setzen Sie sich doch! Darf ich Ihnen etwas zu trinken anbieten? Vielleicht einen Cognac?

G: Ich möchte nichts trinken, sondern Geld! Ich warte schon fast ein halbes Jahr auf meine 8.500,00 €. Sie waren ein guter Kunde, deshalb waren wir großzügig! Sie haben bereits fünf Mahnungen erhalten!

K: Wir sind im Augenblick in einer etwas misslichen Lage. Aber wir erwarten in nächster Zeit größere Zahlungseingänge! Dann werden wir selbstverständlich Ihre Rechnung unverzüglich begleichen!

G: Ich habe bisher Ihren Versprechungen immer geglaubt. Aber jetzt warte ich nicht mehr! Ich möchte das Geld sofort!!

K: Frau Glatt, bitte denken Sie doch einmal daran, welchen Umsatz Sie mit uns in den letzten Jahren gemacht haben! Allein letztes Jahr haben wir Spanplatten im Wert von über 50.000,00 € gekauft!

G: Das stimmt zwar, aber auch wir haben Zahlungsverpflichtungen! Wenn jeder Kunde so zahlen würde wie Sie, könnten wir schließen! Ich bestehe auf sofortiger Zahlung!

K: Ja, wenn das so ist, wenn Sie so streng sind, werden wir uns eben einen anderen Spanplattenlieferanten suchen. Das wäre doch nun wirklich mal eine Gelegenheit für Sie, Kulanz zu zeigen!

G: Das hat mit Kulanz nichts mehr zu tun! Ich sehe, Sie sind nicht bereit zu zahlen. Dann werde ich eben endgültig die Konsequenzen ziehen! Wiedersehn! **(G verlässt den Raum)**

K: Der Tag fängt ja gut an! Herrschaftzeiten, wo bleibt denn bloß der Schupp?

S: **(kommt rein)** Was ist denn mit Ihnen los? Gab's Ärger?

K: Sie sind gut! Sie bringen mir die Glatt rein und hauen wieder ab! Die will sofort 8.500,00 €! Die hat mich ganz schön zur Schnecke gemacht! Wir sollten bei der nichts mehr kaufen, wenn die keine Kulanz zeigt!

S: Suchen wir uns eben einen neuen Lieferanten! - Dennoch müssen wir Geld auftreiben! Wenn ich hier die Liste der Außenstände ansehe, wundern mich unsere Geldsorgen nicht! Unsere Buchhaltung schreibt endlos Mahnungen und die Gläubiger rennen uns das Haus ein! Firma Ländel schuldet uns z. B. 23.000,00 €. Die Buchhaltung hat schon fünf Mahnungen verschickt!

K: Dem Ländel sollten wir nur noch gegen Nachnahme liefern! **S:** Dann kauft der aber seine Produkte woanders!

K: Egal! Wir müssen härter mit zahlungsunwilligen Kunden umgehen! Sonst kommen wir in Teufels Küche!

S: Ich werde gleich überprüfen, bei welchen Kunden wir gerichtliche Schritte einleiten sollten. Nach der dritten Mahnung und Fristablauf sollten wir grundsätzlich Mahnbescheide rauslassen.

K: Und wenn das auch nicht klappt: Vollstreckungsbescheid und Gerichtsvollzieher! Bei manchen Kunden wäre ich da gerne persönlich dabei, wenn der Kuckuck kommt!

S: Bei der Pfändung? Vorsicht! Da gibt's oft Prügeleien! Übrigens, hier habe ich gerade den Fall Martin Stöbel: Unsere dritte Mahnung kam zurück mit dem Postvermerk: „Empfänger unbekannt verzogen!" Was machen wir mit dem?

K: Da müssen wir wohl oder übel das Einwohnermeldeamt einschalten. Diese Probleme hat Frau Glatt mit uns nicht.

S: Bin gespannt, wann ihr Mahnbescheid eintrudelt. Dann haben wir ja noch etwas Zeit und werden hoffentlich wieder liquide sein, bevor bei uns der Gerichtsvollzieher anklopft!

Das gerichtliche Mahnverfahren (Teil 1)

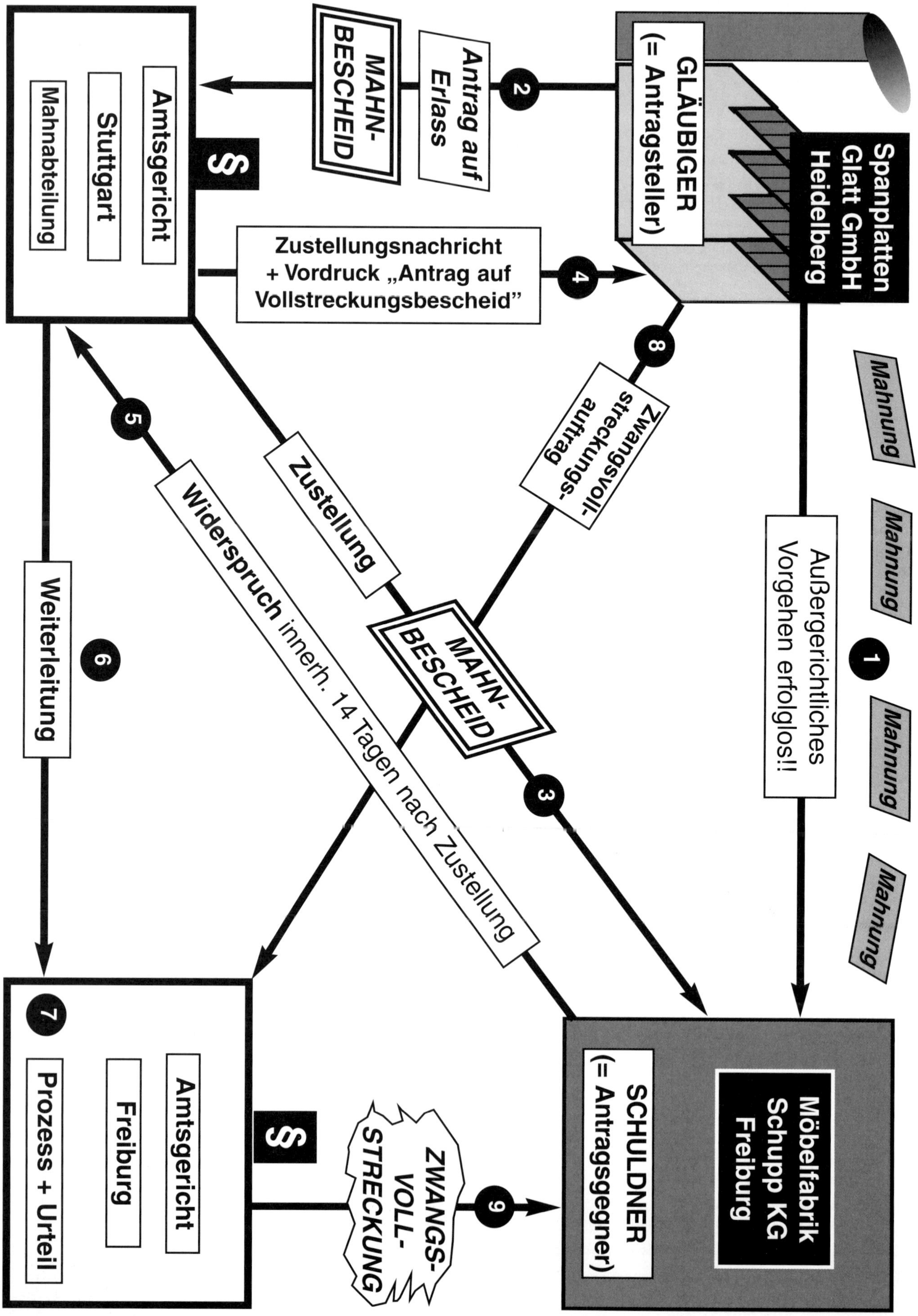

Das gerichtliche Mahnverfahren (Teil 1)

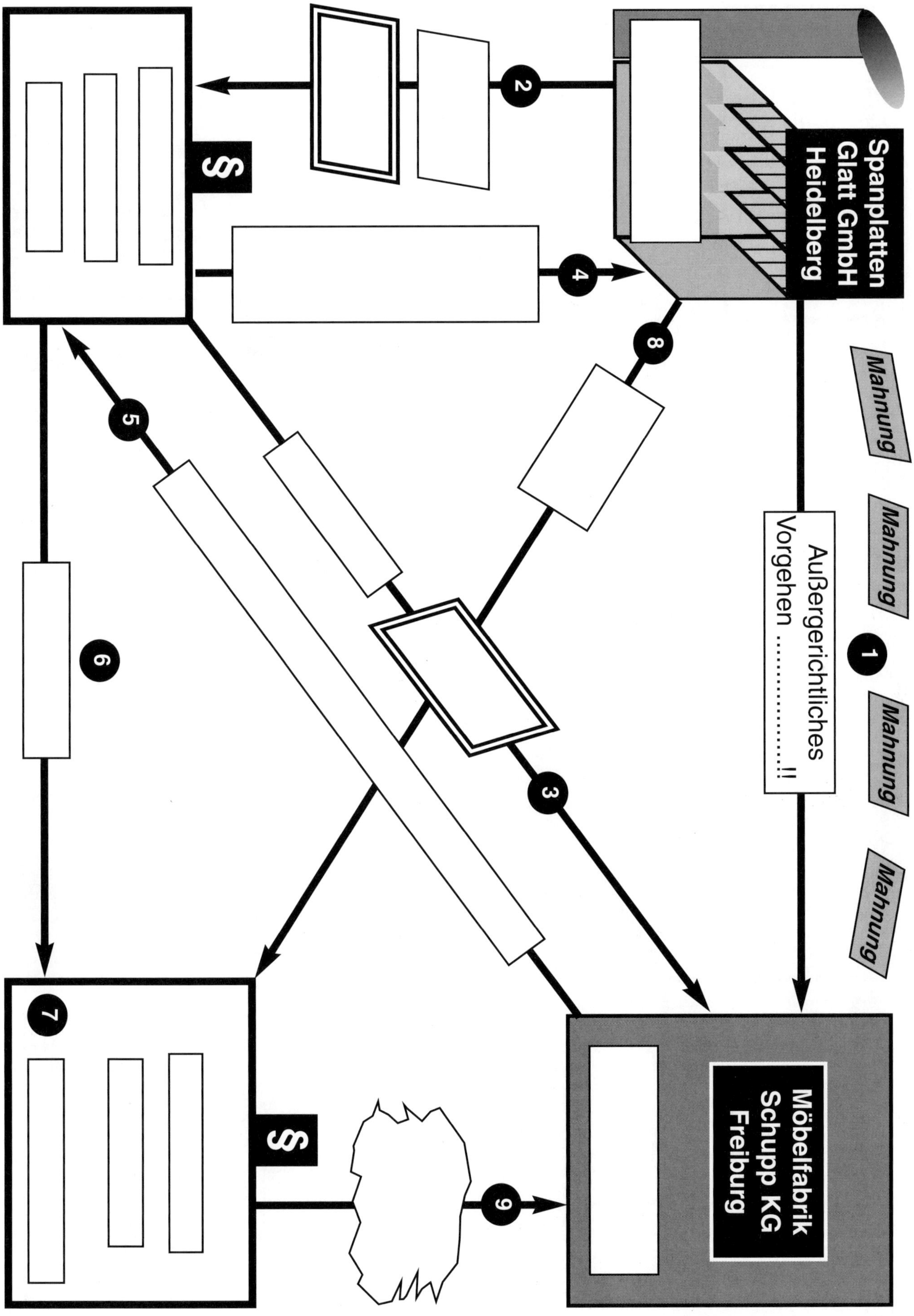

Das gerichtliche Mahnverfahren (Teil 2)

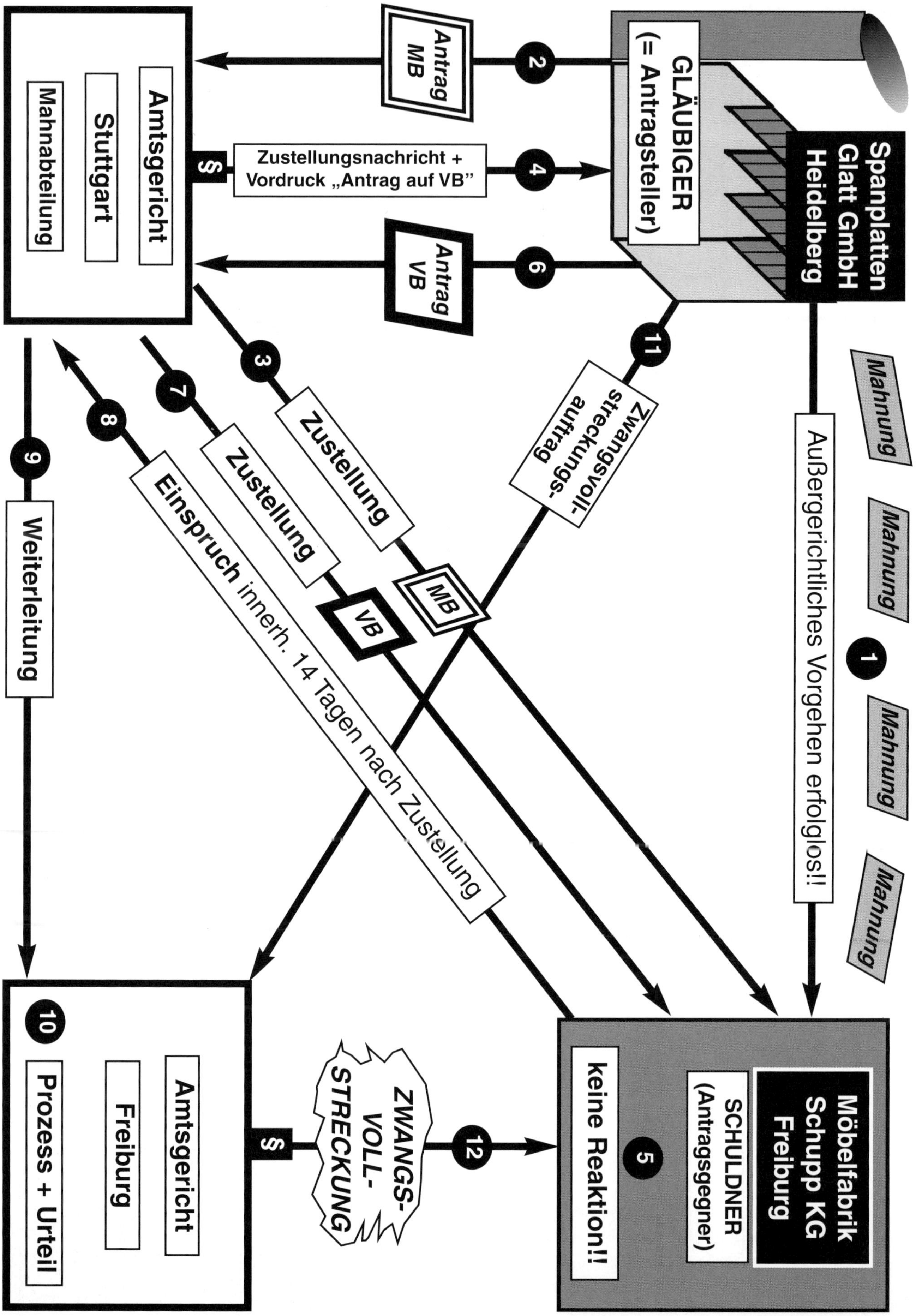

Das gerichtliche Mahnverfahren (Teil 2)

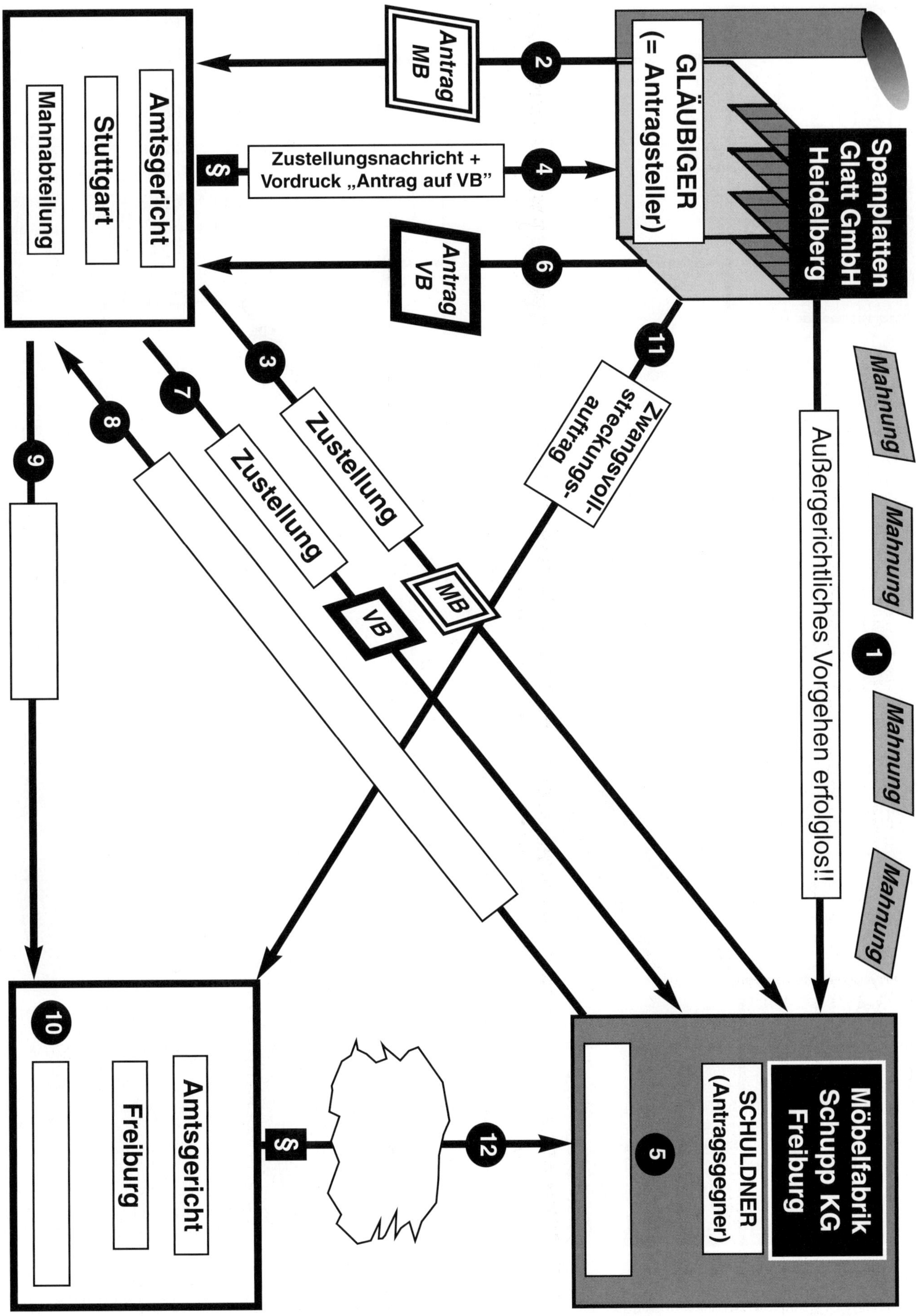

Das gerichtliche Mahnverfahren (Teil 3)

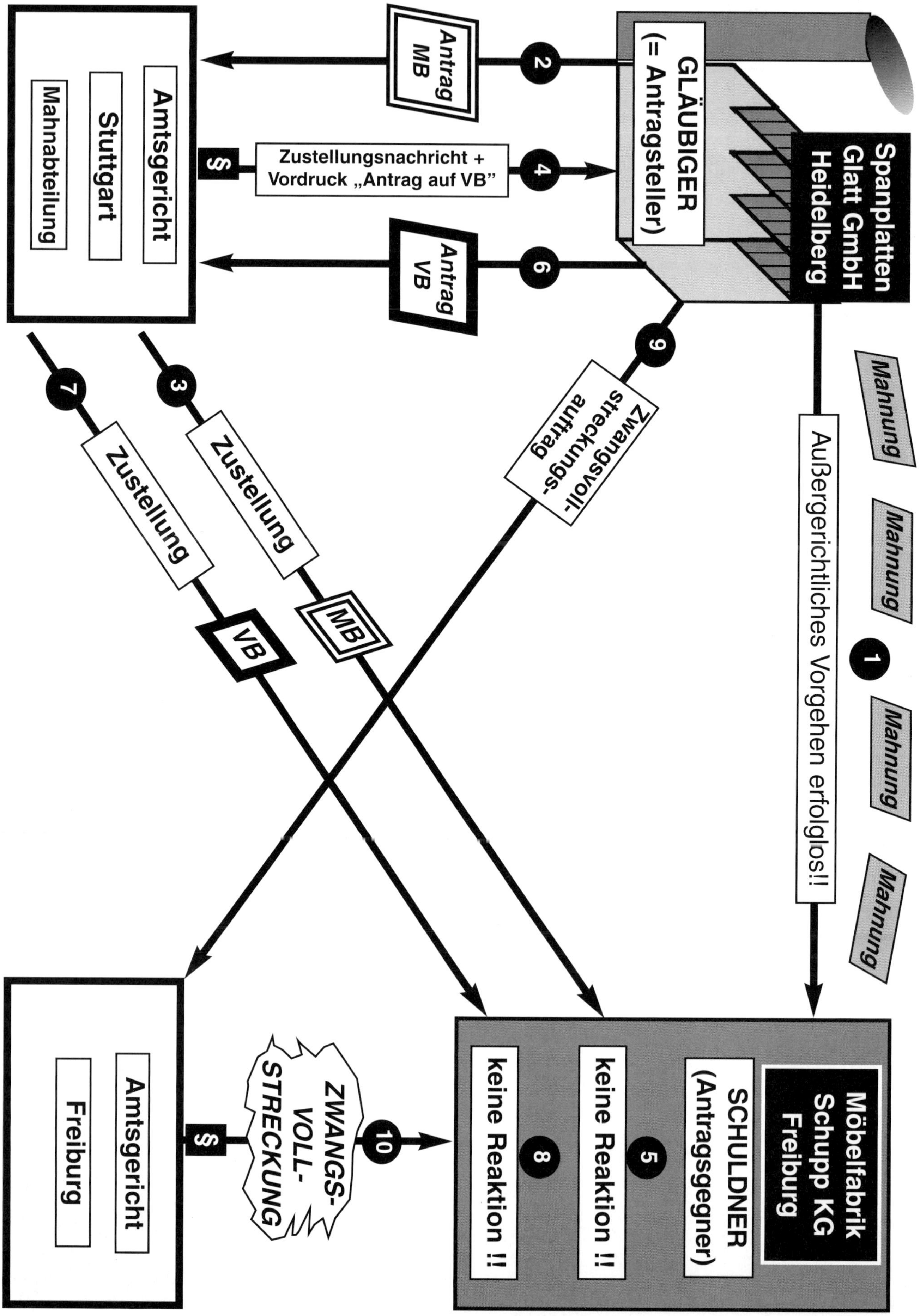

Das gerichtliche Mahnverfahren (Teil 3)

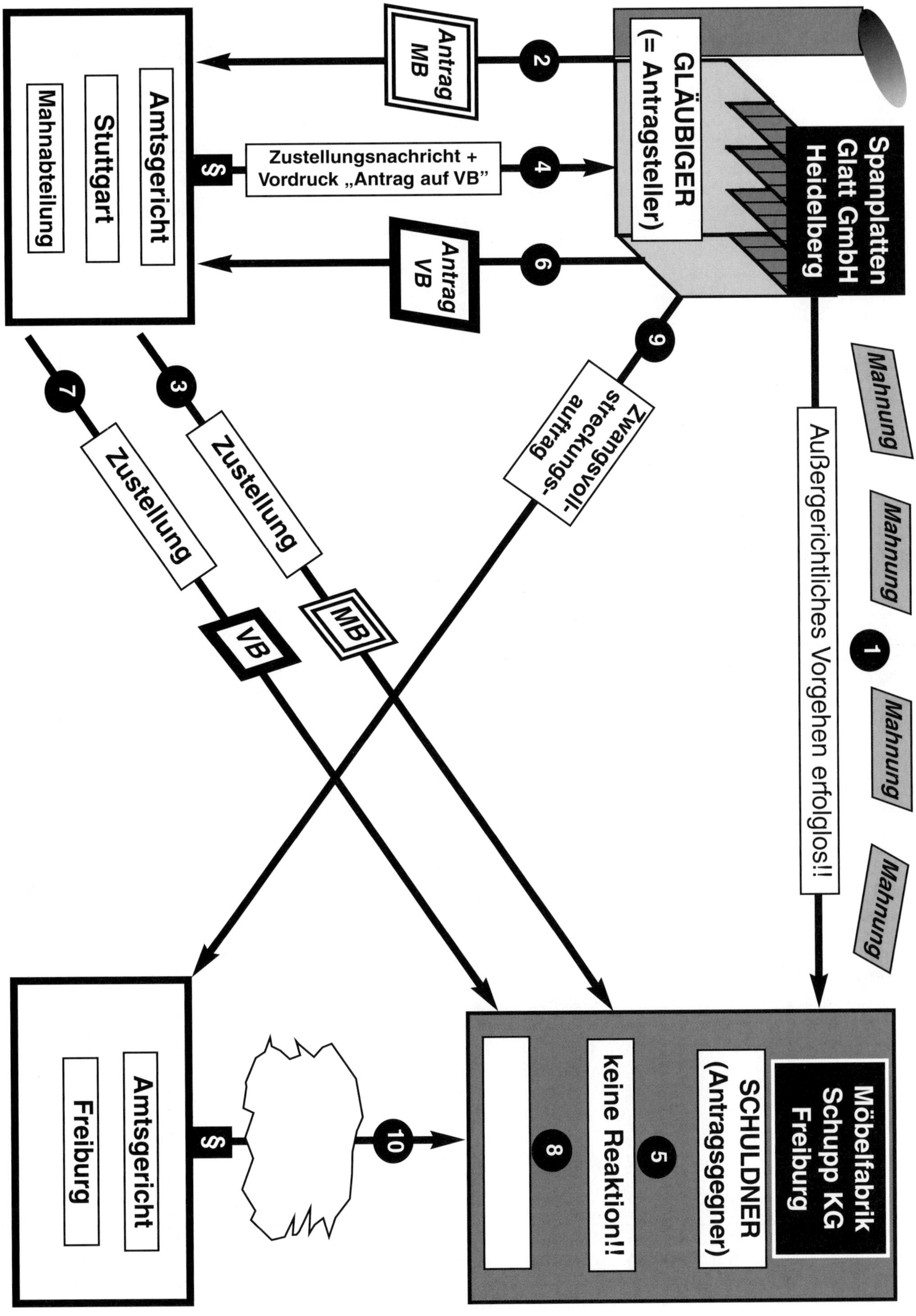

Das gerichtliche Mahnverfahren (Teil 4)

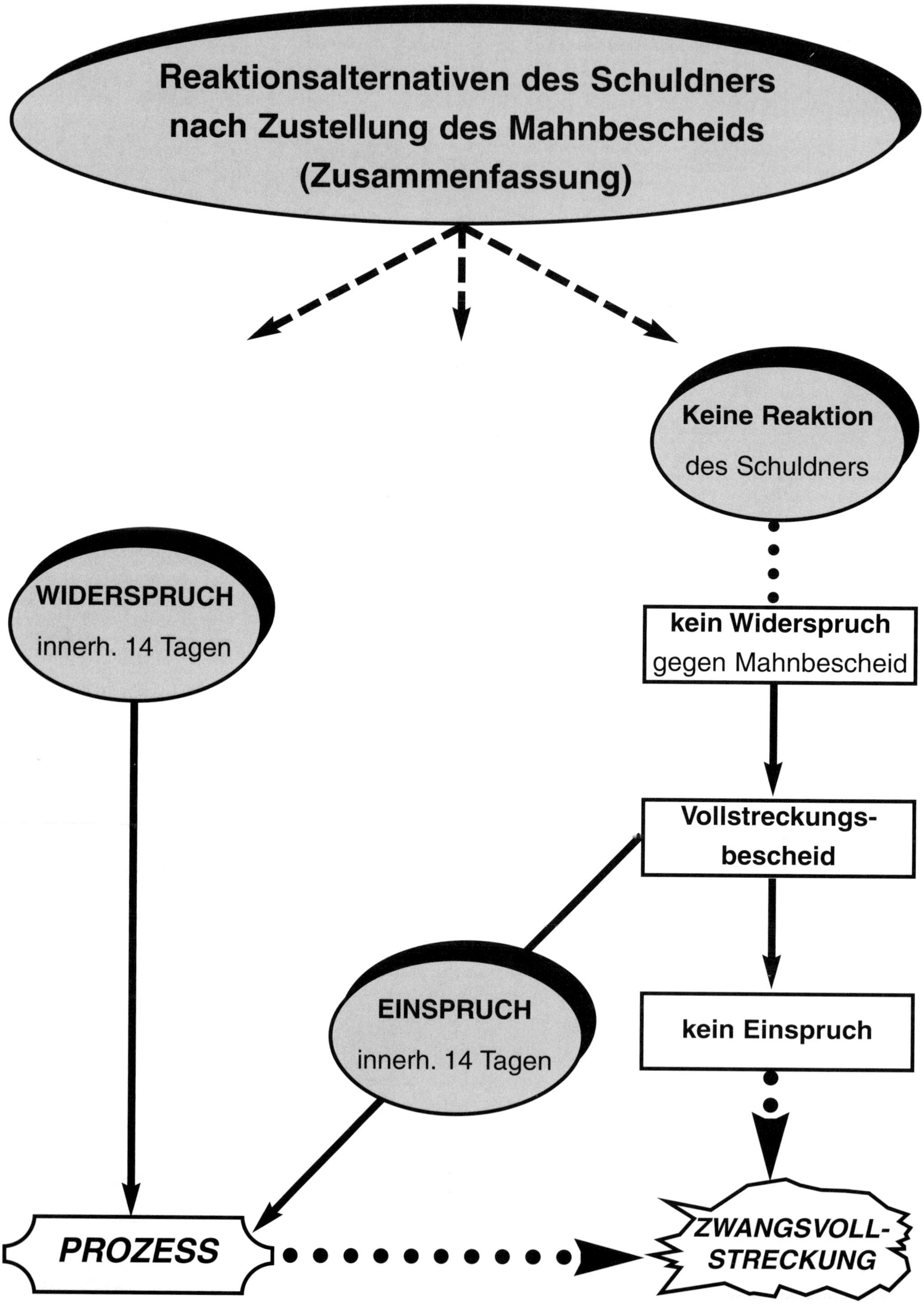

Das gerichtliche Mahnverfahren (Teil 4)

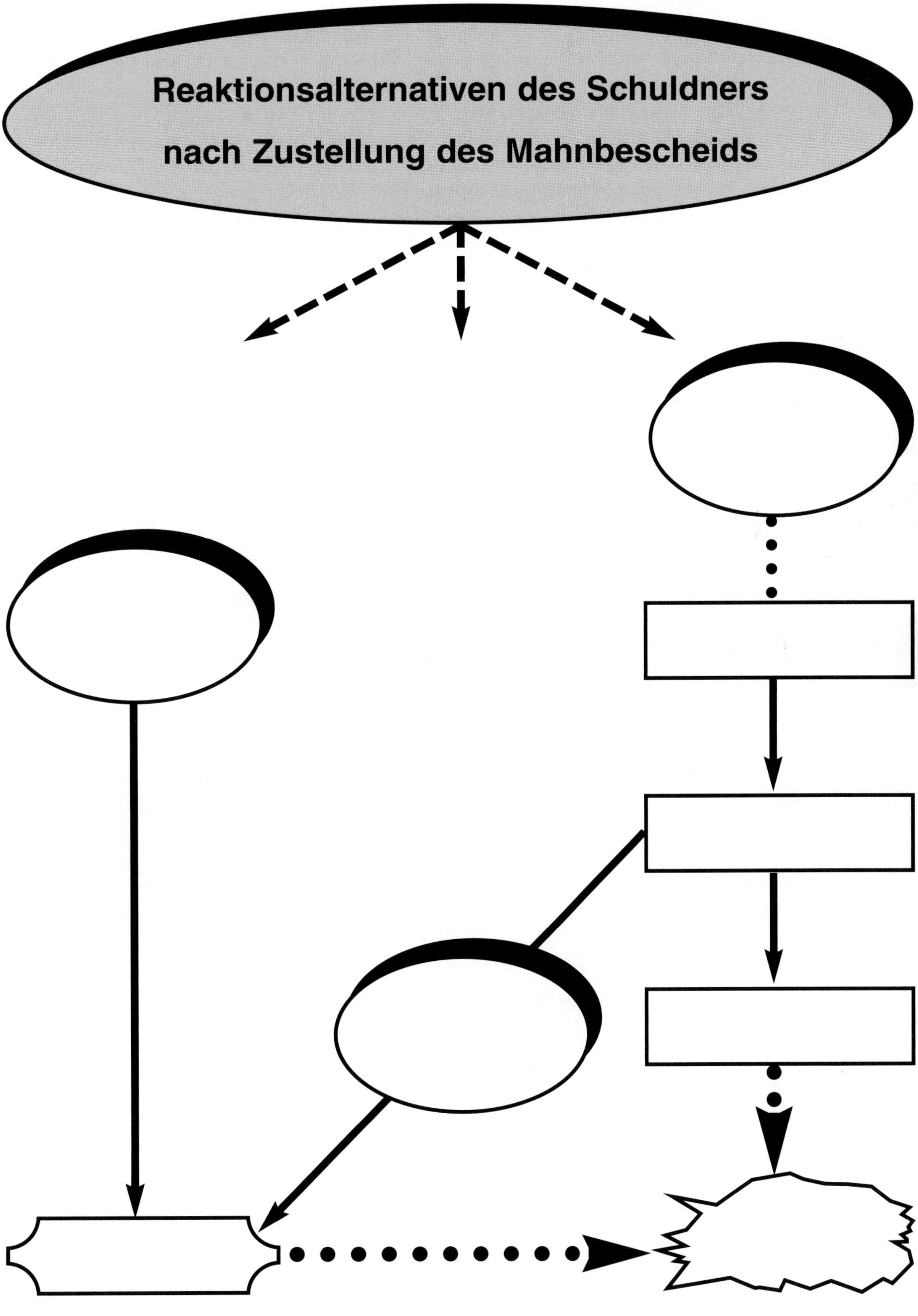

Kreuzworträtsel (Thema: Nicht-Rechtzeitig-Zahlung - Mahnverfahren)

Lösungswort (von oben nach unten): Schulische Veranstaltung

1. Eine Mahnung ist als Voraussetzung des Vorliegens einer Nicht-Rechtzeitig-Zahlung u. a. entbehrlich bei ... des Schuldners.
2. Logische rechtliche Voraussetzung für das Vorliegen einer Nicht-Rechtzeitig-Zahlung: ... der Zahlung.
3. Grundsätzlich entfällt sie als rechtliche Voraussetzung der Nicht-Rechtzeitig-Zahlung, wenn 30 Tage nach Rechnungseingang vergangen sind.
4. Typischer Schaden bei Nicht-Rechtzeitig-Zahlung
5. Eine Mahnung ist als Voraussetzung des Vorliegens einer Nicht-Rechtzeitig-Zahlung u. a. entbehrlich, wenn der Zahlungstermin ... genau bestimmt ist.
6. Ein mögliches Recht bei Nicht-Rechtzeitig-Zahlung: ... vom Vertrag
7. Fehlende Reaktionen des Schuldners auf Mahn- und Vollstreckungsbescheid führen ohne Prozess zur ...
8. Mit seiner Hilfe ist der Kuckuck nicht mehr fern.
9. Widerspruch oder Einspruch führen im gerichtlichen Mahnverfahren zum ...
10. Das Recht Rücktritt vom Vertrag funktioniert nur, wenn eine angemessene ... gesetzt wurde.
11. Bei Zahlungsverzug können ohne Nachweis Verzugszinsen in Höhe von ... Prozent über den Basiszinssatz der EZB berechnet werden.
12. Das gerichtliche Mahnverfahren beginnt mit der Zustellung des ...
13. Reaktionsmöglichkeit des Schuldners nach Erhalt des Mahnbescheids
14. Reaktionsmöglichkeit des Schuldners nach Erhalt des Vollstreckungsbescheids
15. Eines der Rechte bei Nicht-Rechtzeitig-Zahlung
16. Widerspruchs- bzw. Einspruchsfrist im Rahmen des gerichtlichen Mahnverfahrens: ... Wochen

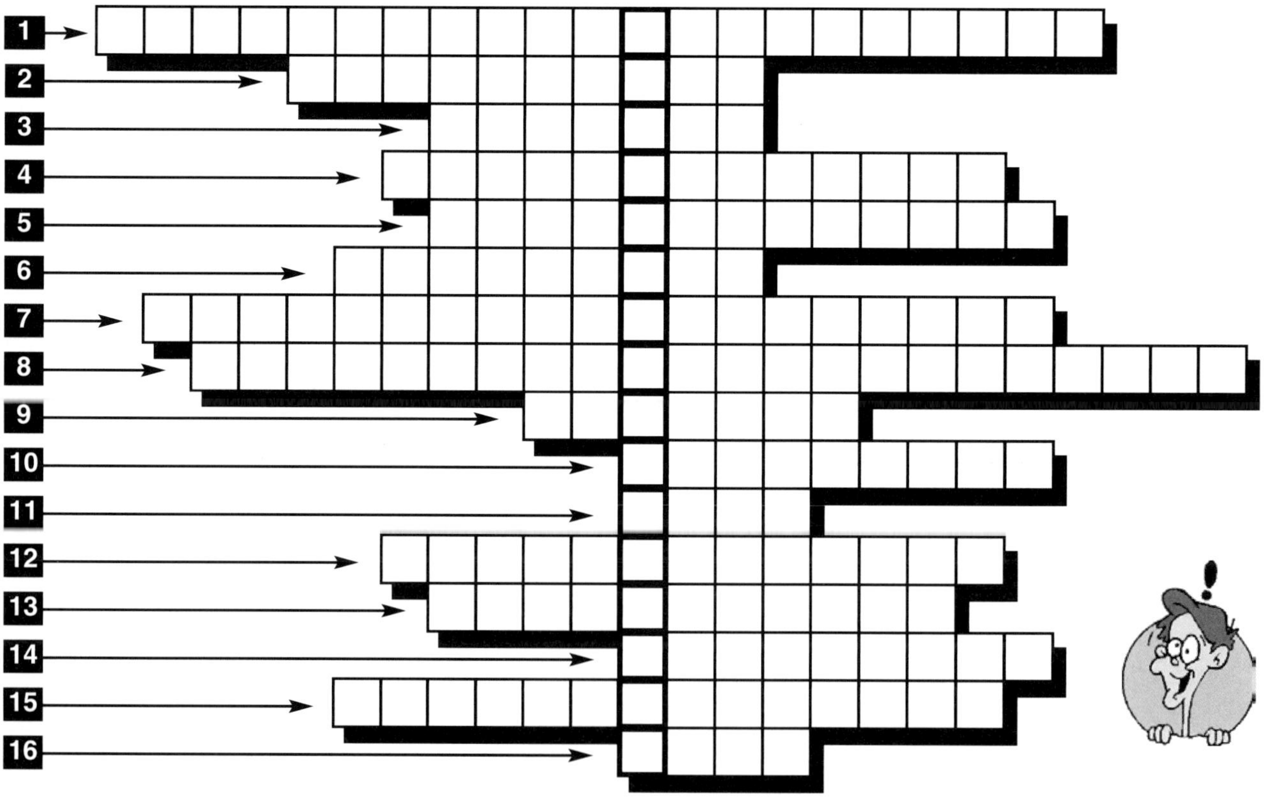

Lösungen: (Lösungswort: „ZEUGNISKONFERENZ")

1. Selbstinverzugsetzung	5. kalendermäßig	9. Prozess	13. Widerspruch
2. Fälligkeit	6. Rücktritt	10. Nachfrist	14. Einspruch
3. Mahnung	7. Zwangsvollstreckung	11. fünf	15. Schadensersatz
4. Verzugszinsen	8. Vollstreckungsbescheid	12. Mahnbescheids	16. zwei

9.7 Annahmeverzug

Voraussetzungen

- Montag 8. Mai – **Fälligkeit** der Lieferung
- **Tatsächliches Anbieten** der Ware

Wirkungen

- **Haftung** Lieferer nur bei grober Fahrlässigkeit + Vorsatz
- **Gefahrenübergang** auf „Käufer“

RECHTE

- **Ware zurücknehmen** + anderweitig **verkaufen** (vorher Info „Käufer“)
- **Ware zurücknehmen** + **lagern** + **Klage auf Abnahme**
- **Rücktritt vom Vertrag**
- **Kostenerstattung**

Selbsthilfeverkauf (SHV): öffentliche Versteigerung

Pflichten des Lieferers bei SHV:

- SHV androhen mit Nachfrist (Ausnahme: Notverkauf bei verderblichen Waren)
- Lagerort sowie Ort + Zeit + Ergebnis des SHV dem „Käufer“ mitteilen

Selbsthilfeverkauf: freihändiger Verkauf durch Makler

Voraussetzung:

Ware hat Börsen- oder Marktwert

Annahmeverzug

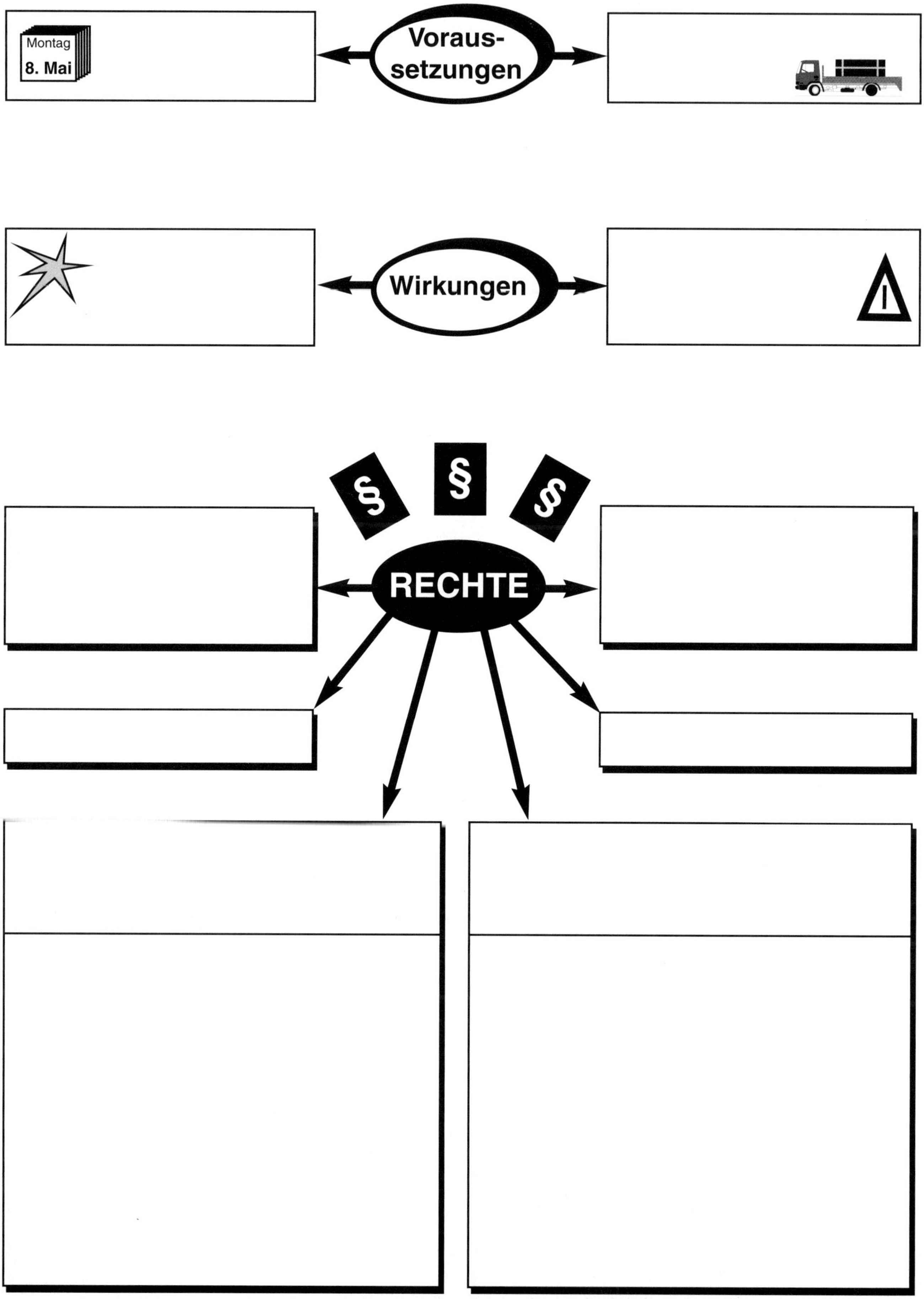

10 DIE VERJÄHRUNG

Die Verjährungsfristen (§ 194 ff. BGB)

<u>Wirkung der Verjährung (§ 214 BGB):</u> Nach Eintritt der Verjährung ist Schuldner berechtigt, die Leistung zu verweigern (**Leistungsverweigerungsrecht**)

§ 195 BGB → 3 Jahre

= regelmäßige Verjährungsfrist

Beginn: Schluss des Jahres, in dem Anspruch entstand und Gläubiger Kenntnis hat (§ 199 BGB)

Sonderregelungen im Gewährleistungsrecht

- Betrifft die meisten Ansprüche
- Höchstfrist ohne Rücksicht auf Kenntnis: 10 Jahre (§ 199 Abs. 4)

(Sonderregelungen für Schadensersatzansprüche)

sofern **regelmäßig wiederkehrende Leistungen**

§ 196 BGB → 10 Jahre

Beginn: Entstehung Anspruch (§ 200 BGB)

u. a.: Rechte an **Grundstücken** sowie Ansprüche auf Gegenleistung (Zahlung) bei Grundstücken ...

§ 197 BGB → 30 Jahre

§ 200 f. BGB	**Beginn mit**
• Herausgabeansprüche aus Eigentum und anderen dinglichen Rechten (z. B. Pfandrecht)	Entstehung Anspruch
• familien- + erbrechtliche Ansprüche	Entstehung Anspruch
• rechtskräftig festgestellte Ansprüche (Urteil)	Rechtskraft der Entscheidung
• Ansprüche aus vollstreckbaren Vergleichen bzw. Urkunden (Vollstreckungsbescheid)	Errichtung des vollstreckbaren Titels
• vollstreckbare Ansprüche aus Insolvenzen	Feststellung im Insolvenzverfahren

Wirkung der ....: Nach Eintritt der .... ist Schuldner berechtigt, die Leistung zu ....

§ 195 BGB

Beginn:

sofern **regelmäßig wiederkehrende Leistungen**

§ 196 BGB

Beginn:

§ 197 BGB

§ 200 f. BGB	**Beginn mit**

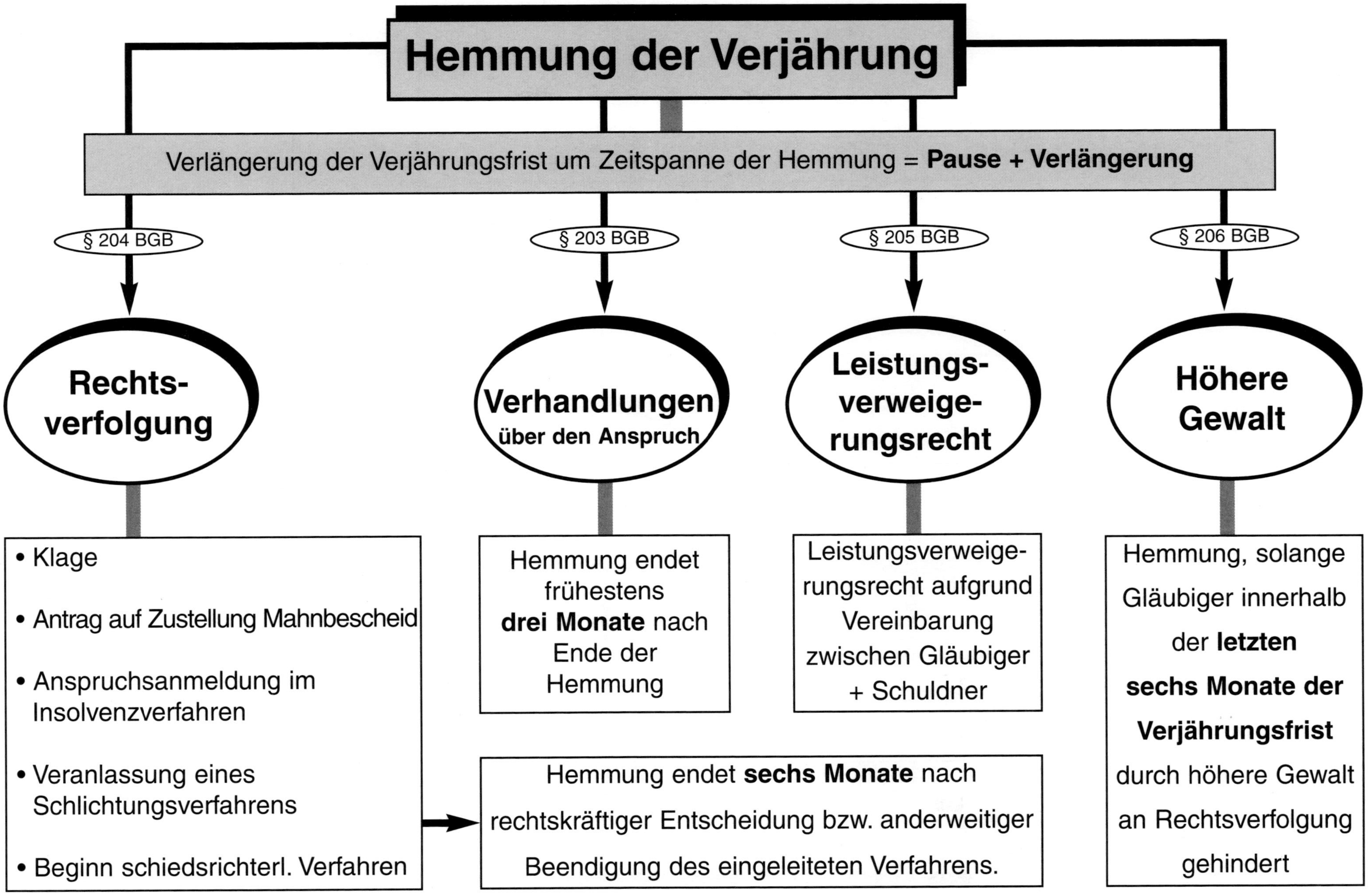
Hemmung der Verjährung
Verlängerung der Verjährungsfrist um Zeitspanne der Hemmung = **Pause + Verlängerung**
§ 204 BGB
Rechts-verfolgung
• Klage
• Antrag auf Zustellung Mahnbescheid
• Anspruchsanmeldung im Insolvenzverfahren
• Veranlassung eines Schlichtungsverfahrens
• Beginn schiedsrichterl. Verfahren
Hemmung endet **sechs Monate** nach rechtskräftiger Entscheidung bzw. anderweitiger Beendigung des eingeleiteten Verfahrens.
§ 203 BGB
Verhandlungen über den Anspruch
Hemmung endet frühestens **drei Monate** nach Ende der Hemmung
§ 205 BGB
Leistungs-verweige-rungsrecht
Leistungsverweige-rungsrecht aufgrund Vereinbarung zwischen Gläubiger + Schuldner
§ 206 BGB
Höhere Gewalt
Hemmung, solange Gläubiger innerhalb der **letzten sechs Monate der Verjährungsfrist** durch höhere Gewalt an Rechtsverfolgung gehindert

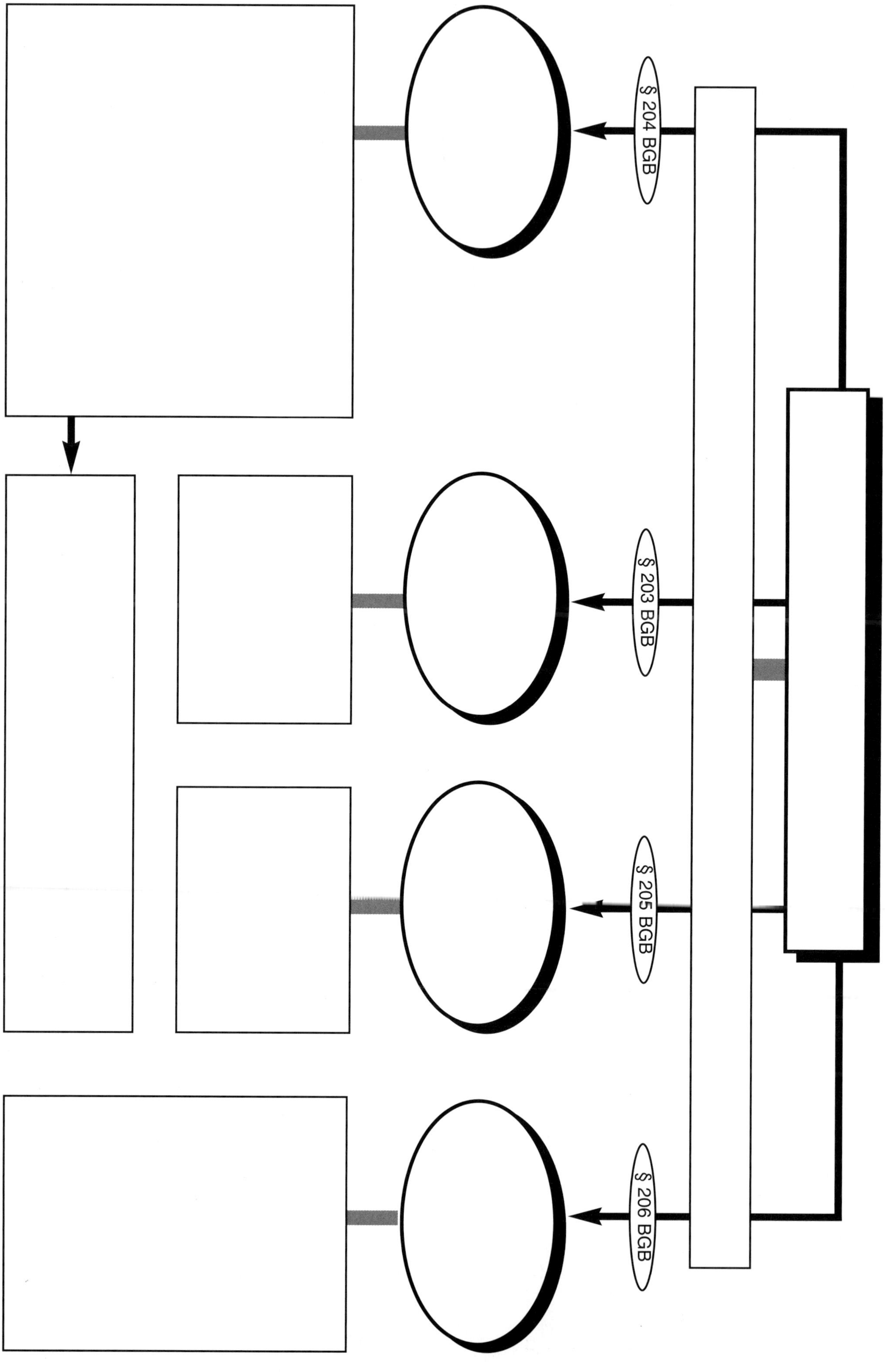
§ 204 BGB
§ 203 BGB
§ 205 BGB
§ 206 BGB

Neubeginn der Verjährung (= Unterbrechung)

§ 212 BGB

durch Schuldner

Schuldanerkenntnis:

- Teilzahlung
- Zinszahlung
- Bitte um Stundung
- Sicherheitsleistung
- Anerkennung von Mangelansprüchen durch Mangelbeseitigung (Nachbesserung)

Die Verjährungsfrist beginnt neu zu laufen ab der Unterbrechung

= Abbruch + Neuanfang

ursprüngliche Verjährungsfrist →

Unterbrechung

Neubeginn der Verjährung →

durch Gläubiger

Antrag oder Vornahme einer gerichtlichen oder behördlichen Vollstreckungshandlung

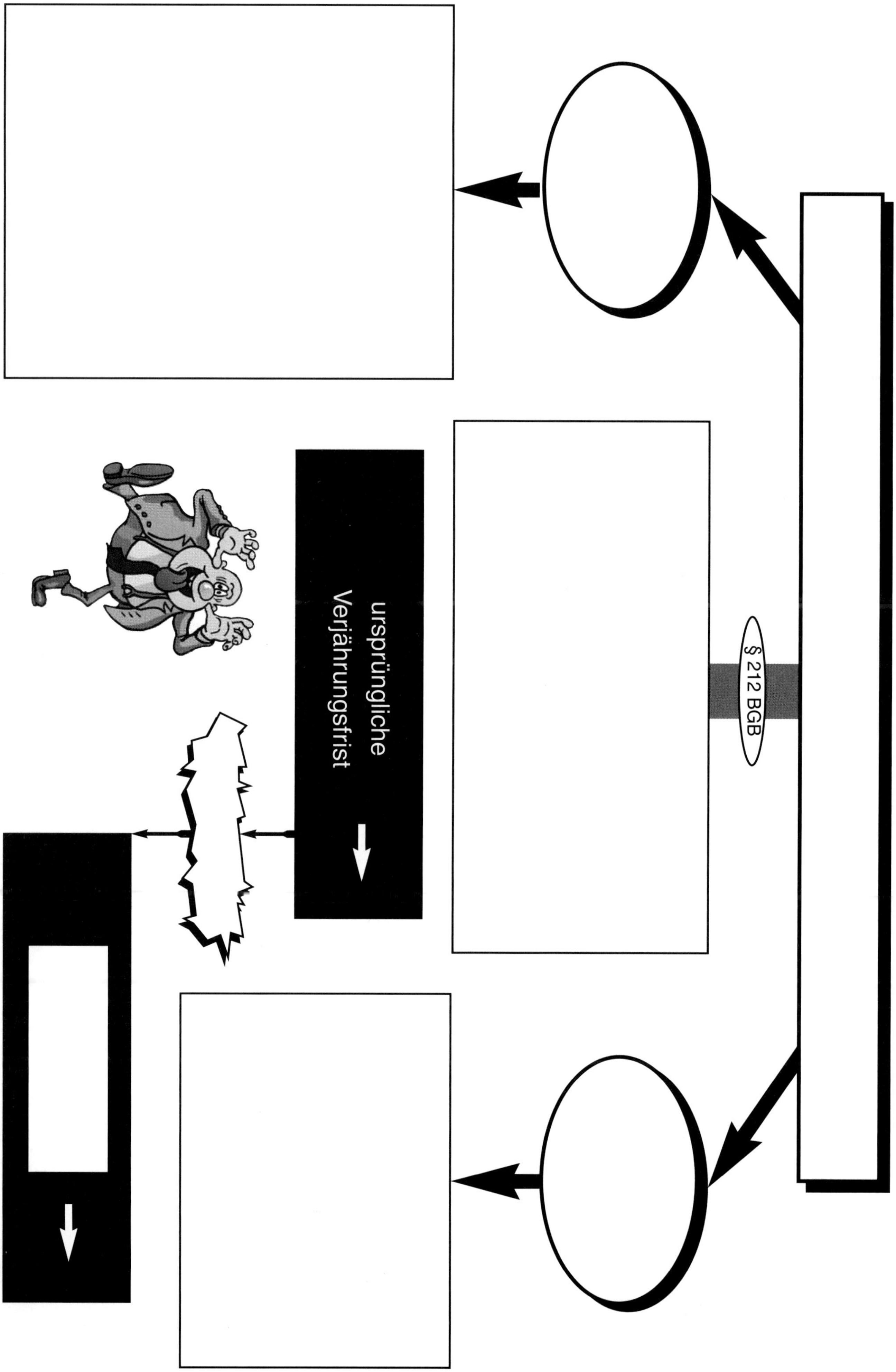
§ 212 BGB
ursprüngliche Verjährungsfrist

Fälle zum Thema Verjährung

1. K kauft von V am 20. Februar 2002 einen Ferrari. Wann ist die Forderung verjährt?

2. K kauft von V ein **Grundstück**. Die Kaufpreiszahlung ist am 20. Januar 2002 fällig. Wann ist die Forderung verjährt?

3. V verkauft am 2. Januar 2002 an K eine Maschine. Fälligkeit des Kaufpreises: 2. Februar 2002. Nachdem nach zweieinhalb Jahren noch keine Zahlung erfolgt ist, reicht V am 20. Juni 2004 die **Klage** ein. K wird am 30. September 2004 rechtskräftig verurteilt. Wann verjährt der Anspruch des V?

4. V liefert an K eine Spezialmaschine. Fälligkeit des Kaufpreises: 10. Juni 2002. Am 20. Dezember 2005 (kurz vor Ende der Verjährungsfrist) hat K immer noch nicht bezahlt. K und V beginnen mit Verhandlungen über die Zahlungsmodalitäten, weil hierüber noch diverse Unklarheiten bestehen. Am 20. März 2006 bricht V die Verhandlungen verärgert ab und verlangt sofortige Zahlung. K verweigert die Zahlung und beruft sich auf Verjährung. Klären Sie die Rechtslage.

5. Welche Wirkung hat die Einreichung des Antrags auf Mahnbescheid auf die Verjährung?

6. Welche Wirkung haben folgende Aktionen auf die Verjährung?
   a) Antrag auf Zwangsvollstreckung
   b) Veranlassung eines Schlichtungsverfahrens
   c) Zinszahlung des Schuldners
   d) Bitte um Stundung durch den Schuldner
   e) Klageeinreichung
   f) Höhere Gewalt verhindert Rechtsverfolgung
   g) Teilzahlung des Schuldners
   h) Antrag und Zustellung des Mahnbescheids

Lösungen

1. • Regelmäßige Verjährungsfrist: 3 Jahre
   • Beginn der Verjährungsfrist: Schluss des Jahres, in dem der Anspruch entstanden ist.
   • Verjährung: 31. Dezember 2002 + 3 Jahre = (mit Ablauf des) 31. Dezember 2005

2. • Verjährungsfrist bei Rechten an Grundstücken sowie diesbezügliche Kaufpreisansprüche: 10 Jahre
   • Beginn der Verjährung: Entstehung des Anspruchs
   • Verjährung: 20. Januar 2002 + 10 Jahre = (mit Ablauf des) 20. Januar 2012

3. • Verjährungsfrist bei Urteilen: 30 Jahre
   • Beginn der Verjährung: Rechtskraft der Entscheidung
   • Verjährung: 30. September 2004 + 30 Jahre = (mit Ablauf des) 30. September 2034

4. • Verhandlungen über den Anspruch führen zur Hemmung der Verjährung.
   • Ursprüngliche Verjährung: 31. Dezember 2002 + 3 Jahre = (mit Ablauf des) 31. Dezember 2005
   • Hemmung: 20. Dezember 2005 bis 20. März 2006 = 90 Tage
   • Neue Verjährung: 31. Dezember 2005 + 90 Tage = (mit Ablauf des) 31. März 2006, jedoch frühestens drei Monate nach Ende der Verhandlungen = **20. Juni 2006**

5. Hemmung der Verjährung ab Einreichung des Antrags auf Mahnbescheid

6. a) Neubeginn der Verjährung
   b) Hemmung der Verjährung
   c) Neubeginn der Verjährung
   d) Neubeginn der Verjährung
   e) Hemmung der Verjährung
   f) Hemmung der Verjährung
   g) Neubeginn der Verjährung
   h) Hemmung der Verjährung

Kreuzworträtsel (Thema: Verjährung)

Das Lösungswort (von oben nach unten gelesen): Hemmungsgrund
(Doppelwörter ohne Leerstelle)

1. Die regelmäßige Verjährungsfrist beträgt ... Jahre.
2. Die zehnjährige Verjährungsfrist beginnt mit ... des Anspruchs.
3. In zehn Jahren verjähren Rechte an ... .
4. Sie führen zur Hemmung der Verjährung.
5. Dieser „Spruch“ führt zur höchstmöglichen Verjährung.
6. Die regelmäßige Verjährungsfrist beginnt zum Schluss des Jahres, in dem der Anspruch entstand und der Gläubiger hiervon ... erlangt.
7. Nach Eintritt der Verjährung ist der Schuldner berechtigt, die Leistung zu ... .
8. Alternativbegriff für Verlängerung der Verjährungsfrist
9. Diese Aktion führt zur schuldnerbedingten Unterbrechung der Verjährung.
10. Beginn der Verjährung bei rechtskräftig festgestellten Ansprüchen: Mit ... der Entscheidung
11. Diese Handlung führt zur gläubigerbedingten Unterbrechung der Verjährung.
12. Oft kann niemand etwas für dieses hemmungauslösende Ereignis der höheren ... .
13. Ein Leistungsverweigerungsrecht kann zur ... der Verjährung führen.
14. Alternativbezeichnung für Unterbrechung der Verjährung
15. Die Bitte um ... führt zum Neubeginn der Verjährung.
16. Höchstmögliche Verjährungsfrist: ... Jahre

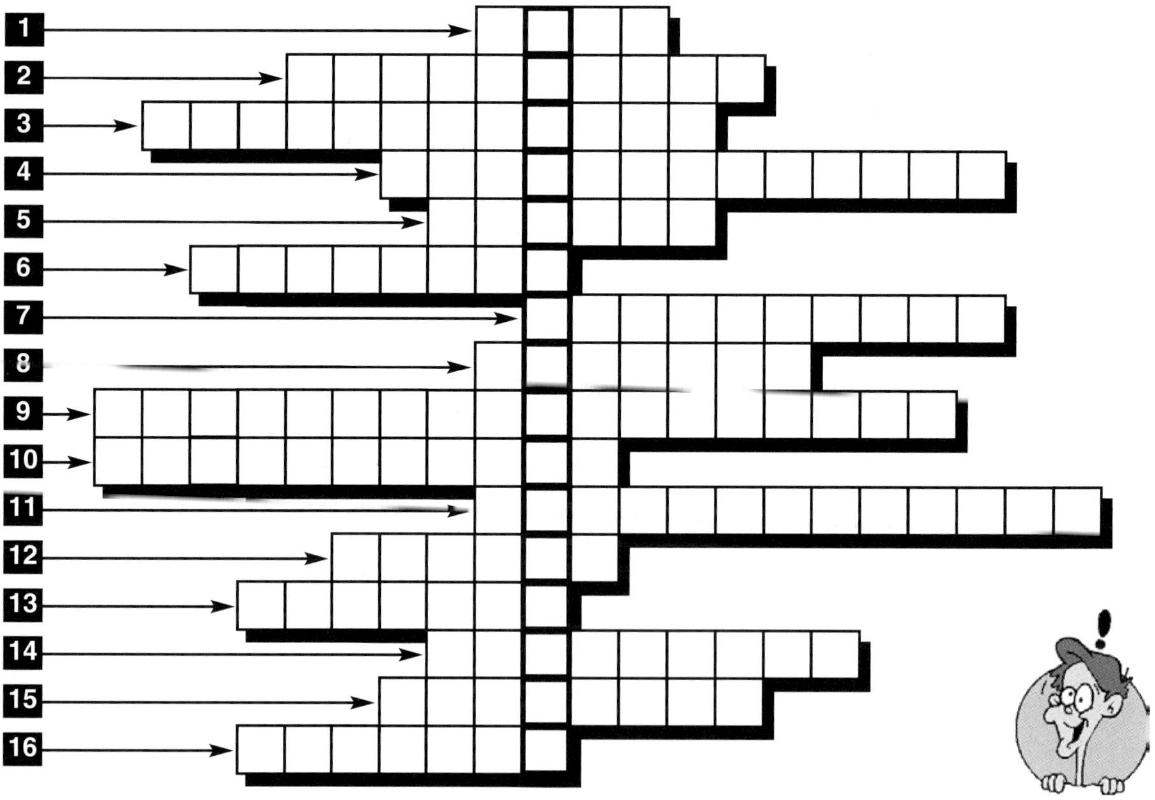

Lösungen: **(Lösungswort: RECHTSVERFOLGUNG)**

1. drei
2. Entstehung
3. Grundstücken
4. Verhandlungen
5. Urteil
6. Kenntnis
7. verweigern
8. Hemmung
9. Schuldanerkenntnis
10. Rechtskraft
11. Vollstreckung
12. Gewalt
13. Hemmung
14. Neubeginn
15. Stundung
16. dreißig

DIE VERJÄHRUNG *(handlungsorientiert)*

- Aktualisierter Beitrag von W. Bauknecht -

<u>**Hinweis:**</u> Um das Problem der z. T. recht komplizierten Übergangsregelungen (Forderungen, die vor dem 1. Januar 2002 bestanden - vgl. Einführungsgesetz zum BGB, Art. 229: Überleitungsvorschriften zum Verjährungsrecht) zu umgehen, werden ausschließlich Fälle mit Forderungsentstehung nach dem 31.12.2001 aufgeführt.

Insbesondere hinsichtlich Beginn, Hemmung und Neubeginn sind die Übergangsregelungen recht kompliziert. Hinsichtlich der reinen Verjährungsfristen gilt folgende Regelung:
- Verjährungsfrist BGB-neu > Verjährungsfrist BGB-alt: BGB-alt gilt (kürzere Frist)
- Verjährungsfrist BGB-neu < Verjährungsfrist BGB-alt: BGB-neu gilt (kürzere Frist), jedoch erst gerechnet ab 1. Januar 2002

Sachverhalt

1. Die Verweigerung

Die **Maschinenfabrik Schuhwerk KG** lieferte der **Schreinerei Bunt GmbH** am **18. Juni 2002** eine computergesteuerte Universalmaschine zum Rechnungsbetrag von 44.080,00 €.

Laut Kaufvertrag sollte die Zahlung bis zum **18. September 2002** erfolgen. Durch einen Fehler in der Buchhaltung wird erst am **30. Dezember 2005** entdeckt, dass die Rechnung noch nicht bezahlt ist. Der zuständige Buchhalter, Herr **Fuchs,** wendet sich noch am selben Tag telefonisch an die Bunt GmbH mit der Bitte um sofortigen Rechnungsausgleich. Der Geschäftsführer Max **Frech** der Bunt GmbH beendet das Telefongespräch mit den Worten:

„Wir sind nicht mehr verpflichtet, diesen Rechnungsausgleich vorzunehmen!"

Die Auszubildende Tina Henzler, die sich in den nächsten Wochen die entsprechenden Kenntnisse in der Buchhaltung aneignen muss, hört dieses Gespräch ungewollt aber gespannt mit. Sie stutzt und überlegt, ob es so einfach sein kann, eine rechtmäßige Zahlung zu verweigern. Sie greift zum BGB und versucht, die richtige Antwort mithilfe des Gesetzestextes zu finden. Helfen Sie ihr dabei.

2. Der Trick

Buchhalter Fuchs hat eine Idee und greift in die Trickkiste: Er schickt folgendes **Fax A** an die Bunt GmbH, in dem er darauf hinweist, dass nach eingehender Durchsicht sämtlicher Unterlagen sich sogar ein offener Posten von 98.800,00 € ergibt, was natürlich nicht stimmt. Er hofft, dass die Bunt GmbH darauf reagiert. Sonst kann es wirklich zu spät sein.

Tatsächlich faxt wenige Minuten später der Geschäftsführer der Bunt GmbH zurück **(Fax B)**.

<u>Maschinenfabrik Schuhwerk KG</u>

FAX A
vom 30. Dezember 2005

an Bunt GmbH

Sehr geehrter Herr Frech,

nach eingehender Durchsicht sämtlicher Unterlagen müssen wir Sie dahingehend informieren, dass sich der offene Posten nicht nur auf 44.080,00 € sondern auf 98.800,00 € beläuft.

Mit freundlichem Gruß

Maschinenfabrik Schuhwerk KG (Fuchs)

<u>Schreinerei Bunt GmbH</u>

FAX B
vom 30. Dezember 2005

an Maschinenfabrik Schuhwerk KG

So eine Frechheit!!!

98.800,00 € kann nicht sein!!!

Woher haben Sie den Betrag???

Offener Posten von 44.080,00 € ist korrekt.

Nur: Das interessiert uns nicht mehr! Alles Gute im neuen Jahr!

Bunt GmbH (Frech)

Als Buchhalter Fuchs das Fax B in Händen hält, schmunzelt er. Gottseidank, damit ist das Geld für den offenen Posten noch nicht verloren. Jetzt haben wir Zeit gewonnen. Silvester ist gerettet!

Auch dieses Mal versucht Tina die Aussagen ihres Buchhalters mit dem BGB nachzuvollziehen. Machen Sie es ihr nach und zeigen Sie Ihren Lösungsansatz auf!

3. Der Virus

Unterstellen Sie in Bezug auf die Forderung gegenüber der Bunt GmbH folgenden alternativen Sachverhalt:

Ein Virus hat den größten Teil der Datenbestände in der Buchhaltung der Schuhwerk KG am **5. September 2005** vernichtet. Das Zahlenmaterial kann überhaupt nicht oder nur lückenhaft abgerufen werden. Zur Wiederherstellung der Datenbestände ist eine Schweizer Datensicherungsfirma aus Zürich beauftragt. Sie setzt einen Zeitbedarf von drei Monaten an.

In dieser Zeit hat die Firma Schuhwerk nicht die Möglichkeit, ihr Recht auf die Bezahlung des offenen Postens durchzusetzen.

Zu welcher Aussage wird Tina mit Hilfe des BGB kommen?

4. Der Lohnrückstand

Hugo Igel stellt am **15. September 2005** fest, dass er von seinem früheren Arbeitgeber, der Firma Schuhwerk, noch Geld zu bekommen hat. Dies war ihm bei der Lösung seines Dienstverhältnisses entgangen.

Sein **Ausscheiden** liegt genau **36 Monate zurück.** Rückständig sind Lohnforderungen aus Überstunden für die Monate Juli bis September des letzten Arbeitsjahres.

Herr Igel **mahnt** seinen ehemaligen Arbeitgeber im Laufe der Monate November und Dezember 2005 mehrfach, ohne etwas zu erreichen. Schließlich erhebt er im Januar 2006 **Klage.**

Die Firma Schuhwerk behauptet, dass die Restforderung von Herrn Igel erloschen ist. Herr Igel weist auf seine Mahnschreiben hin und ist deshalb der Ansicht, dass er den rückständigen Lohn noch erhalten muss.

Zu welchem Ergebnis wird der Richter kommen?

Tina liest aufmerksam die Urteilsbegründung. Sie versucht, die Argumentation des Richters mit dem Gesetz nachzuvollziehen. Unterstützen Sie sie dabei.

5. Die Wiese

Am **15. April 2002** kaufte Tobias Schuhwerk von seinem Nachbarn Albert Eibel, der bereits Rentner ist, eine Wiese für 12.000,00 €.

Tobias Schuhwerk zahlte 10.000,00 € nach Grundbucheintrag, der Rest sollte sechs Monate später bezahlt werden. Tobias Schuhwerk vergaß, den Restbetrag zu bezahlen. Herr Eibel, der bereits vergesslich war, verlangte das Geld auch nicht von ihm.

Am **31. Dezember 2011** ist Herr Eibel bei der Silvesterparty der Familie Schuhwerk. Dabei sieht er ein Bild von der Wiese an der Wand hängen. Jetzt fällt ihm wieder ein, dass er noch 2.000,00 € zu erhalten hat. Er weist Tobias Schuhwerk darauf hin, doch dieser will von den restlichen 2.000,00 € nichts mehr wissen und meint:

„Herr Eibel, das ist schon zu lange her, da hätten Sie schon früher aufwachen müssen und zudem sind die bereits bezahlten 10.000,00 € mehr als genug!"

Herrn Eibel interessiert das nicht. Er besteht auf den restlichen 2.000,00 € und pocht auf Einhaltung des Vertrags.

Herr Schuhwerk möchte sich nicht weiter ärgern und schaltet einen Rechtsanwalt ein.

Wie wird die Auskunft des Rechtsanwaltes lauten?

Lösungen zum Sachverhalt

1. • Es gilt die regelmäßige Verjährungsfrist von drei Jahren (§ 195 BGB).

   • Beginn der Verjährung am Schluss des Kalenderjahres, in dem der Anspruch entsteht (§ 199 BGB).

   • Forderung ist am 31. Dezember 2005 verjährt. Erst danach kann die Bunt GmbH sich auf das ihr zustehende Leistungsverweigerungsrecht berufen. § 214 BGB

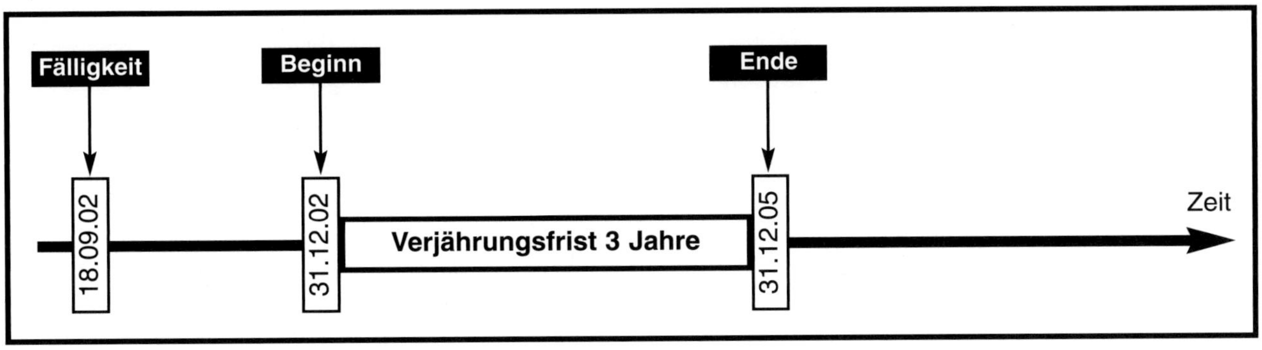

2. • Dem Buchhalter Fuchs gelingt es, von Geschäftsführer Frech vor Ablauf der Verjährung eine Schuldanerkenntnis (Frech gesteht die Schuld in geringerem Umfang ein) zu erhalten.

   • Folge: **Neubeginn** der Verjährung (§ 212 BGB)

   –> Verjährungsfrist beginnt vom Tag der Unterbrechung an neu zu laufen (§ 217 BGB)

   –> Die Forderung ist somit erst am 30. Dezember 2008 verjährt.

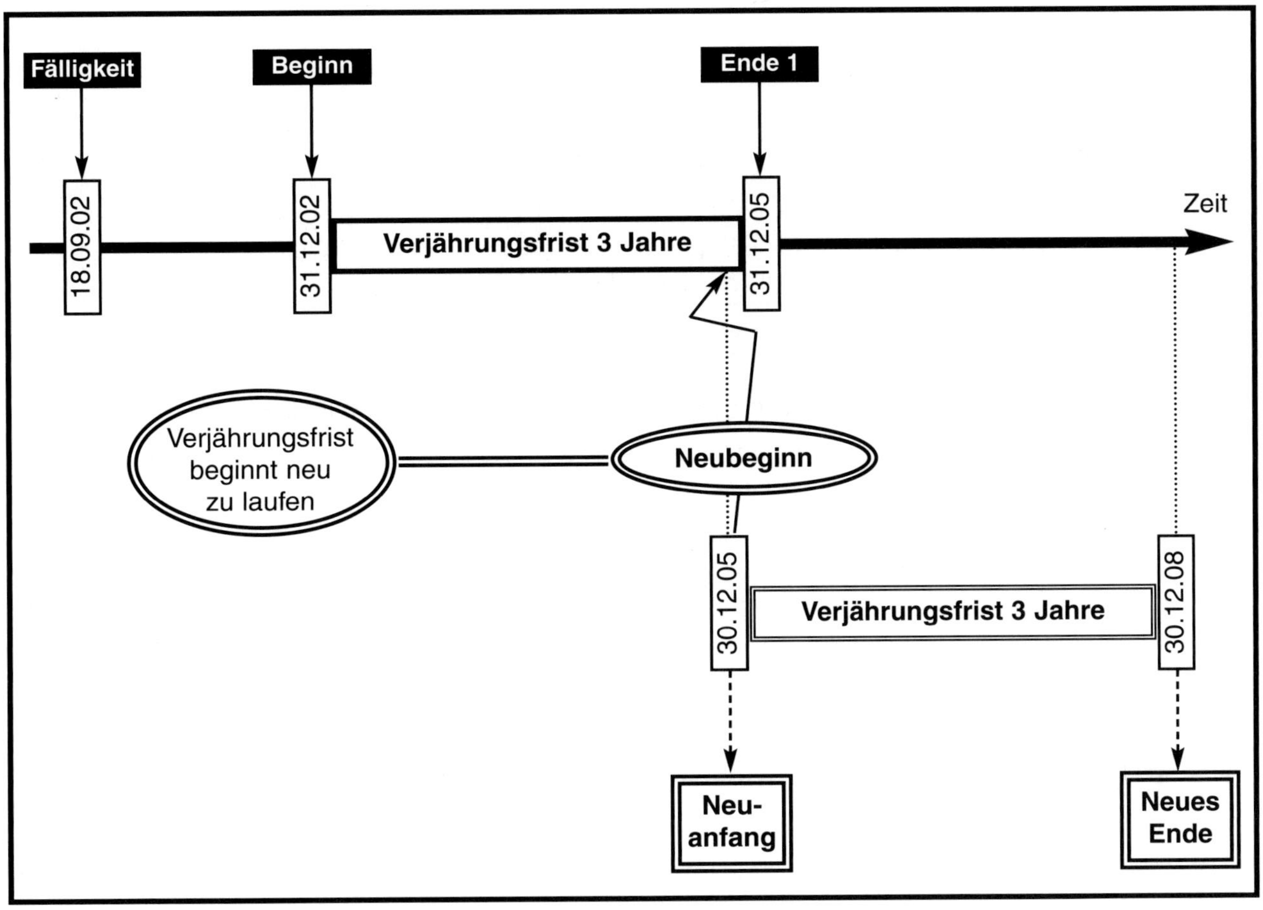

3. • Es liegt höhere Gewalt vor (Ereignis konnte auch durch äußerste Sorgfalt nicht verhindert werden).
   • Dieses Ereignis ist innerhalb der letzten sechs Monate der Verjährung passiert
   • Folge: **Hemmung** der Verjährung, § 206 BGB

   –> Während der Hemmung pausiert die Verjährung. Die Verjährung wird um den Zeitraum der Hemmung verlängert (§ 209 BGB).

   –> Die Forderung wäre am 31. März 2006 verjährt.

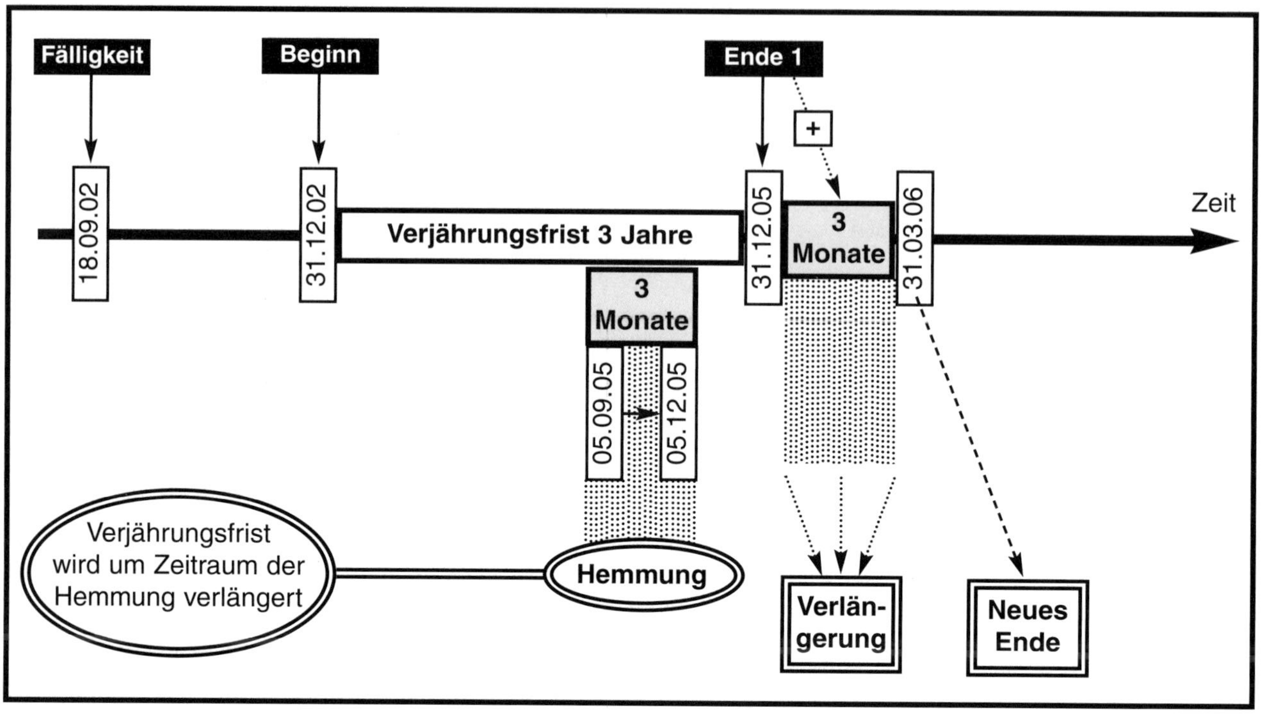

4. • Es gilt die regelmäßige Verjährungsfrist von drei Jahren (§ 195 BGB)
   • Beginn der Verjährung am Schluss des Kalenderjahres, in dem der Anspruch entsteht (§ 199 BGB).
   • Forderung ist am 31. Dezember 2005 verjährt. Danach kann die Bunt GmbH sich auf das ihr zustehende Leistungsverweigerungsrecht berufen. § 214 BGB.
   • Außergerichtliche Mahnungen beeinflussen die Laufzeit der Verjährung nicht, Klage kommt zu spät.

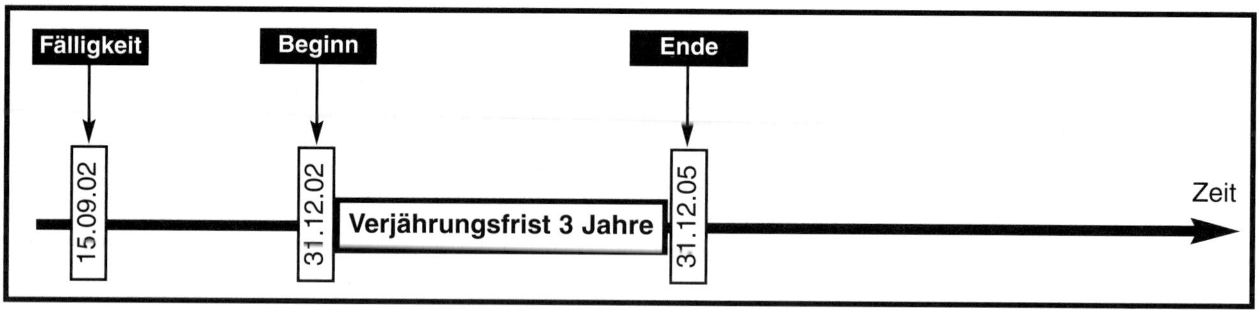

5. • Verjährungsfrist bei Rechten an Grundstücken sowie Ansprüche auf Gegenleistung (Zahlung) bei Grundstücken: 10 Jahre (§ 196 BGB)
   • Beginn der Verjährungsfrist: Entstehung des Anspruchs; § 200 BGB.
   • Forderung ist erst am 15. April 2012 verjährt –> Schuhwerk muss die 2.000,00 € bezahlen.

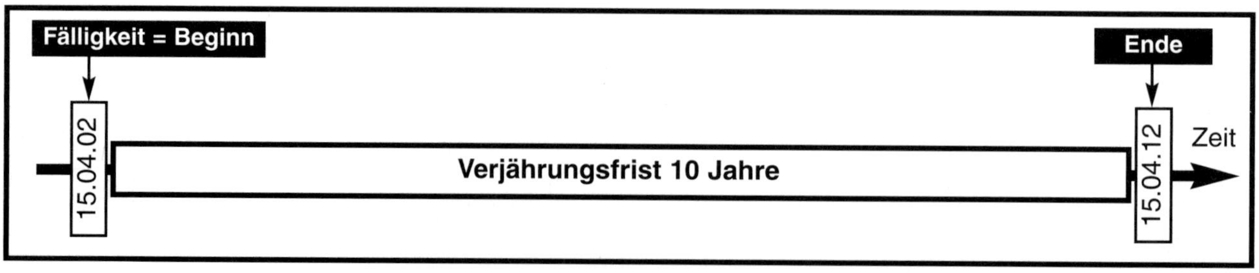

Testfragen: Die Verjährung

1.	Warum ist bei der regelmäßigen Verjährungsfrist für den Verjährungsbeginn ein einheitlicher Zeitpunkt festgelegt worden?	2
2.	Kann sich ein Schuldner am 31. Dezember in Sicherheit wiegen, ob gegen ihn bestehende Zahlungsansprüche verjährt sind? Begründung.	2
3.	Welchen Zweck verfolgt der Gesetzgeber mit der Verjährung?	2
4.	Welche Wirkung hat die Verjährung?	2
5.	Nehmen Sie Stellung: „Ein feiner Mann beruft sich nicht auf die Einrede der Verjährung!"	2
6.	Ein Büromaschinengroßhändler verkaufte am 6. April 2002 an eine Maschinenfabrik fünf Personalcomputer zum Rechnungsbetrag von 11.600,00 €, zahlbar bis zum 26. April 2002. Durch ein Versehen wurde der Rechnungsausgleich nicht durchgeführt. Auch in der Buchhaltung des Büromaschinengroßhändlers wurde der Zahlungstermin übersehen. Am 12. April 2006 wird zufällig diese offene Rechnung entdeckt und sofort angemahnt. Ohne die Rechtslage zu prüfen, überweist der Bilanzbuchhalter der Maschinenfabrik den offen stehenden Betrag am 22. April 2006. Wenige Tage später stellt er fest, dass er eigentlich wegen der zwischenzeitlich eingetretenen Verjährung die Zahlung hätte verweigern können. Er ärgert sich. Gibt es für ihn Möglichkeiten, das Geld für seine Firma zurückzuverlangen?	5
7.	Frau Finke kaufte am 1. Juli 2002 vom Elektrohändler Frank Gaiser e. K. einen elektrischen Heizofen zum Preis von 232,00 €. Der Buchhalter der Firma Gaiser mahnte den ausstehenden Betrag verschiedene Male an, zuletzt am 29. Dezember 2005 mit eingeschriebenem Brief und der letzten Fristsetzung. Frau Finke reagierte auch darauf nicht. Am 20. Januar 2006 beauftragt der Buchhalter einen Rechtsanwalt, gegen Frau Finke gerichtlich vorzugehen. Wie beurteilen Sie die Prozessaussichten? Begründen Sie Ihre Antwort.	5
8.	Warum geht am Jahresende bei den zuständigen Amtsgerichten eine große Anzahl von Mahnbescheiden ein?	2
9.	Unterscheiden Sie zwischen „Neubeginn" und „Hemmung" der Verjährung.	3
10.	Manfred Bertel hat sich am 29. Juli 2002 beim Textileinzelhändler Mode Müller e. K. einen Anzug der Marke Boss für 998,00 € ausgesucht. Da Herr Bertel nicht sicher war, ob dieser Anzug auch seiner Frau gefällt, erhielt er den Anzug ohne zu bezahlen für eine Woche zur Auswahl. Er brachte den Anzug nicht zurück, sodass der Kaufpreis fällig war. Seiner Zahlungspflicht kam Herr Bertel nicht nach. Herr Müller zeigte sich aber großzügig und schickte ihm erst am 10. Januar 2004 eine Mahnung, worauf Herr Bertel eine Abschlagszahlung in Höhe von 399,00 € leistete. Wann verjährt die Restforderung? Begründen Sie Ihre Antwort.	5

Lösungen

1.	Betroffene sollen nicht ständig ihre Bücher u. Außenstände dahingehend überprüfen müssen, ob Verjährung droht –> Prüfung jeweils gegen Jahresende ausreichend (Inventur, Jahresabschl.).	2
2.	Nein, da evtl. Gläubiger noch vor Ablauf der Verjährungsfrist eine Hemmung erreicht haben (z. B. durch Antrag eines Mahnbescheids).	2
3.	Die Verjährung dient dem Rechtsfrieden. Der Gläubiger soll seine Ansprüche möglichst schnell geltend machen, damit die Beweisproblematik nicht zu groß wird.	2
4.	Die Verjährung gewährt eine „Einrede" = Leistungsverweigerungsrecht auf Dauer. Hat der Schuldner trotz Verjährung geleistet, kann er die Leistung nicht mehr zurückfordern.	2
5.	Hat Käufer jahrelang nicht gezahlt, ändert auch der Zeitablauf nichts an der Tatsache, dass er eigentlich zur Zahlung verpflichtet bleibt. Zeitablauf als solcher ist kein Verdienst des Schuldners. Deshalb führt Verjährung nicht zum Erlöschen des Anspruchs. Ein „Ehrenmann" zahlt trotzdem.	2
6.	• Es gilt die regelmäßige Verjährungsfrist von 3 Jahren ab 31. Dezember –> Forderung wäre am 31. Dezember 2005 verjährt gewesen. • Anspruch ist nicht erloschen, sondern besteht nach wie vor. Die verspätete Zahlung bedeutet lediglich Vertragserfüllung. Es gibt keine Möglichkeit, das Geld zurück zu verlangen.	5
7.	• Es gilt die regelmäßige Verjährungsfrist von 3 Jahren ab 31. Dezember –> Forderung ist am 31. Dezember 2005 verjährt. • Außergerichtliche Mahnungen beeinflussen die Laufzeit der Verjährung nicht. • Frau Finke kann die Einrede der Verjährung (Leistungsverweigerungsrecht) geltend machen. • Prozessaussichten für die Firma nicht erfolgversprechend	5
8.	Antrag auf Erlass eines Mahnbescheids (= gerichtliche Geltendmachung des Anspruchs) bedeutet Hemmung, d. h. die Verjährungsfrist wird um die Zeitspanne der Hemmung verlängert.	2
9.	Hemmung: Verlängerung der Verjährungsfrist um Zeitspanne der Hemmung; Verjährung pausiert Neubeginn: Verjährungsfrist beginnt in voller Länge neu zu laufen ab Unterbrechung; die bereits angelaufene Verjährungszeit entfällt.	3
10.	• Es gilt die regelmäßige Verjährungsfrist von 3 Jahren ab 31. Dezember –> Forderung ist grundsätzlich am 31. Dezember 2005 verjährt. • Abschlagszahlung vom 10. Januar 2004 bedeutet Neubeginn: Verjährung beginnt neu zu laufen –> Neues Verjährungsende: 10. Januar 2007	5

Aufgabe: In der Maschinenfabrik Tobias Schuhwerk KG müssen einige ausstehende Forderungen, entstanden am 5. August 2002, hinsichtlich ihrer Verjährung überprüft werden, um Verluste zu vermeiden.

a) Machen Sie durch Ankreuzen deutlich, wann die genannte Forderung verjährt.
b) Kreuzen Sie ferner die für Ihre Feststellung maßgebliche(n) Begründung(en) an.

	Forderung verjährt am											Begründung				
Situation: Forderung entstanden am 5. August 2002 aufgrund	5. Aug. 2004	31. Dez. 2004	5. Aug. 2005	31. Dez. 2005	22. Dez. 2008	31. Dez. 2008	5. Aug. 2012	31. Dez. 2012	5. Aug. 2032	31. Dez. 2032	noch unklar	regelmäßige Verjähr. 3 Jahre	Verjähr. 10 J.	Verjähr. 30 J.	Neubeginn	Hemmung
a) einer Warenlieferung 1. der Schuhwerk KG an die Schreinerei Biesel GmbH																
2. der Schuhwerk KG an die Sägerei Rauh e. K., die am 22.12.05 schriftlich um Stundung bittet																
3. der Schuhwerk KG an den Hobbywerker Helmut Maier																
b) eines Reparaturauftrages 4. des Hobbywerkers Fritz Kundig, gegen den die Schuhwerk KG am 20.12.05 einen Mahnbescheid beantragt hat																
5. der Fröhlich e. K., zuletzt schriftlich angemahnt von der Schuhwerk KG am 21.10.02																
c) 6. eines Grundstücksverkaufs an Firma X																
d) 7. eines Pfandrechts																

Aufgabe: In der Maschinenfabrik Tobias Schuhwerk KG müssen einige ausstehende Forderungen, entstanden am 5. August 2002, hinsichtlich ihrer Verjährung überprüft werden, um Verluste zu vermeiden.

a) Machen Sie durch Ankreuzen deutlich, wann die genannte Forderung verjährt.
b) Kreuzen Sie ferner die für Ihre Feststellung maßgebliche(n) Begründung(en) an.

	Forderung verjährt am											Begründung				
Situation: Forderung entstanden am 5. August 2002 aufgrund	5. Aug. 2004	31. Dez. 2004	5. Aug. 2005	31. Dez. 2005	22. Dez. 2008	31. Dez. 2008	5. Aug. 2012	31. Dez. 2012	5. Aug. 2032	31. Dez. 2032	noch unklar	regelmäßige Verjähr. 3 Jahre	Verjähr. 10 J.	Verjähr. 30 J.	Neubeginn	Hemmung
a) einer Warenlieferung 1. der Schuhwerk KG an die Schreinerei Biesel GmbH				X								X				
2. der Schuhwerk KG an die Sägerei Rauh e. K., die am 22.12.05 schriftlich um Stundung bittet					X										X	
3. der Schuhwerk KG an den Hobbywerker Helmut Maier				X								X				
b) eines Reparaturauftrages 4. des Hobbywerkers Fritz Kundig, gegen den die Schuhwerk KG am 20.12.05 einen Mahnbescheid beantragt hat											X					X
5. der Fröhlich e. K., zuletzt schriftlich angemahnt von der Schuhwerk KG am 21.10.02				X								X				
c) 6. eines Grundstücksverkaufs an Firma X							X						X			
d) 7. eines Pfandrechts									X					X		

Vgl. Farbfolie!

11 SONSTIGES ZU KAUFVERTRAG & CO.

Faxgeschichten

Zusammenfassung diverser aktueller **Fax-Urteile** verschiedener Gerichte:

- **Auch wichtige Unterlagen können per Telefax rechtswirksam übermittelt werden.**
- **Bürgschaftserklärung per Telefax:** Unwirksam, da keine eigenhändige Unterschrift vorliegt (Schriftformerfordernis nicht erfüllt)
- **Grundstücksmietvertrag (> 1 Jahr):** Unwirksam, da keine eigenhändige Unterschrift vorliegt (Schriftformerfordernis nicht erfüllt)
- **Unerwünschte Fax-Werbung ist wettbewerbswidrig**

Testament: Rechtsgültig auch mittels Zeichen?

Der Fall: Ein durch einen Schlaganfall gelähmter, schreib- und sprechunfähiger Mann „diktierte" einem Notar durch Zeichen sein Testament und setzte eine Frau als Erbin ein.
Nach einer uralten Vorschrift kann ein Testament nur schriftlich oder durch mündliche Erklärung gegenüber einem Notar errichtet werden. Weitere „Erbanwärter" beriefen sich auf letztere Regelung und fochten das Testament an.

Urteil: Die Frau erhielt Recht.

Begründung: Schreib- und zugleich sprechunfähige Menschen dürfen nicht generell vom Aufsetzen eines Testaments ausgeschlossen werden. Das BVG erklärte oben genannte uralte Vorschrift für grundgesetzwidrig, weil sie gegen den Schutz Behinderter und die Erbrechtsgarantie des Grundgesetzes verstoße. Obige Form der Erklärung (Zeichen) ist somit rechtsgültig, sofern der Betreffende bei klarem Verstand ist.

BVG Az.: 1 BvR 2161/94

Neues Gesetz zur außergerichtlichen Streitschlichtung

- Das neue Gesetz trat am **1. Januar 2000** in Kraft.
- **Bundesländer** können verbindlich vorschreiben, dass in bestimmten Fällen zuerst eine **Gütestelle** aufgesucht werden muss, bevor ein ordentliches Gericht angerufen wird.
- **In folgenden Fällen muss künftig zunächst die Gütestelle eingeschaltet werden:**

Gütestelle !
- Streitwert < 750,00 €
- Nachbarschaftsstreitigkeit
- Ansprüche wegen Ehrverletzung außerhalb Presse- u. Rundfunkbereich

- **Folgende Fälle sind vom Erfordernis eines Güteversuchs ausgenommen:**

Keine Gütestelle !
- Familiensachen
- streitige Verfahren, denen ein Mahnverfahren voraus gegangen ist
- Streitigkeiten um Vollstreckungsmaßnahmen
- Parteien wohnen in verschiedenen Ländern

- **Hauptbegründung:** Entlastung v. a. der Amtsgerichte.

Neues Fernabsatzgesetz gilt seit 1. Juli 2000

Betroffene Bereiche
- Bestellungen per
  - Brief
  - Telefon
  - Fax
  - E-Mail

Rückgaberecht (Widerruf)
- innerhalb von 14 Tagen
- ohne weitere Begründung
- Kaufpreiserstattung
- Widerruf-Fristverlängerung auf 4 Monate, wenn Verkäufer wichtige Infos wie AGB bzw. Firmensitz verschweigt.

Warenwert bis 40,00 €:
Versandunternehmer kann Portokosten berechnen, sofern bestellte Ware = gelieferte Ware

Kein Widerrufsrecht
- Elektronische Anlieferung der Bestellung (z. B. Software), weil nicht kontrollierbar, ob vor Rücksendung Kopien angefertigt wurden

Sonstige Verpflichtungen für virtuelle Anbieter
- Angabe ihrer Identität und Postadresse
- Kundenaufklärung (Zahlungsbedingungen...) auf „dauerhaftem Datenträger“

Zweck des Gesetzes
- stärkerer Rechtsschutz des Verbrauchers beim Onlinehandel

Ausnahmen
- Für Kredit- und Versicherungsverträge gilt das Gesetz nicht

12 ZAHLUNGSVERKEHR

12.1 Übersicht Zahlungsarten

Zahlungsarten

- **Barzahlung**
  - gegen Quittung
  - Postanweisung
  - Wertbrief
- **Halbbare Zahlung**
  - Zahlschein
  - Postnachnahme
  - Barscheck
- **bargeldlose Zahlung**
  - Überweisung
  - Lastschrift
  - Verrechnungsscheck
  - Kreditkarte
  - Electronic Cash
  - Elektronische Geldbörse (Geldkarte)

Electronic Cash		Elektronische Geldbörse (Geldkarte)
Zahlung mit EC-Karte	↔	Zahlung mit EC-Karte (integrierter Chip) oder kontoungebundener Geldkarte (= Ausnahme)
Zahler muss Kontoinhaber sein	↔	Zahler muss nicht Kontoinhaber sein bei kontoungebundener Geldkarte
Eingabe der Geheimnummer notwendig	↔	keine Eingabe der Geheimnummer notwendig
Onlineverbindung Händler-Bank	↔	keine Onlineverbindung Händler-Bank
Anwendung: mittlere bis höhere Kaufbeträge	↔	Anwendung: Kleinbeträge

12.2 Die Geldkarte (Elektronische Geldbörse)

Wie funktioniert die Geldkarte?

1. Man benötigt: EC-Karte mit integriertem Chip oder kontounabhängige Geldkarte
2. Laden (bis 200,00 €): a) EC-Karte mit integriertem Chip: Ladung gegen Kontobelastung
   b) Kontounabhängige Geldkarte: Ladung gegen bar, Scheck, Kreditkarte, Reisescheck
3. Zahlung beim Händler:
   - Einschieben der Geldkarte in das Händlerterminal (Lesegerät);
   - im Display erscheint das noch vorhandene Restguthaben der Geldkarte; das jeweils vorhandene Restguthaben sowie die Umsätze der letzten 15 Einkäufe können auch mittels eines separat zu beschaffenden „Taschenkartenlesers" zu jeder Zeit vom Kunden abgelesen werden;
   - Händler gibt Kaufpreis ein, der dem Kunden wiederum über das Display angezeigt wird;
   - Bestätigung des zu zahlenden Betrags durch den Käufer;
   - der Kaufpreis wird der Geldkarte belastet und gleichzeitig im Händlerterminal als Zahlungseingang gespeichert;
   - Anzeige des Restguthabens der Geldkarte im Display des Händlerterminals.
4. Aufgabe des Händlers: Einmal täglich sendet der Händler die im Terminal gespeicherten Transaktionen an die ihm von seiner Bank oder Sparkasse genannten „Evidenzzentrale" (jede Bankorganisation hat ihre eigene Evidenzzentrale). Der Betrag wird seinem Konto gutgeschrieben.
   Je nach Voraussetzungen stehen dafür drei Möglichkeiten offen:
   - Sendung direkt über Wählleitung an die Zentrale (= Normalfall);
   - Sendung über Standardleitung (Netzbetreiber) für alle, die bereits an electronic cash angebunden sind;
   - Einreichung über Händler-Einreicherkarte bei seiner Bank (insbes. Kleinbetriebe mit geringem Transaktionsaufkommen pro Tag) = Ausnahmefall.
5. Die Kosten:
   - Händler:
     – Kauf Händlerterminals bzw. Aufrüstung bereits vorhandener Terminals;
     – bestimmte Gebühr je eingegebenem Rechnungsbetrag
   - Kunde:
     – Gebühr je Ladevorgang
     – Taschenkartenleser

Vorteile für den Karteninhaber

1. Pro Ladung nur **ein Buchungsposten** (Wegfall einer Vielzahl von Einzelposten)
2. **Bequemlichkeit:**
   - Eine Karte mit vielen Funktionen
   - Zahlungen schnell und einfach: keine Unterschrift, keine Geheimzahl
   - Unabhängigkeit von Banköffnungszeiten
3. **Flexibilität:**
   - Unabhängigkeit von passendem Kleingeld bzw. Formularen
4. **Kontrolle, Sicherheit:**
   - Ausgaben limitiert durch geladenen Betrag
   - Restguthaben jederzeit überprüfbar
   - Kontrolle der letzten 15 Umsätze möglich
   - kein Wechselgeldrisiko

Vorteile für den Händler

1. **Schnelle Zahlungsabwicklung:**
   - schneller Kassendurchlauf (keine Unterschriften, keine Geheimzahlen)
   - keine Wartezeiten für Onlinevorgänge
   - keine Wechselgeldausgabe
   - keine Systemausfälle, da Offline
2. **Geringere Kosten:**
   - lediglich Anschaffung bzw. Aufrüstung Terminal
   - laufende Kosten geringer als bei electronic cash
   - Gutschrift auf Konto jeweils in einer Summe
   - Reduzierung der Bargeldbearbeitung
   - Reduzierung von Kassendifferenzen
3. **Sicherheit:**
   - Fehlerreduzierung bei Wechselgeldrückgabe
   - Falschgeldrisiko entfällt
   - weniger Bargeldhaltung u. Bargeldtransporte
   - Diebstahl- und Beraubungsrisiko sinkt
   - Gutschrift kann nur auf das im Chip gespeicherte Konto erfolgen

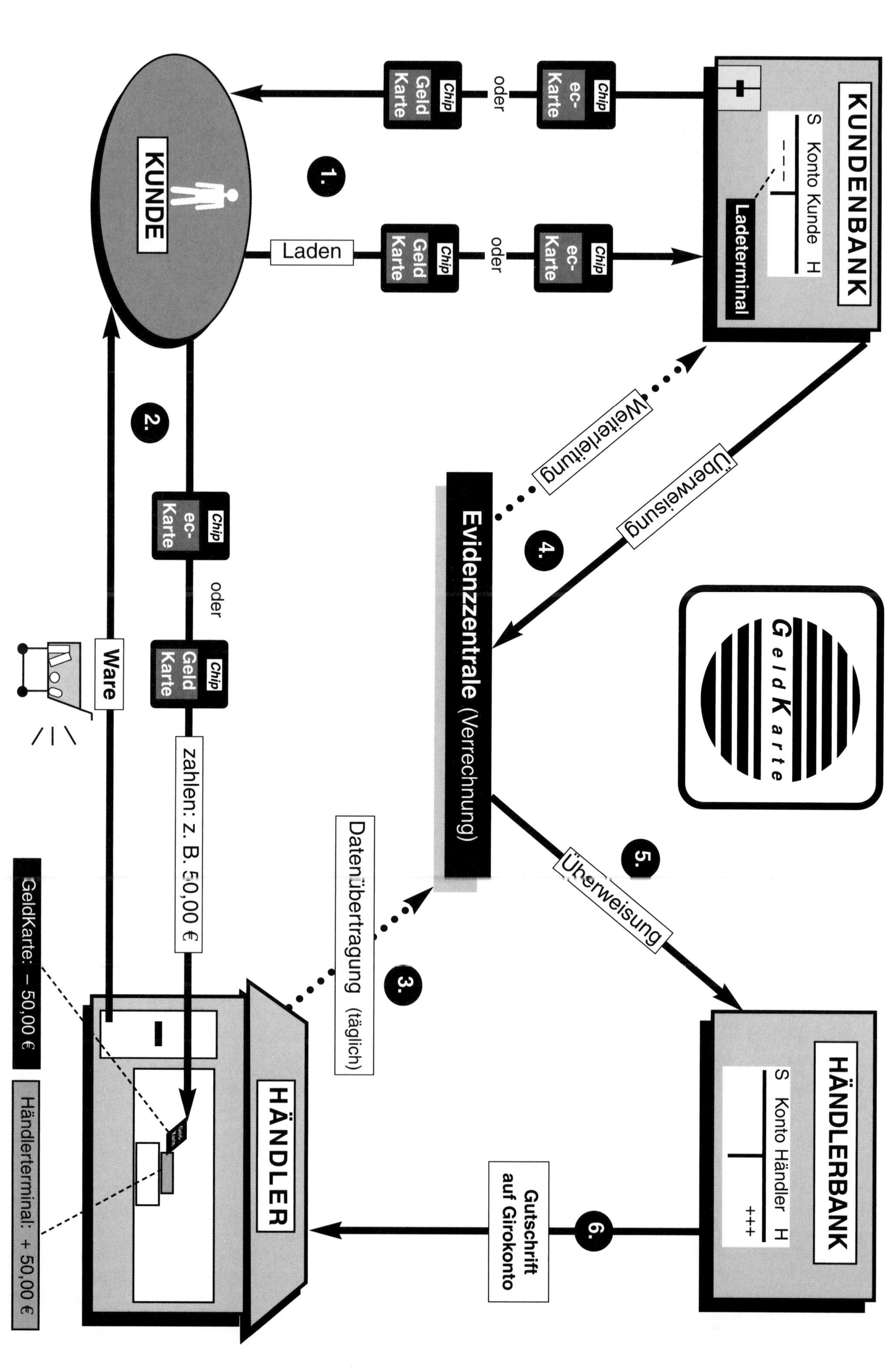
KUNDENBANK
S Konto Kunde H
Ladeterminal
Chip
ec-Karte
oder
Chip
Geld Karte
1.
Laden
KUNDE
2.
Ware
zahlen: z. B. 50,00 €
Weiterleitung
Überweisung
4.
Evidenzzentrale (Verrechnung)
GeldKarte
5.
Überweisung
Datenübertragung (täglich)
3.
HÄNDLER
HÄNDLERBANK
S Konto Händler H
+++
6.
Gutschrift auf Girokonto
GeldKarte: – 50,00 €
Händlerterminal: + 50,00 €

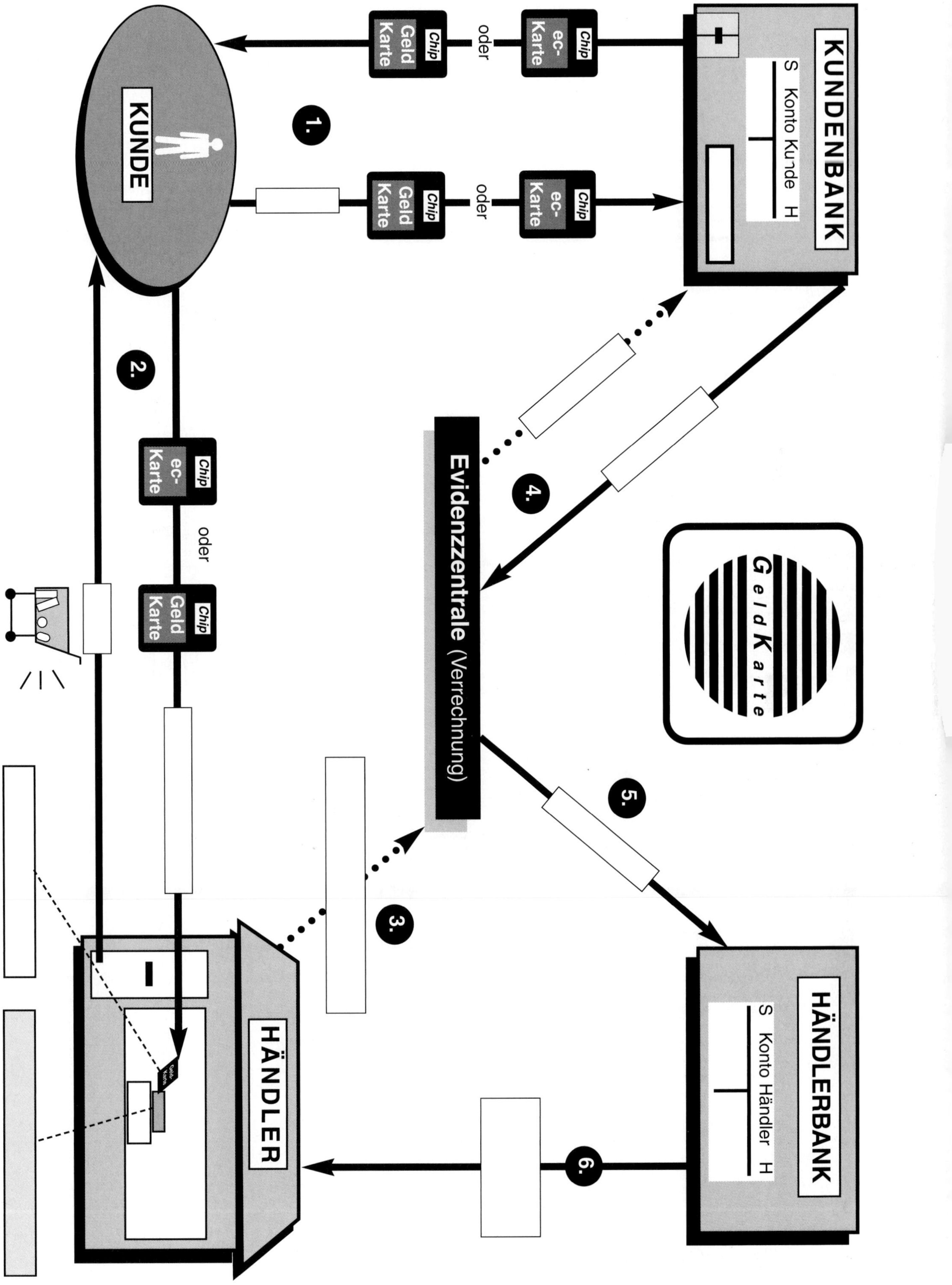
KUNDENBANK
S Konto Kunde H
Chip
ec-Karte
oder
Chip
Geld Karte
1.
KUNDE
2.
Chip
ec-Karte
oder
Chip
Geld Karte
Evidenzzentrale (Verrechnung)
4.
GeldKarte
3.
5.
HÄNDLER
HÄNDLERBANK
S Konto Händler H
6.

Kreuzworträtsel (Thema: Geldkarte)

Hinweis zum Lösungswort (von oben nach unten gelesen): Vorteil der Geldkarte für alle
(zwei Wörter ohne Leerstelle!)

1. Die Zahlung mit der Geldkarte ist eine Form der ... Zahlung.
2. Der Weg zu diesem Gerät bleibt einem bei Besitz einer Geldkarte regelmäßig nicht erspart!
3. So viel € „packt" die Geldkarte maximal.
4. Reim: „Was an der Geldkarte gut gefällt, ist der Verzicht auf ... "
5. Auf dieses Gerät hinsichtlich Geldkarte passt der Spruch: „Vertrauen ist gut, Kontrolle ist besser."
6. Der Einsatz der Geldkarte ist nur sinnvoll bei Zahlung von ...
7. Hier werden die Geldkartenbeträge zwischen den Banken verrechnet.
8. Geschäftsinhaber benötigen es zur Geldkartenabwicklung.
9. Zwischen Bank und Händler besteht bei der elektronischen Geldbörse eine ... - Verbindung.
10. Bei diesem Delikt ist die Geldkarte auch nicht besser als Bargeld.
11. Bei der Kreditkartenzahlung ist sie notwendig, bei der Geldkartenzahlung nicht.
12. Würde flächendeckend nur noch mit Geldkarte gezahlt werden, könnten Händler auf diese täglich anfallende lästige und „schmutzige" Arbeit verzichten.
13. Unabdingbarer Bestandteil der Geldkarte
14. Sie gefallen den Händlern bei der Geldkarte gar nicht.
15. „Geschäftsbesucher", die die Geldkarte hassen.
16. Ihre Eingabe ist bei der Geldkarte nicht mehr notwendig.
17. Ihre bisherige Bedeutung wird sich mit zunehmendem Geldkarteneinsatz reduzieren bzw. wandeln.
18. Wer nicht Kontoinhaber ist, beschafft sich evtl. eine ... Geldkarte.

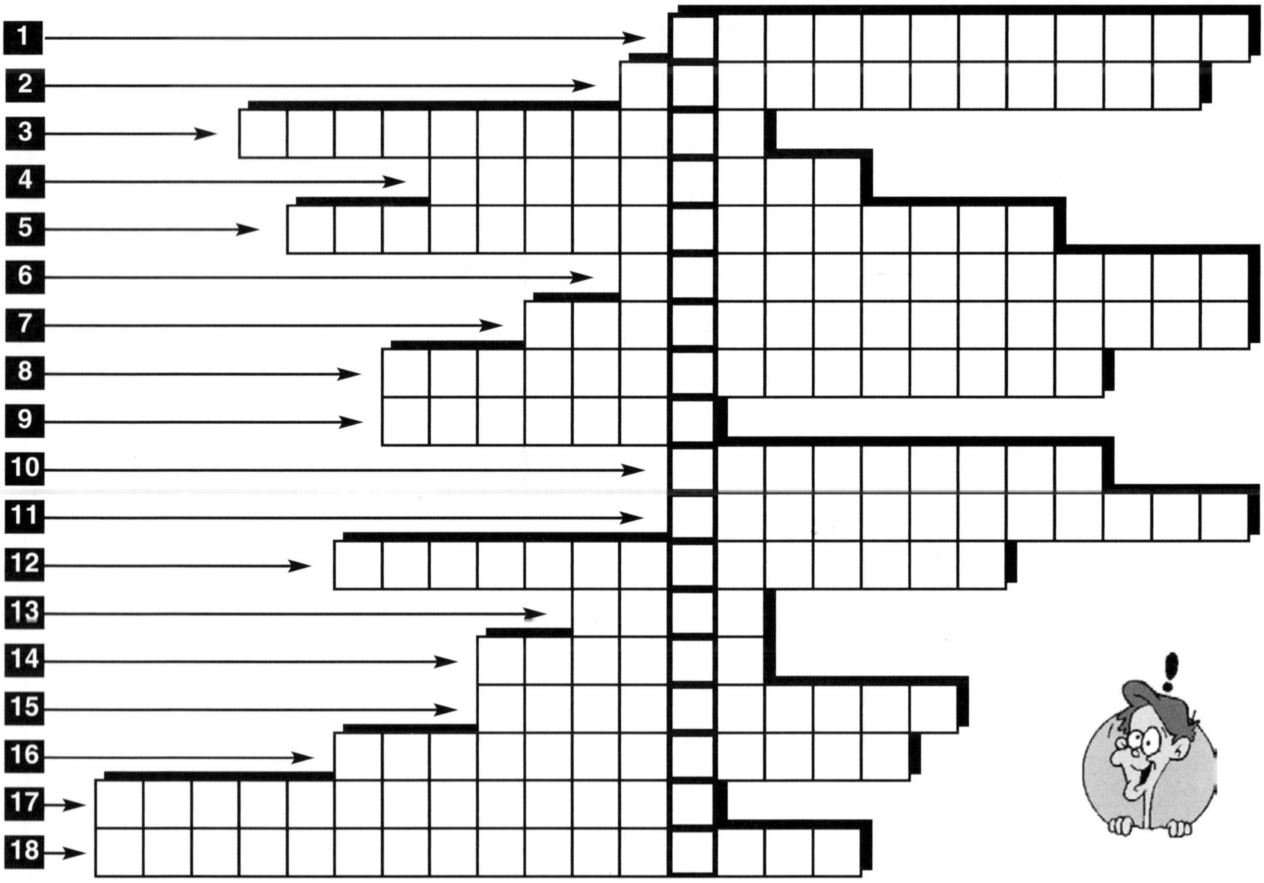

Lösungen: **(Lösungswort: BARGELDREDUZIERUNG)**

1.	**bargeldlosen**	**6.**	**Kleinbeträgen**	**11.**	**Unterschrift**	**16.**	**Geheimnummer**
2.	**Ladeterminal**	**7.**	**Evidenzzentrale**	**12.**	**Bargeldzählung**	**17.**	**Geldautomaten**
3.	**zweihundert**	**8.**	**Händlerterminal**	**13.**	**Chip**	**18.**	**kontounabhängige**
4.	**bares Geld**	**9.**	**offline**	**14.**	**Kosten**		
5.	**Taschenlesegerät**	**10.**	**Diebstahl**	**15.**	**Einbrecher**		

12.3 Der Wechsel (Einführung)

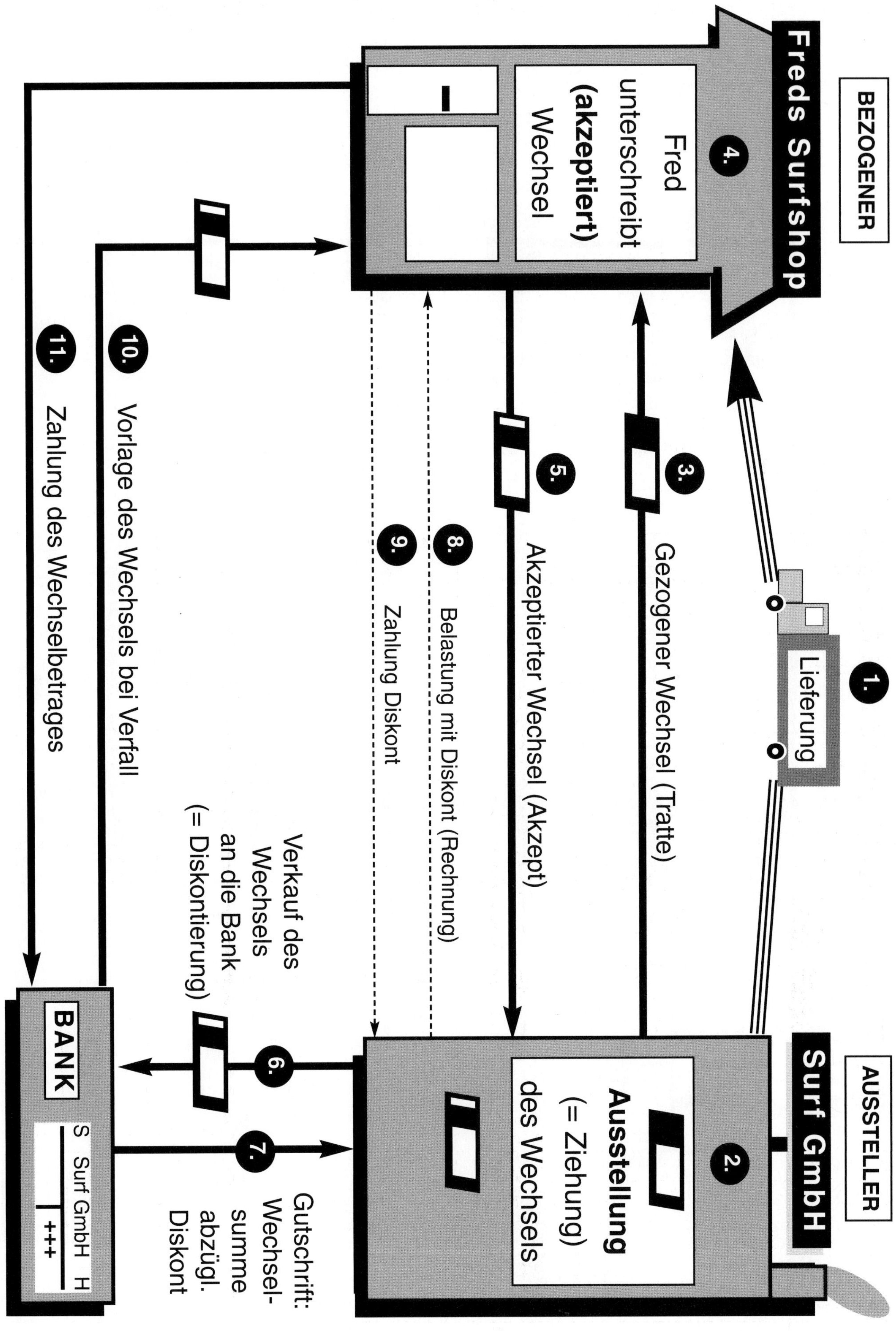

Der Wechsel

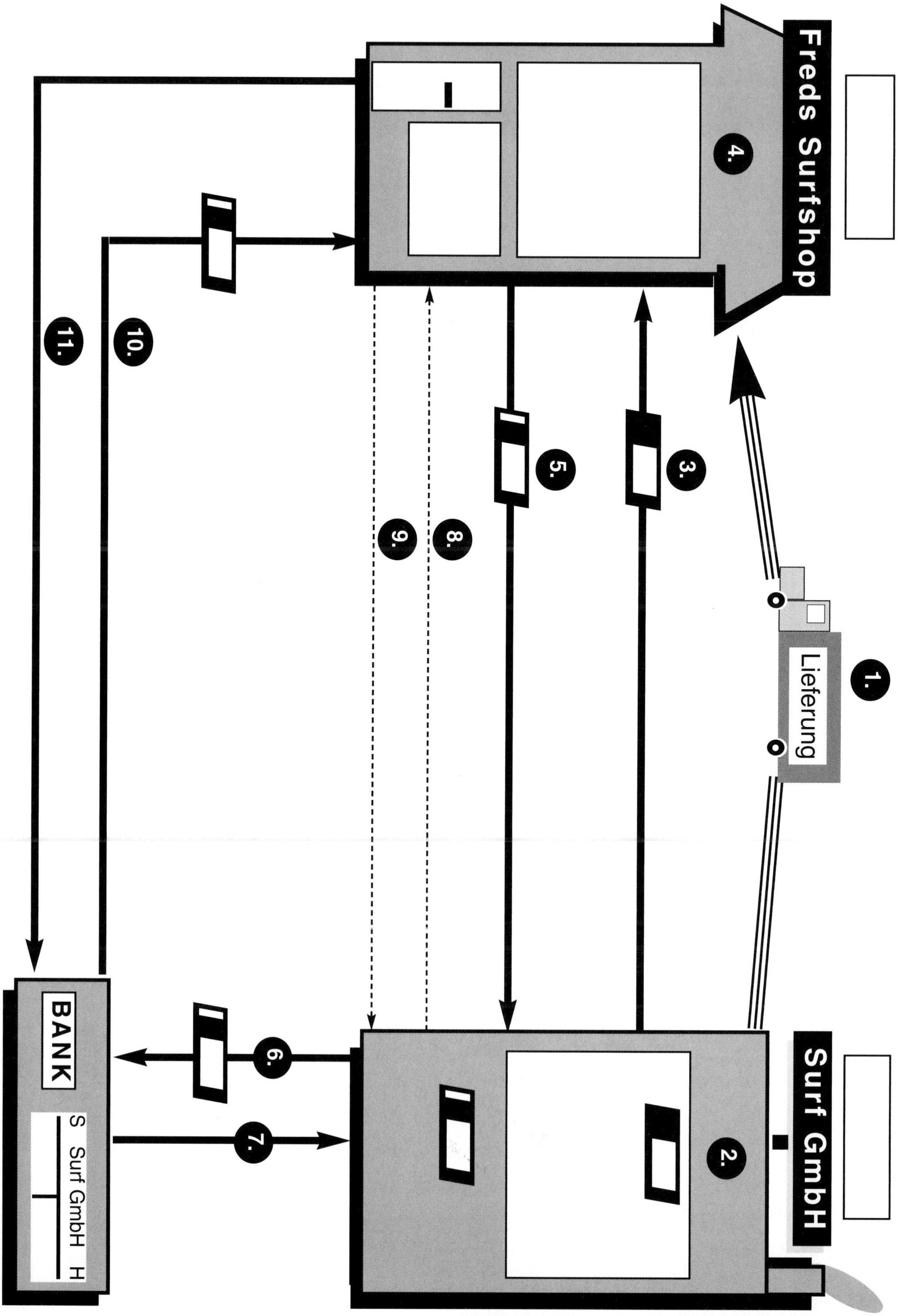
Freds Surfshop
4.
1.
Lieferung
3.
5.
8.
9.
10.
11.
Surf GmbH
2.
6.
7.
BANK
S
Surf GmbH
H

Einstieg

Telefongespräch:

Herr Fred Schnobel, Inhaber von *Freds Surfshop*, Schillerstr. 12, 72764 Reutlingen unterhält sich am 5. Februar **telefonisch** mit Herrn Wälde, Geschäftsführer der Surfbrettfabrik *Surf GmbH*, Gerberweg 14, 70188 Stuttgart:

Wälde: „Vielen Dank für Ihren Auftrag. Der Gesamtpreis für Ihren Einkauf beläuft sich - wie abgesprochen - auf 30.000,00 €. Zahlungsziel: vier Wochen. Die Surfbretter liefern wir Ihnen noch heute."

Schnobel: „Wären Sie auch mit einem Zahlungsziel von drei Monaten einverstanden? Ich bin liquiditätsmäßig im Augenblick stark belastet."

Wälde: „Uns geht es ebenso. Unser Kontokorrentkonto weist durch säumige Kunden einen hohen Sollbetrag aus. Ich mache Ihnen einen Gegenvorschlag: Behelfen wir uns doch mit einem **Wechsel.** Dann schlagen wir zwei Fliegen mit einer Klappe."

Schnobel: „Gut, Sie können den Wechsel heute noch **ausstellen** und mir zuschicken. Ich werde ihn **akzeptieren** und sofort an Sie zurücksenden. Dann können Sie in zwei Tagen Ihr negatives Bankkonto ausgleichen."

Wälde: „O. K. Über meine Auslagen schicke ich Ihnen dann in den nächsten Tagen eine Belastungsanzeige. Dann wäre so weit ja alles klar."

Schnobel: „Alles klar. Ich erwarte also noch heute Ihre Lieferung. Wiederhören, Herr Wälde."

Wälde: „Wiederhören, Herr Schnobel."

Aufgaben:

1. Warum schlagen Wälde und Schnobel mit dem Wechsel „zwei Fliegen mit einer Klappe"?
2. Welche Auslagen stellt Herr Wälde in den nächsten Tagen in Rechnung?
3. Füllen Sie das Wechselformular (vom Lehrer zur Verfügung gestellt) aus. Berücksichtigen Sie dabei folgende zusätzliche Angaben:
   - Zahlungsort: Reutlingen
   - Zahlbar bei: Kreissparkasse Reutlingen, Konto-Nr. 1 318 411

Lösungen:

1. Wälde erhält sofort sein Geld (Diskontierung bei der Bank). Schnobel muss erst in drei Monaten zahlen.
2. Diskont, evtl. weitere Bankgebühren.
3. Ausgefüllter Wechsel

Stuttgart, den 05. Februar 19..
Ort und Tag der Ausstellung (Monat in Buchstaben)
Nr. d. Zahl.-Ortes | Reutlingen (Zahlungsort) | 05.05.19.. (Verfalltag)

Gegen diesen **Wechsel** – erste Ausfertigung – zahlen Sie am 05. Mai 19..
Monat in Buchstaben

an mich EUR 30 000,00
Betrag in Ziffern

EUR Dreißigtausend
Betrag in Buchstaben
Cent wie oben

Bezogener Fred Schnobel
Schillerstr. 12
in 72764 Reutlingen
Ort und Straße (genaue Anschrift)

Zahlbar in Reutlingen
Zahlungsort
bei Kreissparkasse Reutlingen 1318411
Name des Kreditinstituts z. L. Konto Nr.

Surf GmbH
Gerberweg 14
70188 Stuttgart
Wälde
Unterschrift und genaue Anschrift des Ausstellers

Angenommen Fred Schnobel

Zweckform Einheitswechsel A Din 5004

12.4 Die Überweisung / Electronic & Co.

Neu: „digitales Geld" (Ecash = elektronisches Bargeld)

- Pilotprojekt der Deutschen Bank: Bankkunden können erstmals im Internet mit digitalem Geld zahlen.
- Ca. 1 500 Kunden der Deutschen Bank haben die Möglichkeit, sich Ecash von ihrem Girokonto auf ihre Festplatte übertragen zu lassen.
- U. a. akzeptieren im Internet das digitale Geld (Ecash): Online Versandhandel, Aktion Brot für die Welt.
- Anwendung für kleinere Beträge.

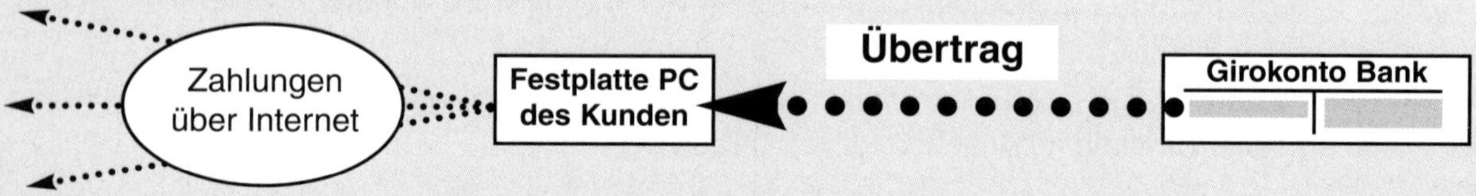

HOT 5/00

Definition des elektronischen Geldes (E-Geld) durch die EZB:

Eine „auf einem Medium [Datenträger] elektronisch gespeicherte Werteinheit, die allgemein genutzt werden kann, um Zahlungen an Unternehmen zu leisten, die nicht die Emittenten sind. Dabei erfolgt die Transaktion nicht notwendigerweise über Bankkonten, sondern die Werteinheiten auf dem Speichermedium fungieren als vorausbezahltes Inhaberinstrument."

Die momentane Bedeutung des E-Geldes

- Volumen des E-Geldes laut EZB momentan noch sehr gering:
  - ca. 0,04 % des Bargeldumlaufs
  - ca. 0,003 % der Geldmenge M3
- Bedeutung für die Geldpolitik: E-Geld ist künftig zunehmend ein Substitut für Bargeld, somit ist also die Entwicklung seitens der EZB zu beobachten.

Akzeptanz von ec-Karten in Europa

(Quelle: Europay / Bundesverband deutscher Banken; Stand 1. Quartal 2000)

Land	Elektronische Kassen (ca.)
1. Spanien	1 083 000
2. Frankreich	350 000
3. Deutschland	283 000
4. Italien	235 000
5. Großbritannien	209 000
6. Türkei	192 000
7. Schweden	82 000
8. Schweiz	44 000
9. Portugal	43 000
10. Österreich	24 000

Land	Geld-automaten (ca.)
1. Deutschland	53 000
2. Spanien	47 000
3. Großbritannien	31 000
4. Frankreich	29 000
5. Italien	25 000
6. Türkei	10 000
7. Niederlande	7 000
8. Portugal	7 000
9. Dänemark	6 000
10. Österreich	5 000

- Deutsche ec-Karten-Inhaber können mittlerweile in über 100 Ländern mit ec-Karte bezahlen oder Geld am Automaten abheben.
- Weltweit existieren fünf Millionen elektronische Kassen mit dem blau-roten Maestro-Logo: Tankstellen, Geschäfte, Warenhäuser, Hotels, Restaurants ...
- Seit 1996 hat sich die Anzahl dieser Terminals mehr als versechsfacht.
- Rund um den Globus stehen ec-Kartenbesitzern ca. 540 000 Geldautomaten zur Verfügung.

HOT 5/00

Chipkarte mit Ohren

- Ein Problem unserer Zeit ist das uns abverlangte Auswendiglernen von Ziffernkombinationen wie z. B.:
  - PIN-Nummer des Mobiltelefons
  - Geheimzahl der Kreditkarte
  - Kennwort für das Internet
  - Passwort für den Computer
  - Geheimzahl der ec-Karte
  - Passwörter für Internet-Anwendungen ...
- Die Forscher sind schon länger auf der Suche nach praktikablen Lösungen (Ideen z. B.: Iriserkennung, Fingertip-Sensor ... vgl. diverse HOT)

  Eine britische Firma entwickelte nun eine Chipkarte, die mit „elektronischen Ohren" (winziges Mikrofon) ausgestattet ist. Der rechtmäßige Inhaber der Karte sagt der Karte nur ein paar nette Worte und schon bestätigt das intelligente Kärtchen, dass alles o. k. ist. Ein Dritter kann mit der Karte nichts anfangen.
- In der Chipkarte wird das charakteristische Sprachmuster ihres Besitzers hinterlegt. Der winzige, in der Karte integrierte Prozessor kann dann bei einer späteren Abfrage erkennen, ob die „netten Worte" von der rechtmäßigen Person stammen.
- Der Prozessor auf der Chipkarte wandelt die akustischen Signale in digitale Zeichen um, die dann mit Hilfe eines Rechenprogrammes mit dem Sprachmuster des Besitzers verglichen wird.
- Geplanter Einsatzbereich insbesondere im Bankwesen.

HOT 5/00

EC-Karte und Geheimnummer in zwei Schränken

Der Fall

Eine Frau hatte während einer Auslandsreise ihre **EC-Karte** auf dem Schreibtisch ihrer Wohnung in einer unverschlossenen Kassette zurückgelassen. Die dazugehörige **Geheimnummer** war auf einem Zettel in einem Sekretär im Nebenraum notiert.

Nach ihrer Rückkehr fehlte die Karte. Auf ihrem Konto fehlten 7.250,00 €.

Die Sparkasse verweigerte die Haftung mit der Begründung, es liege grobe Fahrlässigkeit vor (Bedingungen der Bank: Karte und Geheimnummer dürfen nicht „zusammen" aufbewahrt werden). Die Frau klagte bis vor dem Bundesgerichtshof.

§

Urteil

Es liegt hinsichtlich der Aufbewahrung der Karte und der Geheimnummer keine grobe Fahrlässigkeit vor. Die Sparkasse muss daher die ungerechtfertigte Abhebung ersetzen.

BGH Az.: XI ZR 42/00 v. 17. Oktober 2000

HOT 1/02

eurocheque-Garantie entfällt; ec-Karte Sieger

- Seit 1. Januar 2002 entfällt die eurocheque-Garantie der Kreditinstitute in Höhe von 400,00 DM bzw. 200,00 €. Der eurocheque in Papierform dürfte daher der Vergangenheit angehören.
- In den letzten Jahren sank die Bedeutung des eurocheques immer mehr. In den Vordergrund rückte die ec-Karte, die sich zu einer Multifunktionskarte entwickelte. Sie ist nutzbar an nahezu 3 Millionen elektronischen Kassen und über 300 000 Geldautomaten in Europa sowie weltweit an über vier Millionen elektronischen Kassen sowie über 700 000 Geldautomaten.
- Die noch vorhandenen eurocheque-Vordrucke bleiben weiter gültig. Sie können als Bar- und Verrechnungsschecks verwendet werden. Allerdings werden die meisten Händler die Schecks aufgrund der fehlenden Zahlungsgarantie nicht mehr akzeptieren.
- Der schleichende Tod des eurocheques ist auch dadurch bedingt, dass das Bezahlen mit ec-Karte und Geheimnummer (PIN) bequemer, einfacher und sicherer ist.

EC-Gauner-Trick: Die Wohnung gegenüber

- Laut Prof. Manfred Pausch (Darmstadt) ist die **Geheimzahl der ec-Karte (Pin)** leicht zu ermitteln. Die Wahrscheinlichkeit liege bei **1 : 150**.
- Auch der auf der Karte integrierte Fehlerzähler (nach drei vergeblichen Versuchen ist die Karte gesperrt) kann relativ einfach zurückgestellt werden. Dann hat der Dieb eine unbegrenzte Zahl von Versuchen.
- **Neuester Ganoventrick:** Anmieten von **Wohnungen** gegenüber von Geldautomaten und Ausspähen der Pin mit Hilfe eines **Fernrohrs.** Anschließend werden den Besitzern die Karten gestohlen und Geld abgehoben.

ec - Karte: Geheimnummernprobleme

- Banken haften i. d. R. nicht für unberechtigte Abhebungen an Geldautomaten mit gestohlenen Kredit- oder Scheckkarten. Begründung in Urteilen: Nur mit Geheimnummer kann kassiert werden, sodass vermutet werden muss, der Kontoinhaber habe diese fahrlässig notiert und aufbewahrt (AG Frankfurt/M. AZ 32 C 3336/94-19)
- Bankkunden haften nur bis zur Meldung des Kartenverlustes. Danach müssen die Banken in jedem Fall (z. B. auch bei fahrlässiger Notiz der Geheimnummer auf der Karte) alle Schäden übernehmen.
- Ein **Einbrecher** erbeutete die **ec-Karte mit Geheimnummer**, die getrennt von der Karte in einer Schmuckkassette versteckt war. Schaden: 5.000,00 €. Die Bank wollte nicht zahlen, weil ihres Erachtens die Geheimnummer fahrlässig notiert und aufbewahrt wurde.
  Landgericht Hanau (7 O 9/95): Die Schmuckkassette kann als sicherer Aufbewahrungsort angesehen werden - **Bank muss somit zahlen**.
- Sträflichen Leichtsinn erlaubte sich ein Herr, der auf der Hülle seiner Scheckkarte in großen Zahlen seine **Geheimnummer** notiert hatte. Er verlor seine Brieftasche, die zwei Frauen fanden. Sie hoben mit der Scheckkarte 1.750,00 € an Geldautomaten ab und kauften zusätzlich mit der Scheckkarte in verschiedenen Geschäften Kleider im Wert von 1.900,00 € ein. Glück im Unglück: Die Frauen wurden gefasst, die Kleidungsstücke u. das Geld sichergestellt. Im anderen Fall hätte der „Verlierer" das Nachsehen gehabt.

EC-Karten geklaut und königlich eingekauft

- Ein Ehepaar **klaute** aus aufgebrochenen Autos **EC-Karten** und ging monatelang auf **Einkaufstour.**
- Allein im Monat **November 1998** besuchten sie 163 Geschäfte (= durchschnittlich 6,5 Geschäfte pro Tag!).
- Insgesamt kauften sie für rund **50.000,00 €** ein und bevorzugten dabei Elektro- u. Drogeriemärkte sowie Bekleidungsgeschäfte im süddeutschen Raum.
- Ihre **Vorgehensweise:** Sie bezahlten im Lastschriftverfahren (keine Geheimnummer notwendig) und **fälschten** die Unterschriften der rechtmäßigen Kartenbesitzer.
- Im Januar 1999 suchten sie erneut die **gleichen Geschäfte** wie bei ihren früheren Touren auf (!!) und wurden von der Polizei gefasst. In ihrer Wohnung wurde massenweise Diebesgut gefunden.

Hacker können jede ec-Geheimzahl knacken und Konten plündern

Anlässlich eines Gerichtsprozesses beim Amtsgericht Oschatz (Sachsen) legte der Computer-Professor Pausch, Darmstadt, eine **Hackerzeitung** vor, in der die Methode, wie man jeder geklauten ec-Karte innerhalb von wenigen Minuten die **Geheimzahl entlocken** kann, haargenau beschrieben wird. Der kriminelle Hacker braucht lediglich ein Kartenlesegerät und einen Laptop mit einem entsprechenden Programm.

Zudem sei es kein Problem für die „Spezialisten-Gauner", die in der Karte gespeicherten **Betragsbeschränkungen** nach Belieben zu verändern.

Fazit: ec-Karte stets gut aufbewahren.

HOT 2/03

Miese Tricks der Kreditkartenbetrüger: Sicherheitstipps

Weltweit werden mit Kreditkarten etwa zwei Billionen € umgesetzt. Hiervon zweigen **Gauner** zwar nur etwa 0,12 Prozent für ihre Taschen ab, aber: Es handelt sich immerhin noch um stolze 2,4 Milliarden €.

Kreditkartenbetrüger gehen immer dreister zu Werke. Zur Risikominimierung ein paar **Sicherheitstipps**:

Trick 1 Bevorzugt in fernen Urlaubsgebieten verschwindet der Verkäufer, wenn es ans Bezahlen geht, hinter einem Vorhang oder um die Ecke und zieht die Kreditkarte mit dem Magnetstreifen zunächst durchs offizielle, mit der Kartengesellschaft verbundene **Lesegerät**, dann aber auch durch einen **Scanner**, der die Daten des Eigentümers einliest. Mit diesen Daten kann der Gauner später via **Internet** einkaufen oder sich ein **Kartenduplikat** basteln.

Derartige Betrüger operieren mittlerweile weltweit. Laut Margit Schneider, Sicherheitsexpertin bei Eurocard, gibt es Fälle, bei denen z. B. mit einer in Malaysia kopierten Karte in London eingekauft wurde!

Am Ende des Urlaubs kommt dann das böse Erwachen. Das Konto weist ein dickes Loch auf. Zwar haftet der Eigentümer bei Missbrauch i. d. R. nur mit einem Anteil von 50,00 €. Aber das Problem:

- Der Karteninhaber muss nachweisen, dass er für die Umsätze nicht verantwortlich ist.
- Außerdem haftet der Kunde bis zur Sperrung bei einer missbräuchlichen Verwendung der Karte (z. B. am Geldautomaten oder beim Bezahlen mit der PIN). Hier gehen die Gerichte meist von einem grob fahrlässigen Verhalten aus, weil gestohlene Karte und Geheimnummer zusammen aufbewahrt wurden.

Trick 2 Der Spitzbube trägt auf den Beleg nicht den eigentlich fälligen Betrag, sondern eine höhere Summe ein.

Trick 3 Der Spitzbube trägt erst hinterher die Währung ein. Folge: Es wird z. B. statt in türkischer Lira in Euro abgerechnet.

Trick 4 Der Spitzbube ergänzt den Belegbetrag durch eine Ziffer vor dem Komma (also links und rechts neben dem Betrag keine Leerstellen offen lassen).

Wichtig außerdem:

- Keine Blankobelege unterschreiben!
- Durchschriften aufbewahren! Auch bei Fehlbelegen! Wer seine Abrechnung erhält, sollte sie sofort überprüfen und gegebenenfalls umgehend reklamieren.
- Auf Reisen sollte man stets die Notrufnummer der Kartengesellschaft dabei haben.
- Bei Betrugsverdacht ist es sinnvoll, Anzeige bei der Polizei zu erstatten.

Künftig sollen Kreditkarten sicherer werden. Einige diesbezügliche Aktionen sind geplant.

HOT 2/03

Betrüger agieren mit gestohlenen EC-Karten

Mit gestohlenen EC-Karten zu bezahlen, scheint kein Problem zu sein! Obwohl EC-Karten bereits gesperrt waren, wurde die falsche Unterschrift der Diebe bei hunderten von Einkäufen nicht präzise kontrolliert.

Die einfache Zahlung per EC-Karte + Unterschrift (**elektronisches Lastschriftverfahren**) ist beim Handel beliebt, weil es kostengünstig und problemlos ist: Die Kasse liest Kontonummer und Bankleitzahl vom Magnetstreifen ein, der Kunde unterschreibt. Später reicht der Händler den Vorgang als Lastschrift bei der Bank ein. Dies geht schnell und ist gebührenfrei. Ein Schaden geht allerdings i. d. R. zu Lasten des Handels. Die Ausfälle sind jedoch bislang geringer als die Kosten des PIN-Systems.

Im Unterschied dazu kostet das **„Electronic Cash"-Verfahren** (Zahlung mit Karte + Geheimnummer) 0,3 % des Betrags. Hinzu kommt die teure Technik. Hier hätten dafür Kartendiebe keine Chance, wenn sie die Geheimzahl nicht kennen.

HOT 3/01

E-Banking: Die Filiale auf dem Schreibtisch

- Bank-Werbung: **„Wir haben eine neue Filiale ganz in Ihrer Nähe eröffnet: auf Ihrem Schreibtisch."**
- 40 Prozent der Internet-Surfer in Deutschland betreiben Online-Banking - mit zunehmender Tendenz.
- **Prognose**: Bis zum Jahr 2005 werden rund 35 Mill. Menschen in Europa ihre Bankgeschäfte über elektronische Medien wie PC, Handy und Fernseher abwickeln. Rund 21,5 Mill. sollen davon Handy-Nutzer sein. Die Banken werden dann ein Siebtel ihres Geschäftsvolumens per Online-Banking erwirtschaften. 60 % aller Online-Kunden nutzen dennoch zusätzlich die Bankfiliale.
- **Folgen des E-Bankings:**
  - erhebliche **Personaleinsparungen**
  - Elektronische Bankgeschäfte **kosten** die Geldhäuser nur ein Zehntel im Vergleich zu einer konventionellen Filialtransaktion.
  - Ca. 8 000 **Zweigstellen** wurden in Deutschland in den letzten vier Jahren bereits **geschlossen**. Bis 2010 wird voraussichtlich jede zweite Filiale schließen. Von den 60 000 Schaltergeschäften sollen nur noch ca. 23 000 übrig bleiben.
  - Insbesondere **kleine Institute** ohne Integration in ein einheitliches Online-Konzept werden bald vor dem **Aus** stehen.

HOT 3/02

Überweisungen: Banken müssen sich seit 2002 beeilen

§ 676 a BGB

↓

Überweisungen sind **baldmöglichst** zu bewirken.

↓

Ausführungsfristen: Bankgeschäftstage (BGT)

1 BGT	max. 2 BGT	max. 3 BGT	max. 5 BGT

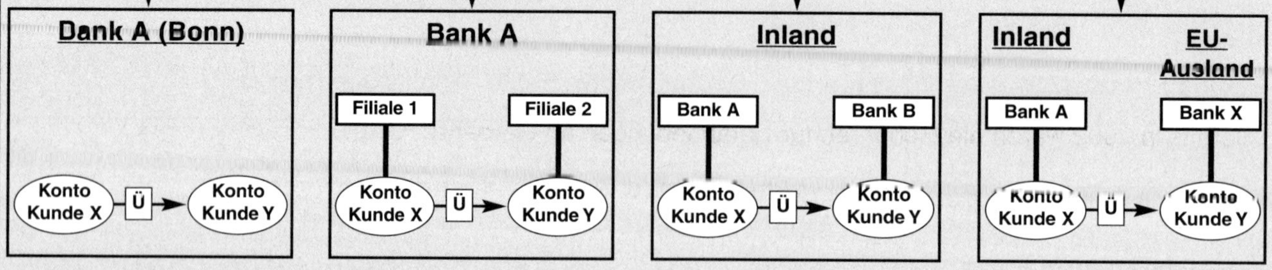

1 BGT	max. 2 BGT	max. 3 BGT	max. 5 BGT
Überweisungen in Inlandswährung innerhalb einer Haupt- oder einer Zweigstelle eines Kreditinstituts	andere institutsinterne Überweisungen in Inlandswährung	inländische Überweisungen in Inlandswährung	grenzüberschreitende Überweisungen innerhalb der Europäischen Union ...

Verzugszinsen bei Fristüberschreitung

§ 676 b BGB

↓

Wird die Überweisung erst nach Ablauf der Ausführungsfrist bewirkt, kann der Auftraggeber der Bank Verzugszinsen in Rechnung stellen. Höhe: **Basiszinssatz (9/2003: 1,22 %) + 5 %.**

HOT 3/03

Auslandsüberweisung wird billiger

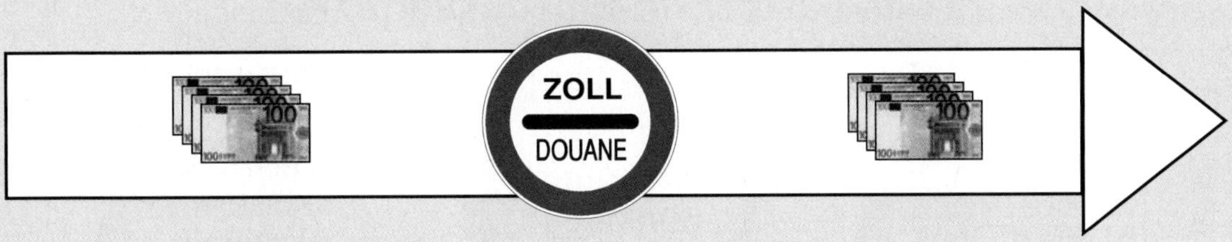

- **Seit 1. Juli 2003** wurden **Überweisungen ins Ausland** deutlich **preisgünstiger** und **einfacher**.

- **Grund** für die Kostensenkung bei Auslandsüberweisungen:

  EU-Verordnung von Ende 2001, nach der Banken seit Juli 2003 nur noch die Gebühren verlangen dürfen, die bei ihnen auch für Inlandtransfers fällig werden.

- **Folge:** Eine Überweisung von München nach Paris darf nicht teurer sein als eine Überweisung von München nach Hamburg.

- Die **Neuregelung** im Einzelnen:

  - Sie gilt nur für die so genannte **EU-Standardüberweisung** innerhalb der **Europäischen Union**, die eine automatische Bearbeitung ermöglicht.

    Voraussetzung dabei: Der Überweisende verwendet die internationale Kontonummer (**IBAN**) seines und des Kontos des Empfängers.

  - Die **internationale Bankleitzahl** (BIC) des Zielinstitutes muss angegeben werden.

  - Standardüberweisungen sind nur in **Euro** möglich.

  - **Höchstbetrag** für diese kostengünstige Transfervariante **bis Ende 2005**: 12.500,00 €.

    Höchstbetrag für diese kostengünstige Transfervariante **ab Januar 2006**: 50.000,00 €.

- Die **Bearbeitungsdauer** grenzüberschreitender Zahlungen wird künftig im Schnitt nur noch **drei Arbeitstage** betragen.

- Vergleichsweise teuer und kompliziert bleibt dagegen zunächst der Geldtransfer ins **Nicht-EU-Ausland**.

- Bereits in 2002 waren die Gebühren für Barabhebungen an **Geldautomaten** harmonisiert worden.

- Der Zustand **vor der Neuregelung**:

  Überweisungen (ca. 1 % aller Transaktionen) waren oft ein Ärgernis. Kreditinstitute klagten über die extrem hohen Kosten derartiger Transfers und verlangten für ihre Dienstleistung entsprechend hohe Honorare.

  Im Durchschnitt mussten 17,50 € bezahlt werden. Insbesondere bei kleineren Überweisungsbeträgen erreichten die i. d. R. pauschalierten Gebühren eine völlig inakzeptable Höhe.

12.5 Sonstiges zum Zahlungsverkehr

Das Lastschrift-Einzugsverfahren

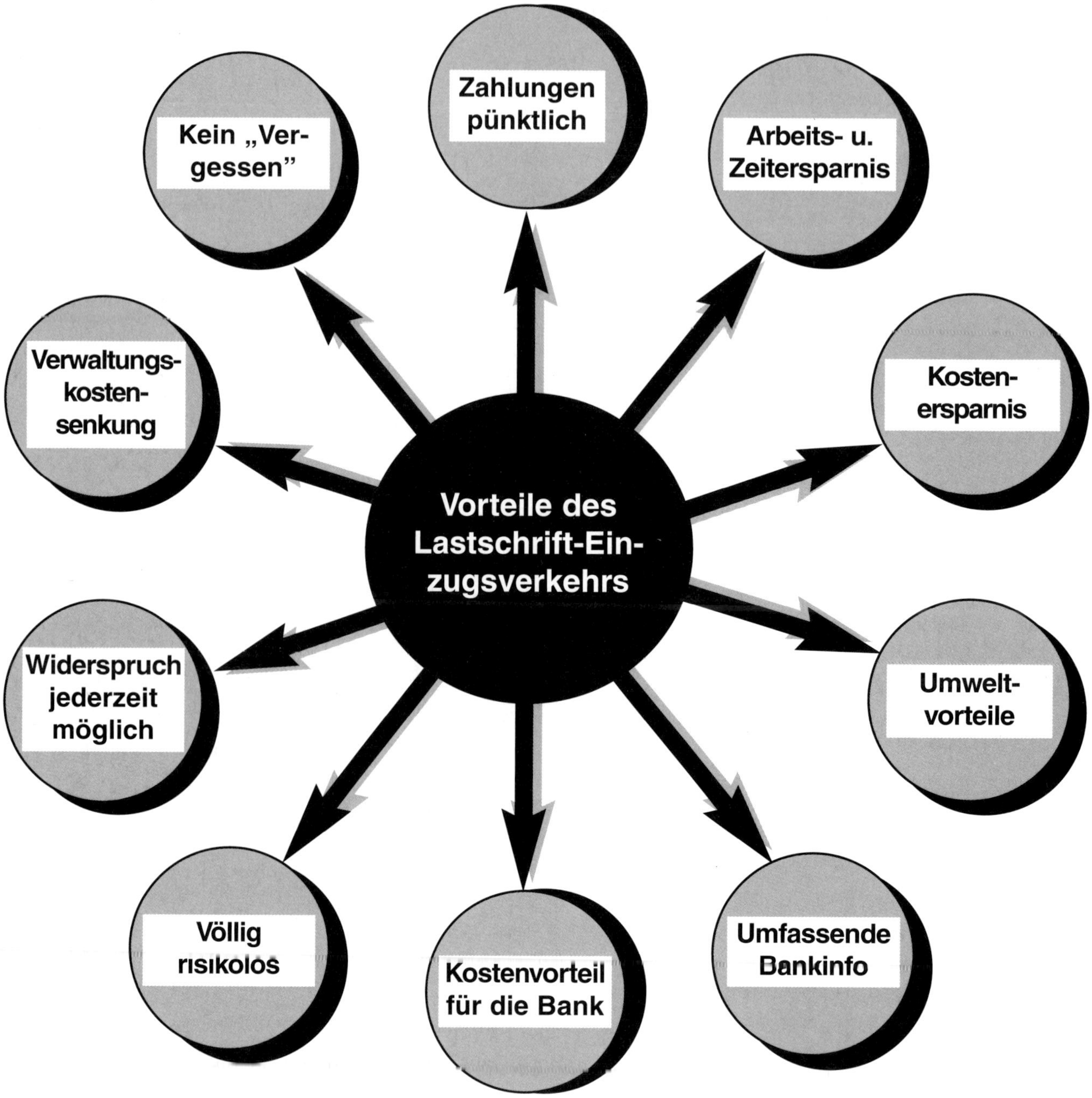

Vermenschlichung der Geldautomaten: Das „Iris-System"

- Weltweit gibt es heute ca. 850 000 Geldservice-Terminals, an denen täglich rund 2,5 Mrd. $ Bargeld in verschiedenen Landeswährungen gezogen werden.
- In den europäischen Ländern sowie Nordamerika gehört der Geldautomat zum täglichen Leben.
- Geldautomaten arbeiten praktisch ohne Ausfallzeiten, fehlerfrei und sind diebstahlsicher.
- Manche Kunden stören sich daran, für ihre Bank nur noch eine Nummer zu sein ohne persönlichen Kontakt. Die Geldautomaten-Entwickler bemühen sich, eine Kompromisslösung zu finden, damit die Kunden auf eine persönliche Note bei der Abwicklung ihrer Geschäfte nicht verzichten müssen.

Interessante Tests in mehreren Pilotversuchen weltweit, u. a. in Kanada:

- Kunden der Royal Bank of Canada und der Canadian Imperial Bank of Commerce **testen die Geldautomaten der Zukunft:**

  Die Automaten erkennen den Kunden auf den ersten Blick:

  - Sobald er vor dem Automaten steht, meldet eine drucksensible **Fußmatte** dem Computer, dass ein Kunde da ist.
  - Danach erscheint die Meldung: „Bitte sehen Sie gerade nach vorne."
  - Der Automat erkennt nun den Kunden an der **Iris** (nicht mehr an der PIN-Nummer), es scheint ein grünes Licht auf.
  - Der Kunde wird persönlich **begrüßt** (der Automat kann sprechen); auch zum **Geburtstag** wird natürlich gratuliert.
  - Der Automat bittet den Kunden, seine **Wünsche** zu nennen; er kann auf **Fragen** antworten; ein regelrechter **Gesprächsablauf** ist möglich.
  - Der Kunde **sagt** - ohne Tasten zu drücken - ob er nur Geld abheben oder auch seinen Kontostand ausdrucken lassen will oder ob alles „wie **üblich**" laufen soll. Der Begriff „üblich" ist für den Computer erkennbar, weil er als Stamm-Menü des Kunden gespeichert ist.
  - Am Schluss verabschiedet sich der Automat persönlich: **„Auf Wiedersehen, Herr..."**

- **Vorteile des Iris-Systems:**
  - einfacher und schneller als das Eintippen der PIN-Nummer
  - sicherer, weil die Iris bei jedem Menschen anders ist und lebenslänglich unverändert bleibt
  - Problem des Vergessens der PIN-Nummer entfällt
  - zwar kein Ersatz einer persönlichen Unterhaltung mit dem Kassierer, jedoch immerhin Tendenz zur recht individuellen Ansprache - auch wenn der Automat streng beim Thema bleibt.

- **Zukunftstendenzen:**
  - Man arbeitet daran, den Geldautomaten mit Nachrichten über Fußball, Kinoprogramme, lokale Veranstaltungen und sonstige Neuigkeiten zu füttern.
  - Geldautomaten sollen künftig auch Tickets verkaufen (auf Bildschirm erscheint Kinosaal mit noch freien Plätzen, Kunde drückt gewünschten Platz, Automat druckt Eintrittskarte aus, Preis wird sofort vom Konto abgebucht).
  - Analog: Verkauf von Skipässen und Briefmarken, Hotelzimmerbuchungen...